教育如此存在

THE SIGNIFICANCE OF EDUCATION

教师与社会情感课题的
学习与实践

夏 洁 主编

丁 岚 孙秀林 王 宗 著

中华工商联合出版社

图书在版编目（CIP）数据

教育如此存在：教师与社会情感课题的学习与实践 ／ 丁岚，孙秀林，王宗著．
—— 北京：中华工商联合出版社，2021.1
ISBN 978-7-5158-2885-5

Ⅰ．①教⋯ Ⅱ．①丁⋯ ②孙⋯ ③王⋯ Ⅲ．①小学教师—师资培养—研究
Ⅳ．① G625.1

中国版本图书馆 CIP 数据核字（2020）第 247499 号

教育如此存在：教师与社会情感课题的学习与实践

主　　编：夏　洁

作　者：丁　岚　孙秀林　王　宗

出品人：刘　刚

责任编辑：于建廷　效慧辉　王　欢

特约编辑：韩雅男

装帧设计：周　源

责任审读：傅德华

责任印制：陈德松

出版发行：中华工商联合出版社有限责任公司

印　　刷：永清县晔盛亚胶印有限公司

版　　次：2021年1月第1版

印　　次：2024年1月第2次印刷

开　　本：710mm×1000 mm 1/16

字　　数：260千字

印　　张：16.75

书　　号：ISBN 978-7-5158-2885-5

定　　价：63.00 元

服务热线：010-58301130-0（前台）

销售热线：010-58301132（发行部）

　　　　　010-58302977（网络部）

　　　　　010-58302837（馆配部、新媒体部）

　　　　　010-58302813（团购部）

地址邮编：北京市西城区西环广场 A 座

　　　　　19-20 层，100044

http：//www.chgslcbs.cn

投稿热线：010-58302907（总编室）

投稿邮箱：1621239583@qq.com

今天接到一本书稿，是北京四中和黄城根小学在丰台区合办的北京四中璞瑅学校夏洁和丁岚两位校长的成果。内容讲述了璞瑅学校七年来办学的故事，故事生动有趣，反映了璞瑅学校办学的理念、教师的用心和智慧、学生生动活泼的个性形象。整本书像一幅立体的画卷呈现在我们面前。著名老一辈教育家吕型伟先生曾经说过：

教育是事业，其意义在于奉献；

教育是科学，其价值在于求真；

教育是艺术，其生命在于创新。

璞瑅学校老师们可能没有听过这三句话，但他们却正实践了这三句话。新的教育理念从何而来？教师的教育智慧从哪儿来？就是要对这三句话有充分的认识。教育是事业，关系到国家的兴亡，民族的未来，每一个孩子的成长。教师需要有奉献精神，把爱献给每一个孩子。教育是科学，儿童成长是有规律的，教育教学方法也是有法可循的。当代儿童青少年，有着许多时代的特点，需要老师们去研究。只有懂得儿童，懂得教育，教育才有成效。教育是艺术，艺术必须是创造性的。教育是一项创造性的活动。教师面对的是一年一年的新学生、一代一代的新特点、一个一个鲜活的个性、一件一件疑难的事情，需要用教育智慧、教育创新来应对。践行这三句话并不容易，需要学习、钻研、磨练。

　　我很欣赏书中的几句话："心灵的沟通胜于知识的传递""教师与学生是精神层面的亲子关系"，教师要"解说孩子的心理密码"。这些都说明璞瑅学校以学生为本，把学生作为教育的主体。知识不是不重要，人的品格更重要。同时知识的传递也需要老师和学生的心灵沟通，需要了解学生的心理密码，才能取得成效。正如《学记》中所说："学者有四失，教者必知之。人之学也，或失则多，或失则寡，或失则易，或失则止。此四者，心之莫同也。知其心，然后能救其失也。"解开了学生的心理密码，教育就有成效。怎样才能解开？就要爱生如子、心灵的沟通、互相的信任。

　　北京四中璞瑅学校老师们为我们提供了他们的实践经验，值得我们学习。

顾明远

2020 年 12 月 4 日

目录 The significance of Education

辑　四　精进技能—以不懈的努力投入教学生涯

七年前，教育改革给了北京四中璞瑅学校一个机会，今天，北京四中璞瑅学校给社会带来惊喜。

2013年的春天，由北京四中和西城区黄城根小学合作承办的一所九年义务教育学校——北京四中璞瑅学校落地丰台方庄。学校的成立是西城区、丰台区两区合作办学，促进北京市义务教育均衡发展的重要举措之一。

因此，一群有热情、有理想、有活力、有创意的年轻人在璞瑅相聚，在"五湖四海"的首任管理团队的带领下，从此开启了"雕琢时光、化璞为瑅"的教育征程。

说"五湖四海"，是因为在这个团队中，有西城区黄城根小学派来的小学部主管干部丁岚，有北京四中派出的中学部主管干部徐加胜，有丰台教委派任的刘洪涛书记，还有由北京四中、黄城根小学校长及西城教委推荐、丰台区教委任命校长的我，来做这个班子的班长。这是真正意义上的"为了一个共同的目标，走到一起来了"。

第一次班子成员坐在一起，规划远景、畅谈理想，"教育是影响世界的事业"成为我们的第一个共识。大家也决心把做好这份事业作为共同的追求，带领老师们把学校办好。

接下来的各次讨论也是渐入佳境：

"我们是四中、黄小两所学校的分校，就要让这里有两所总校的精神、文化与气质。"

"我们是分校，重在传承，但也必须有自己的特色。"

……

在大家一次次热烈的讨论、碰撞、设计中，我们的思想在升华，我们的心也越靠越近。

我们开始思考：学校的精神和气质到底体现在何处？

我们做的第一件事，就是为学校校名赋予独特的教育意义。

"璞"是含玉之石，"瑅"是雕琢后的美玉，化璞为瑅乃教育之使命，也必然是学生受教育前后的生命样态。

每个孩子都是含玉之石，父母把寄托全家希望的宝石捧给了学校，学校的任务就是要把这块宝石雕琢成最独特的美玉。

作为丰台引进的九年一贯制的新建校，又是在西城及两所百年老校的厚重基础上启航的年轻分校，社会期待高，改革要见成效，在学生全部就近入学的形势下，化璞为瑅不仅是我们应肩负的使命，更是我们要面对的挑战。

对于建校初期教师状况，我们有着清醒的认识：

学校教师平均年龄不足 30 岁，年轻是他们的特色。其优势是学历高、素质好、敢于创新，没有思维定势；而教育教学经验零起点、又没有年长的带头人是他们的短板。

但从辩证思维的角度来破解，所有的问题也都是发展的契机：

厚重是优势，也是压力，更是发展的动力；

年轻是短板，也是资本，更易接受挑战和创造奇迹；

群众的期待、社会的要求，必定促进年轻的四中璞琅学校更快更好地发展！

……

在起草制定学校的第一个"三年规划"中，我们这样认识教师的职业属性：

"教师这个职业，是太阳底下最神圣的职业。"

"教师重要，就在于教师的工作是塑造灵魂、塑造生命、塑造人的工作。"

作为职业：

"教师最需要的是善良的品格；

最鲜明的职业特征是爱心和负责；

教师的职业底线是要用爱心公正对待每一名学生，以责任心上好每一堂课。"

关于教师的专业性，我们这样理解：

"教师的职业不是教书，是以教书为载体的育人；

教师的专业不是学科，是以课堂为渠道的教学；

教师的对象不是知识，是有情感和个性的学生；

教师的方法不是训练，是创造性的培养和培育。"

"教师传递给学生的应是一种良好的生命态度和思维方式"。

……

　　于是，面对学校建设初期"基础待建设、生源无选择、教师零经验、社会期待高"的艰难困境，首任管理团队本着"同一份事业，同一份传统"的教育情怀，结合丰台地域和学情实际，在传承西城优质资源、继承两所百年名校文化传统的基础上，坚持以"学生成长和教师发展为本"的原则，确定了"名校文化基因移植"的办学方针；规划了"一年创品牌、两年有特色、三年出成果"的"高点定位、分步达标"的发展路径，注重从学习开始、以榜样引领、用制度规范、重问题研究，带领年轻的璞瑅教师团队，走上了实践教育理想、不断开拓创新的探索之路。

　　我们始终认为：学校是助力学生成长的地方，是像家一样让学生感到温暖和快乐的地方，是为未来做好准备的地方。一所好的学校，给予学生的不仅有知识的基础、学习的能力，还要有积极的心态、健康的体魄以及正向、完整的价值体系，要帮助学生完成从自然人到社会人的良好过渡。

　　师生关系、家校关系，决定着学校的教育是怎样的一种存在。

　　在北京四中璞瑅学校，我们倡导的理念是："师生关系是精神层面的亲子关系"；教师与家长是"在共育成长课题上的同学关系"。以人为本是原则，以人育人是途径，经常的换位思考是思维方式。

　　我们将选择什么样的道德文化、什么样的情感态度，选择什么样的契机、什么样的资源、什么样的方式，甚至什么样的表情、语言等，视为德育工作的高度。学生快乐健康地成长是学校最大的荣誉。家长、毕业生、周边群众的评价是学校最大的口碑。

　　经过学校有选择的德育教育，让学生具有选择的态度和能力。在挑战面前，敢于选择直面；在荣誉面前，冷静选择淡泊；在磨练面前，毅然选择坚守；在是非面前，清醒选择立场。对做事，选择认真；对他人，选择善良；对承诺，选择诚信；对责任，选择担当。学生就在这一次又一次的选择中，实现着自我完善与成长。

北京四中璞瑅学校的实践，让我们认识到：

学校的精神和气质就存在于润物无声的文化里；学校的标准和品质体现于精致严谨的细节中；学校的氛围和模样展现于师生阳光的状态上。

为此，我们更加注重引领老师们，在一节节的课堂上、一个个的活动中，"温和而坚定"地践行着我们的教育理念；在陪伴、引领、教育学生成长的道路上，努力体现着我们的品质、升华着我们的认识、凝聚着我们的力量、创造着属于璞瑅的奇迹！

令人欣慰的是，七年的实践，使北京四中璞瑅学校从"原汁原味地继承"开始，朝着"同构同质"的办学目标，不仅走出了一条"独特独行"的发展之路，还收获了"学生喜欢、家长满意、社会认可"的良好校园生态。

以上所述一切，大家都可以从本书中阅读出来。

学校的跨越式发展，给年轻的璞瑅教师带来了强烈的自豪感和巨大的前行动力。但如何继续保持热情和干劲？如何在不断面对新问题时，总能有从容的态度和能力？……焦虑、纠结的情绪开始困扰老师们，担忧，甚至恐惧的情绪，也相伴而生。

幸运的是，此时，恰逢中国社科教育培训中心正在开展"社会情感课程研究"，作为项目的负责人——王宗老师，天降斯人般来到我们身边。她为我们介绍了这个课题重点研究的方向、内容、形式、路径，课题研究的意义以及它所产生的作用和效果。当时我们就感到，王老师的课题项目与学校目前要调整解决的教师情绪状态的问题，有一致的研究思路。后又经过多次的相互探讨，依托"社会情感"课题、重在教师情绪调整、不断升华育己育人方略的《积极养育》研究课题，正式在北京四中璞瑅学校落地生根。

"积土成山，积水成渊"，连续三年的研究——实践——再研究——再实践，让大家收获丰富。

本书写作的倡导人王宗老师，是"社会情感"职业能力培训项目的发起人，也是让我敬佩和喜欢的人。她的专业素养扎实，性格开朗乐观，很有亲和力。与王老师一起做研究，更是一件快乐的事情。从她身上，我们学到了很多东西。在王老师的指导帮助下，如今的我、丁岚和秀林，也拥有了中国社科教育培训中心"社会情感"职业能力培训项目专家组成员的资质。

在共同研讨的过程中，我们分享了大量的教育案例。王宗老师认为这些素材很有参考价值和借鉴意义。于是，历经几番筛选与精心雕琢，集合成了现在大家看到的这本书。

此书发端于"社会情感"职业能力培训项目积累参考教材的初衷，最终却留下了北京四中璞瑅教师团队深深的成长印记。

书中所采集的每个标题，都是学校要传承的理念；每一个课后反思，都是教师团队研究新问题的切入点。

书中内容是以课题为依托，以剖析与璞瑅学校同龄的优秀青年教师孙秀林的成长为主线，从负责课题推进的丁岚校长的视角，展示了多种研究的案例与方略。

每一个案例，都是真实发生的，每一个故事都是鲜活生动的。字里行间，彰显的是教育工作者的心得与智慧；点滴之处，浓缩着璞瑅拓荒人的坚守与情怀。

本书的主要作者丁岚校长，热爱教育、热爱学生，理念先进、善于思考，具有超强的学习力、执行力和创造力。

在学生喜欢的活动中，蕴含她的创意与巧思；
在常规管理的细节里，坚持着她的精致与标准；
在教师团队的建设上，体现着她的温和与坚定；
在日新月异的挑战前，彰显着她的自信与勇敢。

本书的主要角色孙秀林老师，是璞琟学校优秀青年教师的代表。她爱岗敬业、勇于进取，坚持学习、注重积累，所带的班级建设目标明确，育人方略清晰，在引领学生成长的过程中也实现了超越自我的发展。

圆桌会议，体现的是对学生的尊重；
班级日志，记录的是学生的成长；
自我管理，营造的是民主的氛围；
凝晶标识，汇聚的是师生的力量。

本书还有一名重要的参与者和贡献者——徐加胜校长。

徐校长哲学功底深厚，善于慎思与明辨，才华与能力兼具。虽然现在他已投身更多元的国际教育，但当时作为四中派出的中学部校长和学校的执行校长，正在带领老师们开展"温故以解忧"的学习沙龙活动。本书中有一个章节的内容——《关于青春三论》，就是徐校长的分享。此部分内容之前已发表于他本人的著作《走出教育焦虑》一书中。

如果我们的分享可以给读者带来稍许的启迪和帮助，于我们而言，就是最大的欣慰。

至此。

璞琠七载，我见证了学校的发展，也见证了一众"璞琠小友"的成长！丁岚和孙秀林就是他们的优秀代表。

教育就是引领，是示范，是影响，是改变，是看得见的成长，也是温暖的彼此成全。

北京四中璞琠学校就是一个温暖又美好的地方。感谢命运让我与众多的"璞琠小友"相遇，他们满腔的热情温暖着我；他们用青春与活力书写的璞琠故事感动着我；他们身上折射出的青春能量，成就了自己，也成就了学校。

北京四中璞琠学校更是一个平凡而伟大的地方。一群人，一条路，一起走，一生情。每一个人的身上都镌刻着学校教育的痕迹，每一个人也都与学校共成长。

七年的实践，学校获得了众多的荣誉，师生具有了很强的归属感和幸福感。

现在，再来理解"教育是影响世界的事业"，其实影响世界真的并不难！我们的理念、我们的实践，就是要让我们的学生，不仅在这里完成未来社会建设者、推动者的基础准备，还要让他们走出校门后，依然有温度、有力量，能对周围的人温暖相待，让这个世界更加美好。从这个意义上讲，我们影响、引导、教育今天的学生，就是在润泽影响这个世界。

教育就是这样的美好存在。

一切才刚刚开始，研究还在深入，璞琠的故事还在继续……

夏　洁

辑一

构建关系——心灵的沟通胜于知识传递

"教育是一种与人相处的学问，

教育的智慧与敏感性比教育的技术性更重要。"

Part/01　自我成长：造就更好的自己，成就更好的他人

教育的力量，从人格的源泉中产生

身处在这个价值多元化的时代，我们背负着由于变化带来的压力与焦虑。特别是在教育领域，多年前那种过分关注教学、弱化教育功能的方式，俨然已不合时宜了，屡屡爆出的高分低能现象，"钱学森之问"的拷问（"为什么我们的学校总是培养不出杰出人才"）等，都在对教育提出全新的挑战。

对教育工作者来说，我们务必要重新审视和思考：教育究竟是什么？它该以一种怎样的方式存在？这是一个大命题，也是一项系统工程，更是我们这本书想要表达和传递的主旨与核心。

教师是一个特殊的职业，也是一个特殊的角色，连接着家庭、学校与社会。多年的实践告诉我们，学校不只是传授知识的地方，更是培养人的地方。何谓育人？不是强硬地灌输理念，不是直截了当地批评，当孩子出现了某些行为上的问题时，简单粗暴的打骂式教育，很容易引起孩子的逆反心理，继而强化不好的行为；语重心长讲述大道理的教育，孩子表面不动声色，内心却觉得，自己根本没有被理解。

真正有效的方式是，影响式的引导。正如俄国教育家乌申斯基所说："在教育工作中，一切都应以教师的人格为依据。因为教育的力量只能从人格的活的源泉中产生出来，任何规章制度，任何人为的机关，无论设想得如何巧妙，都不能代替教育事业中教师人格的作用。"

想成为一名优秀的教师，先要成为一个有人格魅力的人：用我的真诚去打

动你，用我的信任去鼓励你，用我的理解去关爱你……在这个过程中，少不了会用到一些专业性的技巧，但重要的是，调动自己内在的情感，用自身的人格去工作，对学生产生根深蒂固的影响，让他们由衷地感受到被信任，从而意识到自身的问题，相信自己有改变的可能，并带着重建的内在信念，打破旧有的模式，继续往后的人生。

这对教师而言，无疑是一个全新的挑战，更是一个全新的学习领域，即社会情感学习。人的全面发展离不开身体、心智和情感的共同进步，而情感更是人性发展不可缺少的重要因素，同时也是时代与教育的需要。因此，对教师进行社会情感技能培训，提高教师个人的思想理念和教学技能，运用结构化的课程为学生传授社会情感学习技能，就成了势在必行的选择。

庆幸的是，我们已经踏上了这条学习与实践之路。

这要得益于北京心晨曦教育科技公司的创始人王宗（Anita）老师，她是中国社科教育培训中心开展的"社会情感课程研究"项目的负责人，在对北京四中璞瑅学校进行"社会情感学习"培训的过程中，她对北京四中璞瑅学校正在践行的教育理念有了更加深入的了解，之后正式邀请夏洁校长、我和孙秀林老师，共同担任专家组成员，以北京四中璞瑅学校为试点，以青年教师孙秀林在职业之路上的成长为个案，共同进行"社会情感课程研究"。

社会情感学习项目的实施，对北京四中璞瑅学校的教师、学生乃至家长而言，都是一件幸运之事。我们一直强调，学校发展，教师先行。教师是学生情感能力形成和发展的引导者、助推者和实践者。想要培育和发展学生的社会情感能力，教师自身必须先是一名践行者，成为学生的榜样示范，以一个灵魂来唤醒另一个灵魂。

对社会情感学习了解得越多，掌握得越多，我们愈发明显地感受到它给教育教学工作带来的助推力和影响力。其实，每个孩子都是一颗种子，尽管形状大小不一，却都蕴藏着饱满的生命力；而教师就是一束光，当我们照见了那颗种子，给了适宜它生存的温度和热量，无须刻意去做更多，种子自会努力地向上成长。

教师是学生的镜子，学生是教师的影子

心理学研究表明，人是最富有模仿性的生物，人的大部分行为都是模仿行为。对于学生而言，他们的社会生活体验绝大多数来自学校，而在校园环境中，最大的榜样力量就是教师，教师的一举一动、一言一行、一思一想、一情一态，是学生模仿行为发生的关键。

所谓师范，即为师亦为范。走上三尺讲台，教书育人；走下三尺讲台，为人师表。

之前，学校的高年级学生，午饭浪费的现象比较严重，餐盘里经常剩下不少的菜和饭。班主任 L 老师得知这一情况后，在课上给学生们讲述自己到某省山村支教的一段经历，并在投影上播放了当时记录的照片，让学生深刻地感受到，不是所有的孩子都能够吃饱饭。这一课给孩子们带来了一些触动，此后 L 老师还实行了一个计划，就是在午餐时间和学生们一起用餐，要求大家养成节约粮食的意识，实行就餐光盘制度。

每次吃饭，L 老师就坐在孩子们中间，把餐盘里的饭菜吃干净后，再放置到餐具回收区。有一次，L 老师在就餐时间接到一个电话，有急事需要离开，在这样的情况下，他也没有浪费饭菜，而是向厨房的师傅要了一份快餐盒，把饭菜打包带走。看到班主任把节约粮食不浪费这件事情做得如此到位，学生们发自内心地敬畏，之后剩菜剩饭的情况大有好转。

我想起威·亚历山大说的一句话："命令只能指挥人，榜样却能吸引人。"你把一件事情当成命令下达给学生，碍于权威他们可能会在你眼皮子底下做出你期望的样子，可是一转身，又变成了老样子。我们永远不能忘了，外因是通过内因发挥作用的，你真正触动了学生，他们自然会效师而学，自觉地追寻你的步伐。

教师与学生的关系，不是权威关系，更不是依赖关系，而是精神层面的亲子关系。学生价值观念的形成，除了来自书本、家庭和社会以外，最直接、最深刻、最具体的影响，就是来自教师。每个学生的成长，或多或少都会受到教师的精神影响，学生是教师心灵的后裔。教师对学生的思维方式、行为

处事起到了启蒙和养成的效用，对学生人格的形成与健全具有深远意义。

以日常的行为习惯来讲，如果教师在上课前，会把讲桌整理得干净整洁，桌子上的东西摆放整齐，板书写得很漂亮，教科书本保持得崭新干净，那么学生耳濡目染，也会效仿老师养成爱整洁、讲卫生、爱惜书本的习惯。

再以学习方面来说，美国教育家林格伦在《课堂教育心理学》里说："当他的老师对待所教的学科马虎了事，毫无热情并且没有生气，那么他的学生也很少和很不会积极热情学习那门学科。"你要给孩子讲古诗词，原本孩子就不太理解诗的大意，如果你不能把诗的内容和现实生活联系起来，饶有兴致地去翻译和理解一首诗，又怎能怪学生听得昏昏欲睡？

人的情感具有强烈的感染性，教师的道德情操、言行举止、为人处世、价值观念，就像是一面镜子，孩子透过镜子，照见的是一条延伸至未来的路。

我记得，当初带班的时候，班里有些孩子好胜心极强，自尊心又很脆弱，在各方面都喜欢跟其他同学比较，希望自己是"全能型"的。可我们都知道，"尺有所短，寸有所长"，想在所有方面胜过所有人，是不现实的。

当时的我，作为一名年轻教师，也参加过一些评选活动。在一次学校评选活动中，我虽然做了精心的准备，但最终还是落选了，且这件事全班的学生都知道。学生们有点敏感，害怕我会情绪不佳。借此机会，我就和班里的学生开诚布公地谈论这件事，并表达自己的观点："我为这次评选活动准备了很长时间，也付出了不少心血，最后的结果虽然有点遗憾，但我并不沮丧。因为在这个过程中，我是有收获的，比如以前不了解的东西，现在明白了，对我来说这个更有意义。虽然我们都喜欢赢的感觉，但真正的成功并不在于战胜别人，而在于战胜自己。只要我们不断战胜过去的自己，就是走在变好的路上。"

那件事过后，我发现有几个好胜心强的学生，对于分数不是那么"耿耿于怀"了，尤其是在某次考试不太理想的情况下，与他们沟通交流会发现，他们的关注点开始倾向于"我知道哪儿错了""这个地方是我太马虎了"……这样的结果，真的让人倍感欣慰。

身教胜于言传。在面对同样的处境时，对于未经世事、三观尚在形成期的孩子而言，教师以什么样的方式去处理，以什么样的心态去应对，俨然就成了一种标杆和示范。这也时刻提醒着我们，身为教师要时刻注意自己的言行举止，很有可能，只是不经意间的一个小动作、一句话，就在学生心里留下了深深的印痕。

心有所敬，方能行有所止。

记得有一次，学校某班级有两个同学因为小事产生了矛盾，发生了口角。其中一个同学的家长跑到教室，替自己的孩子"打抱不平"，话说得很不好听。这个班的班主任是个刚参加工作两年的小伙子，脾气也有点暴躁，我看得出来，他有几次跃跃欲试，把不满一吐为快。我悄悄地拉了一下他的胳膊，示意他冷静，提醒他：你是一位老师，看看周围一张张天真稚嫩的面孔，如果你今天发飙了，将来让学生怎么看你，怎么敬你？

我一边示意年轻的班主任冷静，一边尽量心平气和地向家长解释，并说明家长的行为会对孩子产生什么样的负面影响。好在，家长也不是不近人情，只是爱子心切。在经历一番沟通后，在教室里吵闹的家长也意识到了自己的问题，连连道歉，带着些许尴尬离开了。

选择了教师这一职业，无论你想不想做榜样，你都已经是学生模仿学习的对象。学生的言行，无论好与坏，反映出的都不全是学生本身，有很大一部分是教师对学生的影响。

你希望学生成为什么样子，自己就要先做成一个标杆；如果自己都没有做好的事，就不能责备学生偏离你的期待。一切，恰如法国教育家卢梭所言："榜样！榜样！没有榜样，你永远不能成功地教给儿童以任何东西！"

社会情感教育，照亮孩子的成长之路

许多欧美国家早在 20 世纪末就已经把社会情感学习列为和数学、语文一样的基础学科了，美国从幼儿园到高中阶段都进行社会情感学习普及，这几乎是学生成长过程中的一门必修课。史上规模最大的 SEL 研究证明，以学校为基础的 SEL 项目提高了学生与他人相处的能力，改善了学生与学校的关系，减少了学生的不良行为和攻击行为，降低了他们的焦虑和压力。

社会情感学习的益处，对学生来说意义非凡。或许，单看这些有点"书面化"的表述，很难一下子触动我们敏感的神经；可是，当这些内容化为现实中一个个活生生的案例时，却会让我们唏嘘不已。

2019 年高考刚刚结束，网上就曝出两起校园伤害案的新闻，时间都发生在 6 月 8 日下午。两个案例发生在不同的省市，但案件起因却很相似，都是学生之间发生了纠纷，其中一人在冲动之下，把另一名同学捅伤，受害人最终因抢救无效死亡。

看到这样的案情，我相信每一位教育工作者都会深感痛心。花一样的年纪，人生尚未开始，就这样戛然而止了，而两名嫌疑人也亲手葬送了自己充满无限可能的未来，四个家庭就这样毁掉了。然而，在痛心之余，更让我们感慨的是，12 年寒窗苦读，18 年的教育，竟然没有教会孩子如何处理同学之间的矛盾，这何尝不是一种严重的教育缺失呢？

学校是进入社会的一个过渡，学生年龄尚小，心智不成熟，缺乏自我认知，在遇到很多现实问题时，对自我情绪缺乏了解和管理，更缺少良好的、合理的沟通技巧，在这样的处境之下，他们的内心是焦灼的，很容易采取冲动的做法。这个时候，家长与老师的及时引导就显得格外重要。

婚姻与家庭心理学领域的著名学者约翰·高特曼曾经提到："与 IQ 相比，对情绪状态的意识和处理感情的能力，在更大程度上决定了一个人是否能够在生活、工作和家庭方面取得成功和幸福。"

作为与孩子们日日相处的教师，我们在关注孩子学习的同时，更有责任和义务教会孩子如何做人与处事，培养并提高孩子的社会功能。也正因为社会情感能力极其重要，我们才积极地提倡并实践，让社会情感学习走进校园，成为孩子成长的必修课。

美国 CASEL 对"社会情感学习"的定是：一个旨在帮助儿童和成年人发展和提高有效生活所需的基本技能的过程，这些技能主要包括五个方面：

• **自我意识**：认识自身的情绪、情感及其价值，并能够实际地评估自身的长处与局限。研究表明，有强大自我意识的人，更善于自律。

• **自我管理**：能够设定并达到目标，管理好自己的情绪、情感，包括延迟满足、压力管理、控制冲动，可以适当地表达自己的情绪、情感，不让其影响正常生活。

• **社会意识**：对他人的想法和感受，能够表现出尊重、理解与共情，欣赏他人的优点，同时接纳他人的不同。

• **人际关系**：建立并维系健康的关系，有清晰的表达能力，懂得倾听与配合，可以有效地进行群体工作，有建设性地解决冲突。

• **负责任的决策**：在有关个人与社会行为的问题上，作出符合道德的和建设性的抉择。

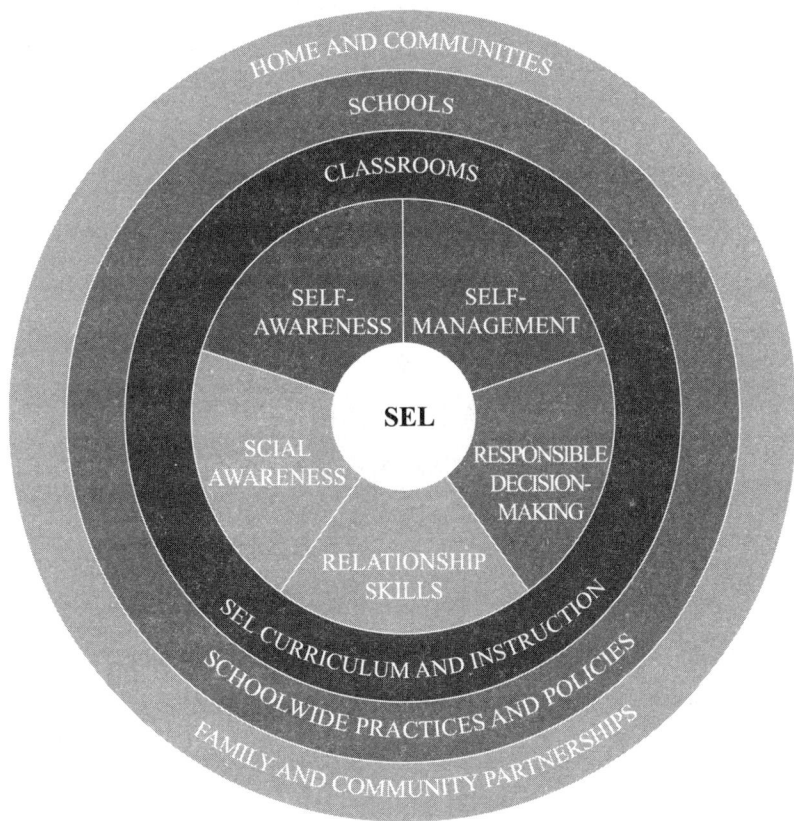

（CASEL 社会情感学习核心技能图）

社会情感学习（SEL）并不是新事物，它和促进人的全面发展理念是融会贯通的。人的全面发展，离不开身体、心智与情感的共同进步，而情感更是人性发展不可或缺的要素。作为教师，在教授孩子知识的同时，也别忘了教授他们一些社会情感技能，让他们获得对自我、他人、集体的正确认知与管理能力，理解个人价值，关爱他人，强化责任意识，获得积极的情感体验，形成良好的人格与道德品质。

试想一下：当我们的学生在拥有良好课业的同时，具备了较强的社会情感技能，养成了良好的社会行为，减少了孤僻与离群的行为，纵然与周围的人发生了矛盾冲突，也能够采用合理有效的方式处理，那会是什么样的景象？一个知道如何照顾好自己情绪，又能够共情他人，且知道对自己的决策负责的人，又怎会轻易做出冲动的、伤人伤己的行为？

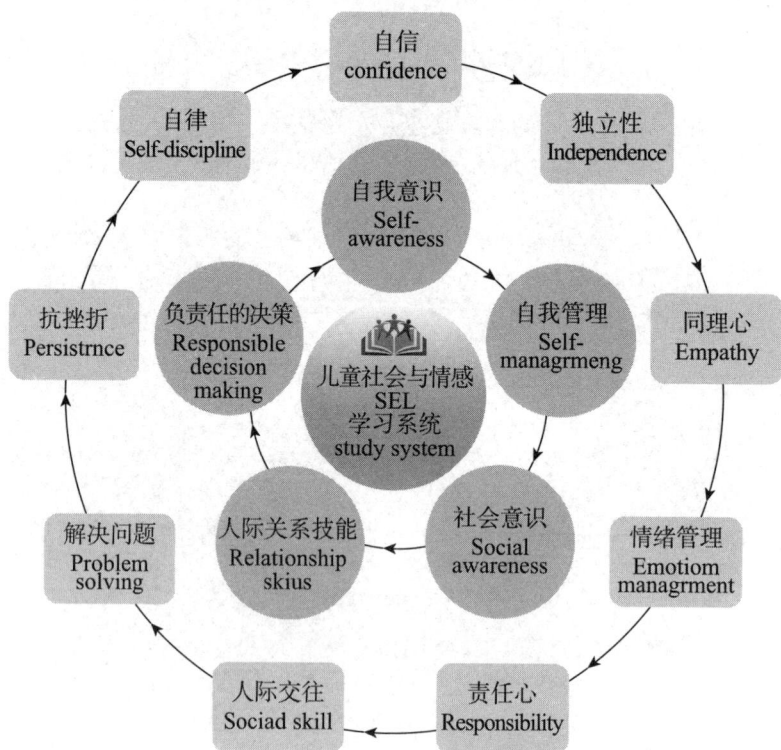

在培训活动中，王宗（Anita）老师提到了一个情景：孩子在排队时总喜欢争抢，还可能为此吵架或动手。针对这种情况，我们该如何处理？怎样让孩子遇到这样的状况时，学会正确地、合理地解决问题？这就是对社会情感技能的一种考验。

很显然，强制性地喊停是不行的，也许会暂时性地让争吵停止，但很难从根本上解决问题，因为孩子在内心深处是"不服"的。所以，我们不必急着去批评哪一方。王宗（Anita）老师从心理学的角度诠释了这一现象：孩子保护个人利益是一种本能，我们应该接纳孩子想排在前面的这种心情与渴望，而不是打压。只不过，在与人发生矛盾冲突的时候，孩子不太懂得如何用理性和智慧去指导自己的行为，而更习惯于依靠本能的情绪来支配行为。这时候，我们需要的是引导他们去思考：你觉得，除了争抢以外，有没有其他办法可以解决排队顺序的问题？

当我们把一个矛盾冲突变成一个疑问抛在孩子面前时，就把孩子的关注点进行了转移，他们可能会想到用"猜硬币"的方法来决定先后顺序，还可能会想到用"石头剪刀布"来决策。在听到这些答案后，我们可以继续追问"还有没有其他的办法"，让他们再度进行思考。很有可能，孩子会说："嗯……那我就和他商量一下，这次让他排前面，下次我再排前面。"

是的，如果有 1000 种问题，那么必定能找到 1001 种方法，关键就在于如何引导孩子去寻找更多的解决方案。寻找答案的过程，其实就是辩证看待问题的过程，让他们深刻地体会到，很多事情并不是只有争吵、打架等极端的解决方式，还可以有很多种选择。

从某种意义上来说，教育教学的有效性，取决于人的情感互动的品质。我们期待每一个学生都能拥有优异的成绩，但更期待他们成为一个有血有肉、有灵魂、有良知、有幸福力和创造力的人。知识的学习永远不能丢弃，但社会情感的学习，更是教育的新维度。在这个快速多变的时代中生存发展，无论成人还是孩子，都需要具备调整自己内心世界的能力。

比成绩更重要的是生命态度与思维方式

2020 年夏天，有一部名为《隐秘的角落》的网剧刷爆了屏幕，这是一部与孩子成长、家庭关系以及人性相关的作品。也许是职业使然，我对里面的一个情节记忆犹新：

剧中的主角之一朱朝阳，是一个名副其实的"学霸"，各学科成绩都不错，每次考试都是第一名，尤其喜爱数学。父母离异后，他跟随妈妈一起生活，由于工作原因，妈妈不能每天在家，他可以很好地照顾自己，不让母亲为自己操心。

就是这样一个成绩优异、生活独立的孩子，在班里却不太招同学喜欢，甚至连一个朋友也没有。为了这件事，在开家长会的时候，老师特意找到朱朝阳的妈妈谈话，大致意思就是，希望家长可以协助孩子搞好同学关系，融入集体。

没想到，朱朝阳的妈妈却立刻反驳道：孩子的主要任务不就是学习吗？只要把学习搞好，交不交朋友并不重要。她的眼里只有学习和名次，孩子的成绩是她炫耀的资本，学业优秀就是好孩子。至于孩子内心的需求，她从来都没有尝试去看过。相比母亲的做法，作为旁观者的读者或观众，多数人反倒更认同朱朝阳父亲的那番话："你现在班里的同学，等你长大之后就是你的社会资源，你的人脉，这很重要。"

事实上，我们都看到了朱朝阳在性格和行为方面的某些问题，比如：他敏感、多疑、孤僻，不太懂得如何与人相处，一直活在压抑和自我隔离中，就算是遭到了欺凌，也不敢吭声。朱朝阳的内心里藏着一颗仇恨的种子，但他只是一个孩子，面对残酷的现实，除了逃避和隐忍，无能为力。唯一的寄托和依靠，就是学习。

毫无疑问，朱朝阳的情况与他的成长环境有直接关系，但这里依然有值得我们反思的地方：即便是这样的孩子，倘若他身边有一位长者，可以走进他的心扉，理解他的处境，给予他关爱与引导，他是否可以避免滑向那个深深的"黑洞"？他的人生是否又是另外一个模样？

就像剧中的严良，父亲吸毒患上了精神病，母亲从未出现。这个类似"小混混"一样的孩子，眼看就要滑向深渊，但庆幸的是，他遇到了警察老陈。他一直没有放弃这个孩子，虽然就要退休离岗，却还想着让曾经手的罪犯的儿子严良可以避免重蹈父亲的覆辙，成为一个正直的、有益于社会的人。最后，靠着老陈那颗滚烫的心，那份真挚的情意，他赢得了严良的信任与尊重，也挽救了这个游走在社会边缘的孩子。

有一句话我特别认同："在常年不被看到的阴暗角落里，暴力与邪恶伴随着孩子缓慢成长着。"虽然《隐秘的角落》只是一部网剧，可艺术往往都是生活的缩影，必定有真实的成分在里面。身为教育工作者，在看这部剧的时候，我一直扪心自问：假如朱朝阳是我的学生，我能够为他做点什么？

在很多人眼中，懂事、听话、学习好、自理能力强，就是理想中完美孩子的标配。朱朝阳满足上述所有的条件，可我们能够想到，这样一个孩子会误入歧途吗？在校园阶段，学习知识当然重要，就像人们常说的"学生要以学习为主"，但这并不意味着，人际交往、沟通交流、为人处事，都是进入社会才要做的事。

在校园生活中，教师伴随孩子的时间也是有限的，小学至多六年，如何利用这短暂的几年时间，为孩子今后的人生奠定最稳固的基石？

我想，传授知识只是其中很小的一部分内容。从现实层面来讲，我们无法把所有的知识道理都传授给他们，即便是现在传授了大量的知识，这些内容将来也可能会更新迭代。我们真正需要传承的，应当是能够伴随孩子一生，且让他们受益终身的东西。所以，一直以来，北京四中璞瑅学校都在强调这样一条理念：教师与学生是精神层面的亲子关系，学生是教师心灵的后裔，我们要传承给学生的是——生命态度与思维方式。

今天他们是在校就读的稚嫩学生，明天他们就是肩负重任的社会人，可有一些问题却在成长中始终伴随着他们，即：我要怎样对待仅有一次的生命？怎样对待他人的生命？我要以什么样的姿态去面对生活？我要成为一个什么样的人？如何在社会中奉献出自己的一份力量？我怎样看待学习？用什么样的方式学习？在处理生活和学习中的一系列问题时，是单一固化的思维，还是懂得灵活变通？

现代教育家张伯苓先生曾经提出过"学行合一"的观点。所谓"学与行"，其实就是"知识"与"修养""学习"与"做人"的问题。单纯地把文化知识学好，自然可以应对考试、升学，在短期看来有明显的优势，可放到一生去看，效用是极其有限的。

孩子接受教育，最终的目的是成为一个"完整"的人，既武装了头脑，也充实了心灵；既收获了学习的方法，也领略了做人的真谛。

造就更好的自己，成就更好的他人

"丁校长，我上《班主任》杂志的封面了……"正在办公桌前整理文件的我，抬头就望见了孙秀林老师那张洋溢着笑容的脸，宛若一朵灿烂的太阳花。我能感受得到，她的喜悦是从内心漾出来的，融合了任教以来的所有经历，有兴奋，有激动，也有感动。

在北京四中璞瑅学校，我是孙秀林老师成长历程的见证者之一。看到她干练、美丽的形象照出现在《班主任》杂志的封面上，我百感交集。随即，脑海中就浮现出一幅幅画面：有她刚刚毕业来校时的样子，也有她在我办公室里因遇到挫败失声痛哭的情景，以及今天成为优秀教师的她展现出的愈发成熟的风姿……

教师，这一太阳底下最光辉的职业，自古以来就被时代与社会给予了极高的评价，承载着人们深切的期望。有人将老师誉为春蚕，劳作到死，吐丝方尽；有人称赞教师是辛勤的园丁，熬干心血，浇灌花朵；还有人将教师比作无私奉献的红烛，燃烧自己，照亮他人。面对这些赞美和敬仰，作为教师，我们无疑是自豪的。

然而，教师毕竟是一个强调专业技能的职业，任何一位优秀的教师都不是与生俱来的，而是在大量的教学实践中成长起来的。2018年3月13日，我校（北京四中璞瑅学校）邀请了北京四中房山分校的黄春校长为老师们进行了一场名为《从哪里开始教书》的专题讲座。这场讲座触动了所有教师的心扉。黄校长以新颖的视角解读了教师发展的重点——自我丰满，即教师的第一专业，就是做最好的自己。

黄春校长在《从哪里开始教书》专题讲座中，系统地提出并分析了教师成长的四个阶段：原生的我、职业的我、专业的我和优秀的我。以下，是对此部分讲座内容的详细摘录：

从我们考取教师资格，踏上讲台的那一刻起，我们就完成了向"职业的我"的转变。

职业是岗位中"看得见"的行动，它包括备课、上课、家庭作业、考试等常态化的活动。教师的职业生涯将与它们常伴，周而复始，循环往复。如果我们只将自己的视野聚焦于这些具象化的活动，很容易失去对教师这一职业的新鲜感，产生倦怠心理，也就失去了向专业教师发展的可能性。

成为"职业的我"以后，就要朝着"专业的我"出发了。

那么，"专业的我"又该是怎样的呢？专业，发生于职业的行动之前，内隐于教师的思维与理念之中。教师的专业体现在：让所有的学习、准备与行动，都基于对学科本质的全面且深刻的理解。专业的教师要以《国家课程标准》为纲领，了解学科的本质、价值、内容、要求与方法等，具体实施过程中，读懂教材、理解学校、认识自我，对培养目标、层级、载体进行深入的理解，从而能够根据课程纲领需要选择合适的课程行为。

每一个专业的教师，都渴望着向更优秀的自己迈进。优秀是人群中"闻得到"的香气。你的气质里藏着你走过的路，读过的书。每个人的任何一种行为表现，都是其一生中全部修为的总和。为师之范，更是对优秀的教师提出了方方面面的要求，如读书、行走、学问、说话、写字、生活与样子。优秀教师的理想形象，不再是我们以往刻板认知中甘于奉献的春蚕、园丁、红烛，而是以一个更加鲜活、灵动的生命状态呈现在学生面前，也带给学生更加多彩和立体的生命体验。

在听黄校长的讲座时，我就为其观点感到震撼和折服，而今再看到登上《班主任》杂志封面的孙秀林老师，回想起她一路走来的职业经历，内心更是悸动不已，深感她就是那场讲座的一个真人版本的诠释。

孙秀林老师毕业于天津南开大学历史学院，毕业后来到北京四中璞瑅学校，正式成为一名人民教师，完成了从"原生的我"到"职业的我"的转变。

踏上职业之路后，孙秀林老师开始在专业之路前行，但这条路并不是平坦的，她在实际工作中遇到了不少难题，其中有一些问题是用过去的经验无法解决的。在面对职业瓶颈的时候，孙秀林老师向我提出，她想辞职去考研。至今，我仍然记得，当时与她的对话：

"秀林，如果你去考研了，毕业后打算做什么？"

"我还是想当老师，我喜欢当老师。"

"你觉得，当年在大学里学到的知识，有多少可以完全运用到工作中？"

"……好像，只有很少的一部分吧！"

"要提升专业技能，教学实践就是最好的磨砺场。"

那次谈话后，秀林放弃了用考研突破工作瓶颈的念头，但深入学习的动力却比过去更强了。她学习东西很快，思维既清晰又活跃，短短三四年的时间，我目睹着她从一个稚嫩的教师，借助工作中的大事小事磨砺自己，积累经验，总结教训和心得体会，逐渐变得越来越成熟，越来越精干，缩短从"专业的我"到"优秀的我"之间的距离。

看着卓有成就的秀林，我再次想起黄春校长所言：教学的全过程，就是"以人育人"的全过程。它起始于教师从"职业的我"向"专业的我"的飞跃，起始于从"原生的我"向"优秀的我"的后天修为。每个人教书，都是从自我开始的；每一段教学过程，都是教师自我成长过程的直接表现；任何一个行为的水准，都不可能超过教师自我对于学科、教育以及生命的认知高度；所有的教学结果，都早早地写在了教学才刚刚开始的时候。

如果说，教育的狭义目的是成就一群更好的别人（学生），那么教育的最好途径，就是造就一个更好的自己（教师）。就如我们前面所言，教师的人格、修养就是一面镜子，一个标杆，一种示范，当我们朝着"优秀的我"迈进的时候，我们带动的不仅仅是自己，还有背后注视自己、追随自己的一群学生。

教师要成为职业的我、专业的我、优秀的我，需要拥有不断学习、不断超越旧我的决心和勇气，利用一切时间和机会孜孜不倦地提升自我，更新观念，转变僵化的思维方式，借鉴更新、更好的教育理念和方法，增加知识储备，努力让自己从一杯水变成一桶水、一池水。在造就优秀自我的路上，我们要时刻秉承求真务实的精神。要洞察问题的本质，不盲目地追随潮流，也不走形式化搞花架子，切实地向每一节课要质量，提升自己的课堂教学艺术。

想成为优秀的教师，先要成为更好的自己。当我们能够在校园里、课堂上、举手投足间，都能够潜移默化地影响学生，带给他们积极的情感体验，以及正向的引导和激励，便可以春风化雨、润物无声，从而成就更多的学生。

下面这番话，是我从事教育工作二十余年的切身体会和感悟，在此与各位同仁共勉："因为热爱教育事业，我想要努力变得更好；当我变得更好以后，才能拿出更多的热情与力量，奉献并成就那些信任我、追随我的学生；当我的付出成就了一个个的你时，我也就走出了一条独属于自己的专业化发展之路。"

📖 课后思考

课题 1：

A 是一位六年级女生，两年前父母离异，无人管教孩子。进入六年级后，A 开始出现晚上很晚回家、不洗漱、无节制吃东西、不写作业、任意花钱等情况。母亲想管，孩子反应偏激，且出现过打骂家长的现象，后来父母一并不管了。

本学期开学后，出现不听班主任老师的话，沟通无效的现象。为了保证孩子不出现偏激行为，班主任目前采取的是冷处理的办法，没有强制学生写作业等行为。

如果你是班主任，你是否会通过自身的一些行为和经历，"撼动"孩子做出改变？具体会怎样做？

课题 2：

G 是某校六年级学生，一天美术课上，他与同学发生争吵，声音非常大，班长急忙向班主任老师反映情况。班主任前来制止，并提出批评，认为他当着任课老师和班主任的面，依然不管不顾地大喊，是不尊重老师的表现。

G 同学心里不服，认为老师只批评他，没有批评其他同学，故而把自己的水杯砸了，又冲着同学用更大的声音喊叫。为了不影响其他同学正常上课，班主任让两名当事同学到办公室解决问题。G大声叫喊，说不想解决问题，并在办公室拉窗帘，用头撞玻璃。

班主任老师担心出现安全问题，通知家长来学校。G同学愤怒不已，冲出办公室，进入班级登上了书架，把班级的整理箱和整理箱的东西摔倒在地上，情绪严重失控。据了解，这位同学平日里非常自我，容易冲动，在家里特别害怕家长，在学校里自由散漫，经常与同学发生矛盾。

面对状况百出、情绪不稳的G同学，你会试图从哪些方面走进孩子的心？

课题3：

五年级（3）班的小强原本是一个中等生，平时老实、踏实，不太起眼。可最近他却成了班里的"人气王"，哪个同学游戏搞不定，都来找他帮忙，大家背地里都管他叫"游戏王"。为此，小强沾沾自喜，每天花在打游戏上的时间更多了。久而久之，小强课上经常因睡眠不足打瞌睡，成绩严重下降。班主任老师找小强沟通，没想到，他却振振有词地说："平常父母说来说去都是'好好学习，要争气'的话，一点都没意思，只有游戏才能让我快乐。"

如果你遇到了小强这样的学生，你会怎么引导他正确看待和处理游戏的问题？

Part/02　家校合一：教师与家长应建立同学关系

教师不能成为学生家庭关系的挑拨者

关于家校合一，苏联教育家苏霍姆林斯基说过一句话："两个教育者——学校和家庭，不仅要一致行动，要向孩子提出同样的要求，而且要志同道合，抱着一致的信念，始终从同一原则出发，无论在教育的目的上、过程上，还是手段上，都不要发生分歧。"

我们都很清楚，教学质量的好坏，并不完全取决于教师专业素质的高低，还取决于教师的沟通能力，而家校合作最核心的内容就是沟通。然而，怎样把这项工作做好，消除矛盾与摩擦，减少误解与分歧，对于不少教师而言，却是一个颇有难度的挑战。

当孩子在校园里出现某方面的行为问题时，教师肯定是需要向家长反映情况的。然而，一个不容忽视的事实是，现在许多孩子都生于"4＋2"的家庭中，即孩子的父母都是独生子，上面有四位老人，六位家长共同关注着一个孩子。

这意味着什么呢？当孩子出现行为问题后，我们要面对的沟通对象，不是一个人（孩子本身），也不是三个人（孩子及其父母），而是七个人（孩子、父母、爷爷奶奶、姥姥姥爷）。想象一下，1∶7 的沟通难度有多大，有多复杂？

王宗（Anita）老师跟我分享过一个个案：有个幼儿园在读的小女孩，从某天开始，突然出现了奇怪的行为表现：无论上课下课，都只保持站立的姿势，问什么也不说。碰到这样棘手的情况，老师赶紧通知家长。家长见到孩子这样的状况，也是心急如焚，就想到了找心理咨询师获得专业性的帮助。

结果，咨询当天，来求助的不只是孩子及其父母，连同爷爷奶奶、姥姥姥爷全都走进了咨询室。咨询师在收集资料的过程中发现，孩子的父母近期正在讨论离婚的事宜，且双方的老人也牵涉其中……然后，咨询室里就上演了这样一幕：父母开始争吵，相互指责，认为都是对方的错；紧接着，双方老人也掺和进来，都向着自己的子女说话，咨询室里乱成了一团。

我们不难推测，在咨询室里发生的这一幕，在家庭中很有可能已经上演过多次了！孩子在这样的家庭氛围中，势必会受到严重的心理伤害，只是孩子年龄尚小，不知道该怎样表达感受和想法，最后呈现出来的症状就是行为的异常。

为什么我要特别提到这样一个个案呢？其实，就是想让大家直观地看到，一个孩子的身后，站着的可能是六位家长，要解决孩子的问题，就不可避免地要跟几位家长打交道。在这样的情况下，家校沟通如何开展？如果家长意见不统一，是否要逐一去解释？如何减少这样的情况发生？提高家校沟通的一致性和有效性？

结合多年的教育工作，我觉得要处理这一问题，有一点至关重要：当我们就孩子的某种问题向家长反馈时，一定要"选好"沟通对象，争取到家庭中核心人物的信任与支持。特别要说明的是，这个"核心人物"不一定是孩子的父母，而是那个在孩子内心里有足够分量、有一定心理牵制力的人，与孩子的关系非常亲密的人。

李玫瑾教授曾经讲过，依恋情感是具有牵制力量的，这种力量也被称为"心理资本"。她提到了末代皇帝溥仪的例子，溥仪从小喜欢恶作剧，周围人都拿他没办法，唯独乳母说的话他能听进去。这就诠释了一个事实，只有孩子心理上依恋的人，对他才有控制力。

有些孩子的父母忙于工作，陪伴孩子的时间很少。这个时候，如果老师贸然把孩子在校的一些不太理想的表现反馈给父母，情急的父母可能会指责孩子，继而让亲子关系变得更疏远；就算不是指责，而是苦口婆心地劝导，孩子也未必会听，他们可能会想：你平时都不管我，现在凭什么管我？更重要的是，学生在心里会对老师有意见，认为老师只会"告状"。

当孩子信任一个人，与之关系亲密，才愿意听他 / 她说的话。如果我们把孩子的情况，反馈给与他长期生活在一起且心理关系很亲近的人，并且得到了这位核心人物的理解与信任，与之在教育观点上达成一致，那我们才能更好、更快地促使孩子发生正向的转变。

家校沟通的最终目的，是家庭与学校形成教育合力。教师在处理这件事情的过程中，不能在无意间成为学生家庭关系的"挑拨者"。每个教师向家长反馈孩子的问题，都是出于诚挚与责任，可我们不能因为这件事让对方的亲子关系变得疏远或僵化，或者因孩子家庭内部教育观念不统一产生争执，陷入一个无限而低效沟通的怪圈。

为什么家长孩子一提家校沟通就色变?

北京某学校曾经对 328 名不同年级的学生进行过一次和家长会有关的问卷调查，结果显示：36.3% 的学生听说开家长会感到心情紧张；家长会召开后，11.3% 的学生与教师关系变得紧张；20.1% 的学生与家长关系紧张；30.5% 的学生遭到严肃的批评并被限制活动。

看到这组数据，想必大家更能够深刻地体会到我在前文中提到的那个观点：教师不能成为学生家庭关系的挑拨者。家校沟通的初衷，原本是为了促进学校与家庭的通力合作，让孩子获得健康、和谐的发展。想法和愿景都是好的，只是在实践的过程中，家校沟通不知不觉就变了味，甚至成了家长和孩子的一块"心病"，谈起家长会、家校沟通就色变。

为什么家校沟通会呈现出这样的结果呢? 我想，有几个关键点是特别需要关注的：

• 家校沟通有没有计划性，有没有针对性，是否过于笼统和随意?
• 家校沟通是习惯性地单向灌输，还是侧重于双向交流?
• 家校沟通有没有连续性、系统性，还是只在某个阶段进行?

这些问题在家校沟通中是很常见的，也是严重影响沟通效果的几大因素。

为什么要强调家校沟通的计划性、针对性？大家都有体会，现代社会竞争压力很大，家长一方面要忙于工作，一方面还要兼顾孩子。当家长接到通知，需要到校参加家长会，必然要提前安排好工作事宜或是向单位请假，绝大多数家长都非常重视这样的沟通。

然而，家长会的效果如何呢？有没有达到预计的期望值呢？不尽然。有些家长会的内容安排得十分繁琐，通过小广播向家长介绍学校抓教学质量的情况，又安排少儿心理方面的专家进行教育孩子的理论演讲，再由各班班主任向家长反馈班级的整体情况，最后留下个别学生家长进行小范围的沟通，意在解决孩子的一些问题。

试想，这样的安排要花费多少时间？有些家长可能只请了 2 个小时的假，或者开完会还需要回单位上班，他们来之前可能准备了几个重要的问题，想和班主任老师进行沟通，但无奈没有时间和机会，最后又把问题带走了。

还有一种情况，恰恰与之相反，就是"沟通"过于频繁，这样的做法也是不可取的。家校沟通虽重要，但别忘了还有学生，特别是小学生。他们年龄小，想法简单，会觉得老师是在用家长"威胁"自己。这样一来，我们就容易失去学生的信任与尊重。

从家长的角度来说，过于频繁的沟通和约见，也容易引发他们的抵触心理。一方面是家长的工作时间要被耽搁，另一方面也会伤害到家长的"自尊"，毕竟，孩子因为各种问题导致自己频繁被约谈，也会萌生一种挫败感。

事实上，绝大多数父母都关注孩子的成长，且盼望孩子成才。我们在进行家校沟通的时候，不能采用单向灌输的方式，而是要尽力实现双向沟通。教师需要向家长及时地反馈孩子在校的学习情况、行为问题，同时也要借助开放日、家长联系薄、家访等，听取家长的一些意见和建议，让他们真正地参与到学校教育中来，而不是错误地把学校教育当成教育的全部。

要想调动家长的积极性，我们必须先让家长感受到家校沟通的针对性。像我们上面说的，如果采用笼统的方式组织家长会，意义并不大，与家长沟通也不该只出现在学期初或学期末，或是孩子出现行为问题时，而要有计划性、持续性、系统性和针对性。这样的话，既能够让我们的家校教育成体系、达成一致，也能够满足家长的个体需求。

　　教育是一个合作的过程，今天的学生家长已不同于过去，他们的知识素养、学习能力都很突出，对孩子的教育也很有经验。正因为此，北京四中璞瑅学校一直以来都在秉承一个理念：教师与家长之间应建立同学关系，学生是我们共同研究的课题。教师虽有教育教学的经验，但每一个孩子都生长于不同的家庭，都是不同的个体，我们需要家长告诉我们更多有关孩子的信息，相互理解、相互支持、相互信任，才能共同研究有针对性的教育措施。

孩子的问题不一定第一时间跟家长沟通

　　如果你是班主任，在某次测验中，发现一个平日里学习成绩还不错的孩子，竟然在偷偷地作弊，你会怎么处理？你要不要直接把这件事反馈给他的家长？

　　上述的这一情景，就是去年发生在孙秀林老师所带班级的真实一幕。对于这件事，孙秀林老师没有当场指责该学生作弊，因为考虑到他平时学习成绩还不错，不想因为这件事伤害孩子的自尊心，让他背负一个考试作弊的恶名和阴影。

　　测验结束后，孙老师私下找到这个学生。她没有劈头盖脸地训斥这个孩子，而是让他知道：老师发现你作弊这件事了，你一直以来表现都很好，没有作弊的习惯，老师特别想知道，你今天为什么要这样做？

　　在这个环节上，我认为秀林处理得特别恰当，很好地照顾了学生的心理感受，并把关注点放在了"为什么要这样做"的问题根源上。这也是我们在教育工作中一直强调的：任何行为背后都存在一个正向的动机。果不其然，秀林通过与孩子的诚挚交流找到了那个正向动机。

　　原来，这个学生的父母对他的管教很严苛，控制欲较强，稍有纰漏和不足就会打压指责。孩子在这次测验中，发现有些题目不太会做，知识掌握得不牢，心里害怕考不好回家遭受批评，就冒险选择了作弊，想把这次测验应付过去。

秀林了解了事情的原委后，对孩子说："老师能理解，你不想因为考不好让父母失望。但你很清楚，作弊是错的，它也解决不了真正的问题。现在，你拿着这张试卷，告诉我哪些内容不会，我给你讲解，你回去重新做一遍，直到真正掌握。"

听到秀林这样说，孩子低着头，眼里噙着泪水，可他的那份紧张似乎并没有完全消除。秀林很快意识到，孩子是担心她把作弊的事情告诉父母。

在秀林给我讲述这件事的时候，我也问过她："你当时有打算跟家长沟通这件事吗？"秀林说："有，但我静下来想了想，反馈的时机需要延后。如果当时就告知家长，八成会适得其反，他的父母可能会勃然大怒，让亲子关系恶化；更重要的是，这样做也会破坏我跟孩子之间的关系，他会把我当成一个只会'告状'的老师。"

在这件事情的处理上，秀林的想法和做法都是比较周全的。我想，她应该是真正领悟到了家校沟通的最终目的——教育好孩子，让他掌握不会的知识点，不再用作弊的错误方式解决问题。在处理这一事件时，她没有直接越过学生找家长私下沟通，而是先跟孩子谈心，了解真实的情况，以及孩子的想法，赢得孩子的信任，并帮助孩子解决了实际问题。至于父母管教严苛、过分看重成绩的问题，她又另外找机会与家长进行了沟通和交流。

其实，我们可以想象得到，如果事先不跟这个学生进行沟通，在不了解其家庭教育模式的情况下，直接找到其父母反馈作弊之事，结果很有可能会掀起一场狂风骤雨。今后，这个孩子还会不会相信老师？还会不会对学习感兴趣？还有没有勇气面对挫败？这些问题，都比一次错误的作弊行为，更值得深思和关注，就像心理学家维果茨基所说："我们不盯着儿童发展的昨天，而应该盯着儿童发展的明天。"

再者，针对这个学生的情况，我们要跟家长反馈的核心，仅仅是作弊行为本身吗？在没有弄清楚因果的情况下，这种做法可能会让简单的事情变得复杂。兜来转去，最后的落脚点依然要停留在原因上，孩子为什么要作弊？这个时候，内心受到了伤害和打击的孩子，还能把心里话掏出来吗？他还敢去相信老师和父母吗？这不是我们的初衷，也不是我们想要的结果，我们真正的目标是，弄清楚事实和原因，与家长在教育理念上达成一致，多鼓励、少打压，让孩子卸下沉重的心理负担，正确地处理学习中遇到的困难。

这也充分说明了一个事实，在处理家校关系的问题上，我们不能越过学生只跟家长私下沟通，因为师生关系是家校合作的重要基础。家长对老师的了解是有限的，而学生每天与老师相处的时间最长，他们回到家后，向家长描述的有关老师的一切，直接决定着家长对老师的印象。没有良好的师生关系打基础，老师得不到学生的认可与信任，那么家校合作是没有办法实现的，因为学生不信任你，无论你跟家长达成怎样的共识，在孩子那里都是被排斥的。

沟通考验的是一种超越知识的智慧

在处理学生作弊事件的问题上，孙秀林老师秉持了北京四中璞瑅学校一直以来贯彻的教育理念。对于这位年轻教师的快速成长，我深感欣慰，因为看到了她正从职业之路朝着优秀之路一步步地前行。在欣慰之余，我也不禁感叹，每一位优秀教师都是在实践中磨砺出来的，都少不了要经历一些痛苦和打击，这应该就是成长的代价。

还记得秀林刚踏上教师之路，担任班主任一职时，曾因家校沟通的问题，在我办公室里痛哭流涕，委屈得像个孩子。那时的她，刚接任一年级的班主任。在一次校领导听课时，班里有个孩子忽然离开座位，在地上爬，惹得各位老师哭笑不得。

没有太多工作经验的秀林，哪里预想过会发生这样罕见的状况？在她当时的认知里，学生最多是在课堂上说悄悄话、打闹，可事实呈现在眼前了，她必须要面对。年轻的她，很快就这个问题联系了学生家长，她告诉我，自己说话的语气很客气，也很委婉，却没想到直接遭到了对方家长一通狠狠的责骂。

当时的秀林已经懵了，眼泪直接就滑了下来，她不知道自己做错了什么？她也想不通，就算真的是有些地方处理得不是那么完美，没能被学生家长完全认同，可是最起码的尊重难道也不配获得吗？这个棘手的难题摆在秀林面前，过往的一切经历和经验都无法给她提供有效的帮助，情绪失落到极点，挫败感阵阵涌现，让她忍不住跑到了我的办公室，失声大哭，像一个无助的孩子，说教师的工作太难做了。

在这个时刻，我允许孩子一样的她释放出所有的难过，等她情绪稍微稳定下来，我只问了一句："那你还要不要做老师？"她特别坚定地说："要做，我喜欢当老师！"从那一刻，我就笃定，这件棘手的问题会是秀林的一个跳板，跳过去一定是另一番景象。

我们坐下来一起分析整件事情的经过，慢慢地梳理思绪：这个孩子入学前是一种什么样的状态？学生的家庭情况、父母职业、父母教育孩子的方式是什么样的？为什么一听到老师反馈孩子的行为问题会大发雷霆，无视教师的身份、尊严和感受？在反馈问题的之前，有没有了解家长的个性喜好？有没有先肯定孩子好的方面？

借助这一系列的问题，秀林进行了深入的反思。其实，这个孩子的情况比较特殊，在进入小学之前，没有上过幼儿园，也没有集体生活的体验，当然不太清楚上学和上课是怎么一回事儿。孩子的父母都是高知识分子，家境优越，对孩子十分宠爱，且一直认为自己的孩子是特别聪明、特别优异的。孩子在入学前，平时都是家人和保姆照看，下班后父母也会陪伴，俨然就是这个家庭的核心焦点，他也习惯了时刻被关注。

入学以后，孩子不太了解课堂纪律，且年龄尚小，自制力有限。看到有其他老师来听课，且所有人都在听讲台上的秀林讲课，没有人关注他，这让他感到不习惯。于是，他就很自然地做出了一些奇怪的举动，吸引大家的注意力。从这个角度来说，孩子出现这样的行为，也在"情理之中"——每个孩子和家庭的情况不同，无法同一而论。

这个孩子家长请了菲佣带孩子，且认为自己的孩子在各方面都优于他人。面对秀林这样一位刚参加工作的年轻教师，他们的内心是有一些不满和偏见的，认为她年轻、没有经验，不太认可她。在先入为主的情况下，秀林又向学生父母反映孩子的行为问题，势必引起学生父母的极大反感，他们的第一感觉是：我们的孩子在家表现得特别出色，怎么到了你这里，就成了问题学生？是我们孩子的问题，还是你这个班主任的问题？作为父母，谁都希望自己的孩子是被认可、被欣赏的，在没有听到任何赞美的情况下，即便是委婉的提出问题，家长在心理上也很难接受。况且，这对父母本身知识、能力、口才都很强，指出孩子存在问题，就如同在指责他们，刺伤了他们内心的骄傲。

当然，这件事情最后还是顺利解决了，学生家长、秀林以及我，平心静气地坐下来，进行了一番推心置腹的谈话，校方以诚挚的态度获得了学生家长的信任，而家长也意识到了自己处理问题的方式不当，对秀林表达了歉意。毕竟，我们的目标是一致的，都希望孩子能够健康、健全地成长，有所收获。

通过这件棘手的案例，我想大家都感受到了，家校沟通不是一件简单的事。学校的教育离不开家长们的参与，可家长们的职业不同、层次不同、教育孩子的观念也不同，如何与他们在思想上达成一致，在感情上保持通畅，考验的是一种超越知识的智慧。

处理好家校沟通工作的五大关键词

那么，如何才能更好地与家长沟通，实现教育合力呢？

我认为，在进行家校沟通的过程中，有五个关键词是需要教师特别重视的：

• 关键词 1：了解

苏联教育家赞可夫说："教师如果不尽心研究学生的个别特点，如果不了解他们的内心世界，也就不可能顺利地进行教学和教育工作，因而也不可能有所进步，完善自己的教学技巧。"学生来自不同的家庭，家长的文化水平、素质修养各不相同，我们必须要根据实际情况巧妙地运用语言艺术，和不同类型的家长进行沟通。

之前看过一个个案：有个学生在学校经常打架、说脏话、拿别人东西，屡教不改。每次请家长，都是孩子的奶奶到校，沟通合作的效果并不理想。结果，新接手这个班的老师就对孩子奶奶说："您怎么不让孩子爸爸来，这么下去，还不如让孩子休学。"

偶然的一个机会，新班主任从其他同学口中得知，这个孩子的母亲早就去世了，父亲组建了新的家庭，父亲无暇关心他，他就跟奶奶相依为命。奶奶觉得孩子可怜，处处溺爱，导致孩子变成今天的样子。新班主任意识到了问题的严重性，立刻改变了原来的沟通方式，主动给孩子的奶奶打电话表示歉意，并开始调整与这个孩子及其家长沟通的方式。

• 关键词 2：尊重

北京四中璀瑅学校一直强调，教师与家长是一种同学关系，两者之间在人格上是完全平等的，不存在谁主导谁的问题。家校沟通，唯有建立在平等、尊重的基础上，才能减少阻碍与隔阂。对于教育过程中出现的问题，要客观分析问题的症结所在，公平公正地评价学生的表现以及家长的教育，共同研究解决问题的方法。

常言道："敬人者，人恒敬之。"充满尊重的沟通应当是双向的，既要正确表达，也要学会倾听，这是对家长的一种尊重，让他们感受到学校与教师的真诚。同时，倾听也能够帮助我们更加全面地了解孩子在家庭中的表现，以便我们更有针对性地制订孩子的教育方案。在倾听的过程中，要暂时放下自己的想法，尽力体会和理解家长，真诚而专注地听，恰当地回应，以表示对家长的尊重。

如果家长和学生同时在场，更要注意自己的语言。不痛不痒的谈话，无法让家长感受到教师的用心良苦，也会让学生觉得面谈没有任何威慑力；过激的语言也要避免，要在孩子面前给家长留面子。

• 关键词 3：理性

北京四中璀瑅学校曾经发生过这样一件事：某班级家委会会长悄悄向班主任反映，班里的家长们自己又单独建立了一个微信群，群中某位家长总是对学校的工作安排、午餐情况等表示不满，并对老师期望家长检查孩子作业这件事意见很大。

这位家长在群里指出："这题我辅导不了，让他们老师给讲去，大不了留到夜里呗，我给她饭钱！"期间，也有些家长随声附和。当家委会成员对他说，有问题可以跟老师沟通的时候，这位家长言语中十分不屑，透露出"你们都是跟老师一伙儿的，当然向着学校说话"的意思，对学校表示不信任、不认可。

显而易见，这样的情况长此以往，势必会在家长中造成非常不利的影响。班主任老师得知情况后，并没有表现出不良情绪，而是第一时间找到我，反映真实的情况。通过探讨，我们认为，这个问题之所以出现，反映出学校、教师的某些举措、行为的确存在一定的问题，或是前期与家长沟通没有达成共识，并未获得这位家长的支持。

家长对此产生不满后，之所以没有直接向班主任老师实名反映，也是因为担心这样做会影响自己和孩子在老师心目中的看法。可心中有不满，总需要有一个宣泄的途径，故而他就选择了单独建立微信群，借助抱怨，希望得到其他家长的支持和认可。

然而，其他有相同困扰的家长的随声附和，根本无法让大家关注到问题的解决上，只会激化家长对学校、老师的不满，使矛盾升级。而透过这位家长对家委会成员的建议做出不屑、不信任的反应，我们也能够间接地看到，可能他自身在看待问题、处理问题时也存在一定的问题，想法比较偏激、消极。

分析完整个事件之后，我问那位班主任老师："你有什么想法？"

那位班主任老师虽然年轻，但在思考如何处理这一棘手问题的过程中，我却看到了她理性、缜密的特质，没有任何情绪化的指责，且考虑问题十分周全。她强调说："对于现在的情况，在处理过程中必须要保护家委会会长，不能让其他家长认为自己被会长告了状，这会进一步激发家长与家委会、学校间的矛盾，加剧不信任、不认可的现状。"

我又问她："接下来，你打算怎么做？"

她有条不紊地说出了自己的处理方式："我觉得这件事要找一个合适的时机来洽谈，比如班级、学校常规家长会的时间，委婉地提出家长对于教师、学校的工作安排是否存在疑问，是否需要帮助？大家当面肯定不太好说，为了让提出问题的途径更加安全、私密，我想在班级门口设立问题征集信箱，家长们可以匿名投递问题。刚好，下周我们有一次班级家长会，那样的话，也不会显得特别刻意……"

事实证明，这位班主任对问题的处理方式和重视程度，最终赢得了家长的信任，并就一些问题达成共识。作为校领导，我也见证了这位年轻教师，对于家长提出的问题展现出的积极解决问题的理性态度，这是最值得欣慰和肯定的。这件事的发生，也让我们意识到，教师、家委会会长、其他家长在未来的日子里，还要进一步加强彼此间的沟通交流，建立情感链接。只有良好的关系，才能保证家校沟通的顺利进行。

关于理性的态度，再多说两句：面对家长的不满、抱怨和愤怒，要真诚地与之沟通，反思自己是否真的错了，若有错，就要诚恳地向家长道歉。如果家长情绪激动，越说声音越大，我们就要适当降低声调，放慢语速，向家长询问一些开放式的问题，让他们把内心的不满和愤怒发泄出来。如果家长的言辞带有侮辱性，可以找个借口暂时回避，日后再谈。同时，不要因为家长的过激情绪影响对其孩子的看法，正确的做法是，要给予孩子更多的关注，这样做的效果比用语言表达更有力。倘若各种沟通都无效，也不妨问问家长："您有什么要求""您想怎么处理"，让家长直接面对问题。

- **关键词 4：灵动**

通常来说，发生在孩子身上的问题大致包含几个方面：行为习惯不良、认知发展迟缓、个性发展存在偏差等，家长对不同性质的问题重视程度也不一样。有些家长认为，"性格孤僻"就是内向不爱说话，"情绪易激惹"就是独生子女的任性，不是什么大毛病，反倒是孩子写不好字、认字少，更让他们焦虑。

所以，在跟家长反馈孩子在校的问题时，一定要结合孩子的实际情况以及对家长的了解，灵动地选择合适的方式来沟通。有些家长外向、爱表达，教师就要做好耐心倾听的工作；有些家长不善言谈，且性格内向，我们就要适当放慢说话的节奏，营造一个轻松的氛围，引导家长来表达他的看法；有些家长性格豁达爽朗，与他们直接、坦诚地探讨孩子的问题，也是可以的；有些家长容易担忧焦虑，跟他们反馈孩子的问题时，要考虑是否会给家长造成压力，要尽量表达得委婉一点，如"您的孩子近期表现得很好，如果在以下几方面改进一下，进步会更大"，这样既对孩子表示了认可，也在心理上给了家长信心。

有一些字眼会在无意中破坏关系，我们在和家长沟通时，要尽量避免使用，比如："你应该"或"你必须"这种命令性的字眼，会让人听了有种居高临下的不适感，最好将其改为"我认为……""我觉得……""我需要您的帮助"，这样就体现出了平等和尊重之感，只是表达自己的想法，寓意也是和家长一起商量、探讨。如果是征求家长意见，可用"您觉得如何""您的想法是……"来婉转地表达，这些语句带有协商性质，可以拉近与家长之间的距离，也让家长更乐意接受教师的建议。当然，如果对于某些问题是确定无疑的，教师也要用肯定的语气来强调一下，让家长相信你的意见是经过实践总结的，是不容置疑的。

• 关键词5：多元

与家长的联系，不能仅限于电话和面谈，应当采用多元化的方式，加强家校沟通。我们可以定期地进行电话沟通、微信沟通，主动告知学生近期在校的表现，了解学生近期在家的情况，可以及时发现学生进步和退步的迹象，调整教育引导的策略。切记，千万不要等学生出现问题才找家长，或者只有出现问题才找家长。

家长会和家校活动也是一个非常好的互动方式，每个学校每个学期至少召开一到两次家长会，或是举办家长学校讲座等活动，这些都可以让家长较为全面地了解学校的教育理念、教育内容、教育方法等，同时让家长对学校的教育、教学提出自己的建议和意见。

家长联系手册也不能忽视，对于那些自控能力较弱、经常出现行为问题的学生，教师可以每两周在联系手册上写下该学生的表现，家长也可以把孩子在家的情况反馈给老师，这样能够及时把握学生的情况，督促他们改正缺点，获得积极的进步。

2020年，受新冠疫情的影响，学生们上半年居家学习，教师以上网课的形式给学生讲解知识。这种特殊的情况，更是体现出了家校沟通的重要性和必要性。为了保证关注到每一个学生的现状，我们的班主任老师会跟每一位学生家长视频连线，一对一地沟通孩子的学习情况，并给予个性化的指导。整个过程很辛苦，每一位班主任老师都付出了很多心血，但这样的沟通方式却赢得了家长的支持和信任，让他们切身地感受到了学校和老师对孩子的重视，以及对家长的尊重。

总而言之，家庭教育是学校教育重要的互补因素，两者配合的越默契，教育合力就越强，效果也越明显。要保持家校教育一致性，最重要的就是班主任与家长的沟通，但无论运用何种方式、何种技巧来跟家长沟通，核心还是要秉持真诚、尊重的原则，以心换心，架起合作的桥梁。

反馈问题的同时，适当提出教育建议

多数教育工作者都听过"5＋2＝0"的说法，就是在学校接受了 5 天的知识教育、美德教育、价值观教育，周末在家 2 天，却因家庭教育的原因，没能把前面 5 天刚接收到尚未成形的观念和行为指导延续下去，甚至反其道而行，结果导致前功尽弃。

家庭教育取决于什么？这与父母等长辈的受教育程度、教育理念、经济基础都有关系。有些学生家长的教育程度不太高，平时忙于工作，无暇顾及子女教育，教育方法也不太科学，这样的家庭教育氛围就很难有效配合学校教育。当孩子出现行为问题时，只向家长反馈情况是远远不够的，因为家长除了着急，真的是束手无策。这个时候，教师就要找出症结，让家长了解问题出在哪儿？怎样处理比较合适？适当给予一些教育建议。只有专业，才能真正帮助到家长，并让家庭教育和学校教育尽快地实现同步。

北京四中璞瑅学校建校以来，也遇到了不少类似的情况。孙秀林老师曾经详细地分享过她的一个教学案例，也是北京市第八届"京研杯"教育教学研究成果征文。在这里，我觉得很有必要跟大家分享一下，它解析了现代不少家庭都面临的"二胎问题"：

为了坚持计划生育这一基本国策，进一步完善人口发展战略以及积极地应对人口老龄化，党的十八届五中全会允许全面开放二胎，即一对夫妻可以生两个孩子。"开放二胎"成为人们津津乐道的热门话题，很多家庭开始计划添个"二孩儿"。这股风潮也吹到了我们班，班里的小 Z 也在今年荣升哥哥，有了可爱的小妹妹。

现在的孩子都是家里的大宝贝，恨不得爷爷奶奶、姥姥姥爷加上爸爸妈妈六个人围着一个孩子转。家里突然再来一个弟弟、妹妹，分走长辈"一半"的关爱，这对还在上小学的心智还未成熟的孩子来讲的确是个不小的冲击。

因此，妈妈在怀孕之初就与小Z进行了沟通，给他吃了一颗"定心丸"。并且，在平时的教育中，她"赋予"小Z哥哥的新身份，常常让他参与家庭事务。孩子出生后，小Z妈妈不方便外出，于是申请放学时让小Z一个人回家。由于小Z家离学校很近，我便同意了。小Z同学认为自己减轻了妈妈的负担，又能像个大孩子一样自己上下学，可开心了。每天放学后，就笑眯眯地和我打声招呼，自己背着书包回家了。

二月的一个中午，天空突然阴沉起来，星星点点的雪花慢慢变成密集的小雪粒从天而降，不一会儿就在地面上积起了一层不薄不厚的地毯。由于地面气温并不低，到下午放学时，积雪已经化了一部分，道路十分湿滑。为了保证学生们的安全，我们学校照常启动了特殊天气的放学预案，由家长进班一对一接孩子。

于是，放了学后，我便和孩子们一起坐在教室里等着家长来到班中，亲自接走自己的孩子。看见其他家长纷纷来到班级门口，小Z顿时着了急，冲到我面前问道："孙老师，我怎么办呀？我妈妈知道这件事吗？"

我对他点点头，说："应该知道，我在咱们班群里发了信息。你要是不放心，咱们给妈妈打个电话，问问她怎么安排吧！"小Z同意了，但电话却迟迟没有接通。小Z有些沮丧地摇了摇头。"妈妈怕吵醒妹妹，就把手机静音了，她可能没听到，我还是等等吧！"

没过一会儿，原本喧闹的教室安静下来——教室里只剩小Z一位同学了，而他的家长也并没有来接他。于是我走到小Z面前，对他说："估计妈妈不来了，我陪你回家，再稍微等等老师，我把手头的事儿处理完。"小Z顿时喜笑颜开，在我身边等着。

就在这时，我的手机突然响了——是小Z妈妈的电话。于是，我把手机交给小Z，让他接听。我注意到，随着通话的进行，小Z的神情一点一点暗淡下来。过了一会儿，他将手机递给我，有些沮丧地说："孙老师，我妈妈要跟您说话。"

我接了过来，只听小 Z 妈妈说："孙老师，我觉得还是让孩子自己回来吧，您不用送他了，一点儿雪没关系，小 Z 自己可以的……"小 Z 听到这儿，脸上的委屈已经藏不住了。

看他这样，我心里也不好受，于是用唇语悄悄说："没事，我悄悄陪你回家，咱们不告诉妈妈。"挂了电话，刚巧有家长来校找我沟通学生学习情况，我便和家长简单谈了谈。但等我转回头一看，小 Z 已经不见了。

看来，小 Z 是趁我和家长聊天时自己悄悄走掉了。我想去追他，但却不知道他走了多久，又是走的哪条路。就是这一时的犹豫，让我迈出的脚步收了回来，转而回到办公室，继续批改作业。但等我判完作业后，心里越来越觉得过意不去。要是我当时追上去就好了，那孩子一个人走在雪地中，该有多孤单呀！

想到这儿，我拿出手机，给小 Z 妈妈发了一条语音短信：

"小 Z 妈妈，其实今天您在打电话时说让孩子自己回家，小 Z 嘴上说的是我没问题，可脸上却是不情愿的神情。现在妹妹来了，一方面小 Z 有了作为哥哥的责任心，想要自立，可是另一方面也在渴望家长的关怀。尤其是在今天这样特殊的情况下，其他的孩子都是家长亲自进班，手牵手领着回家的，而小 Z 却要自己一个人回去，心里肯定会有些不舒服。等小 Z 回家后，请您发条信息告诉我一声，也希望您和小 Z 谈一谈，安抚一下他的情绪，千万别让孩子觉得有了妹妹，妈妈就不关心自己了。明天我也会再找小 Z 聊一聊的。"小 Z 妈妈收到短信后，向我表达了谢意。等小 Z 回家后，与孩子开诚布公地进行了沟通。

第二天早上，小 Z 刚进教室，我就把他叫到身边，向他问起昨天的事。小 Z 坦诚地说，自己昨天的确闹了点儿小情绪，但妈妈和他沟通以后，他就不委屈了。我这才安下心来，庆幸自己昨晚发了那条信息。我笑着对他说："妹妹现在还小，需要妈妈更多的照顾，但这绝不表明妈妈不爱你了。妈妈忙不过来的时候，孙老师也愿意陪你哦！"

看着小 Z 扬起的笑脸，我陷入了思考：随着"二胎"政策的推行，班中初当哥哥、姐姐的孩子会逐渐变多，家庭中突然发生的变化必然会使孩子们敏感的心灵受到一定的影响。而我作为班主任，除了要对这些学生的心理方面的变化多加关注外，必要时也需对家长提出适当的建议，帮助这些"小哥哥""小姐姐"消除"失宠"的危机感，以更加健康的心态面对弟弟妹妹的到来。

家庭是孩子的第一任课堂，父母是孩子的第一任老师，但对于如何承担起这个"第一任老师"的重任，并不是所有家长都做好了准备。这个时候，学校和教师就要发挥引导的作用，教给家长们科学的教育方法，正确的教育观念，从而让学生受到潜移默化的影响。

我很幸运，在这方面又得到了心理咨询师、情感指导认证师王宗（Anita）老师的一些诚挚帮助，她从事青少年咨询工作多年，且对家长学校的培训工作，有非常丰富的实践经验。她曾经为北京四中璞瑅学校进行过多次主题教育活动，都是针对不同年龄段家庭教育的需求开展的，比如：一年级的家长最想知道的就是如何帮助孩子培养良好的学习习惯，而五六年级的学生家长更渴望了解如何与青春期、叛逆期的孩子沟通，针对问题有的放矢，家长们都觉得很有收获。

除了主题教育活动以外，学校也可以为家长推荐一些教育类的书籍，让家长学习并获得良好的家教方法。当然，在学生的不同阶段，我们也会定期发出"致家长的一封信"，指导家长正确实施家庭教育、拓展视野和思维。

当然，不少家长在教育方面是特别优秀的，他们在业余时间花费了大量的精力去学习这方面的内容。对于这样的家长，我们会邀请他们到学校进行讲座，分享自己的家庭教育经验、做法，并现场答疑。由于同为家长的身份，这种方式特别容易被家长们所接受，而这种榜样的力量也会激励其他家长产生学习和改变的动力。

苏霍姆林斯基曾把儿童比喻成一块大理石，并解释道："要把这个大理石刻成一座雕像需要六位雕塑家，即家庭、学校、儿童所在的集体、儿童本人、书籍、偶然出现的因素。从排列顺序上看，家庭对塑造儿童所起作用居于首要位置。"

由此可见，只有良好的家庭教育，搭配上优质的学校教育，才能完美地实现育人目标。在这条路上，我们要相互支持、相互配合，树立共同成长的理念。

📖 课后思考

课题 1：

三年级（1）班的班主任是个有想法的年轻教师，十分推崇活动育人的教育理念，常常利用班会课、课余时间带着班级学生一起搞活动，如种植、手工 DIY、制作再生纸等。学生特别喜欢这个年轻有活力的老师。

有一天，德育校长突然找到这位班主任老师，说有个别家长向学校反映他年轻、没经验，不注意抓学生的成绩，整天搞活动，让学生的心更浮躁了，希望学校能跟他沟通。如果你是这位班主任，听到德育校长这样说，你会怎样处理个别家长的意见？如何与之沟通？

课题 2：

一名一年级的同学，课上随意说话，上操手舞足蹈，课间四处乱跑，他的这些不良习惯，已经影响到了其他同学，现在有几个小朋友开始模仿他的行为。在与家长沟通后，妈妈说孩子在家吃饭都坐不住，从小这样。经过问询，学生说他之所以乱动乱说，都是有原因的，概括而言是因为他紧张，害怕不能把事情做好。班主任随后对其进行过心理疏导和补习，也取消过其课间活动去练习站姿，也赋予过他管理班级的权力增强其自信心，但效果都不明显。

如果你是班主任，你会如何争取孩子家长的支持，共同帮助孩子改掉不良习惯？

课题 3：

H 是一位四年级的男生，很有想法，脑子也很灵。他喜欢捣鼓东西，手上不闲着，经常会因此影响听讲。不过，H 很聪明，成绩问题不大，只是不喜欢动笔，班主任担心这样的学习习惯持续下去，到了高年级要跟同学拉开差距。还有一点，H 在学校的一日生活中，处处慢人半拍，经常因为跟同学捣鼓小玩意儿影响课前准备、放学速度，平时也是丢三落四。

班主任了解到，H 的爸妈年纪较大，对孩子比较宠爱。孩子喜欢玩手机，有时候甚至抢家长的手机玩儿。对于孩子的问题，家长态度温和，采取商量的办法处理，且非常注意保护他的兴趣和自我。为了帮助 H 改掉不良习惯，班主任曾经与任课老师一起对他采取发积分的鼓励措施，数学上还适当减少他的晨练题量，一开始稍有成效，但后面就难以坚持了。

对于这个问题，你认为该怎样与家长进行沟通，让家长重视孩子玩手机这一问题的严重性？

课题 4：

小磊的父亲是个商人，家境十分丰实。平时小磊受父亲影响很大，经常炫耀家里的山珍海味、高档游戏装备。中午在校吃饭总爱挑食，嫌弃学校食堂的饭菜不好吃，往往只吃了一两口就全部倒进垃圾桶。学习上，上课总是发呆、玩笔，不认真听讲。老师催他完成作业，他却和同学做起了"生意"，他出 10 元雇佣同学帮忙做作业。班主任李老师联系他父亲沟通问题，他却说家里钱够用，不求小磊学习多好。

如果你是李老师，你认为该怎样处理，才能既保证不破坏家校关系，又能扭转小磊父亲在金钱教育理念上的偏差？

Part/03　师生关系：教师与学生是精神层面的亲子关系

孩子的特点：先信其人，后信其道

一年夏天，我应朋友的邀约，参加了一个有关正念的工作坊。为期两天的课程，带给我诸多的体验，值得一提的是，引领老师说话的语气、音色，让我觉得特别舒服。起初，我会跟那些情绪感受作斗争，有抗拒和厌恶，但随着老师的引导，我开始慢慢地接受，允许它们存在，最后让那些情绪在身体和心里流过，安然地回归到当下。

课程结束后，我觉得自己的内在力量得到了提升，但不是每一个参加正念体验课程的伙伴，都有这样的感受。比如，坐在我身边的那位伙伴，只上了一天课就决定退出了，她私下跟我说："怎么都静不下来，好像无法进入状态……可能，是这个引领老师让我想起了我妈妈，我和她关系不太好，潜意识里就对老师也产生了抵触的情绪吧！之前也上过其他老师的正念工作坊，比这次的状态好多了。"

同样的课程，同样的引领老师，带给不同学员的，却是截然不同的体验和感受。这不禁让我联想到了教育工作中经常看到的情景：学生对某些教师特别爱戴，也愿意听他们的课，当老师对其提出一些要求时，他们很乐意听取并付诸行动；相反，有些老师对学生的教育和引导也是正确的，却总是让学生愤愤不平，甚至迁怒于他所教的这门课程。

我们已是三四十岁的成年人了，在某些情况下，还会因为对引导老师的不同印象，导致课程收获不一，更何况是孩子呢？这不是他们的错，却是值得我们关注的一个影响教学质量和教学成果的重要因素。

北京四中璞瑅学校小学部的一个男生 T，各学科成绩都不太理想，每次考试都达不到及格的标准。我相信，对于不少班主任和科任老师来说，碰到这样的学生肯定会感到"头大"，常常是竭尽心力，也无济于事。这样的学生还很容易产生一种认知偏差：我就是一个差生，老师都不待见我，我就这样了，看你能把我怎么办？

就是这样的学生，你能够想象得到，他通过一学期的时间，竟然变成了一个主动学习的孩子吗？是事实，这样的情况真的发生了。而这一切的发生，都要得益于他的数学老师，以及他采用的"不靠谱""不着调""让人大跌眼镜"的方法。

在某次数学小测验的前一天下午放学时，我们的这位数学老师把男生 T 叫到办公室，拿出一张试卷，对他说："这就是明天的考试题……"男生 T 当时就愣住了，上了好几年的学，也没有遇到过这样的情况，更没见过这样的老师。

男生 T 站在那里惊愕地看着数学老师，不知道对方是何用意？结果，我们的数学老师一脸轻松地说："没骗你，这就是明天的试卷，你现在就做，不会的问我。"

于是，男生 T 就在办公室里做起了这份试卷，并将其记在自己的本子上。那一张卷子，连做带讲解，前后花了 2 个多小时，男生 T 一会儿都没走神，比以往都要认真，毕竟就算学习成绩不好，也是希望自己能考及格的。

结果，第二天测验，男生 T 发现，试卷真的和昨天晚上做的那份一模一样。那些题目他已经事先做了一遍了，虽然没有全部记住，但有一半的知识点，他是真的掌握了。就这样，男生 T 在这次数学测验中，终于成功突破了及格线。

在课堂上，数学老师当着全班同学的面，特意表扬了男生 T，称他这次测验及格了，有了很大的进步。尽管男生 T 知道，这是他和数学老师之间的小秘密，但在同学面前被老师认可的感觉，还是让他感到激动，同时也有感动。毕竟，从来没有一个老师对他这么"照顾"，这也激起了他学好数学的决心。

自那以后，男生 T 开始按时交数学作业，不会的题主动问老师，比过去的学习动力增强了许多。之后的一次测验，数学老师再次找到男生 T，让他事先做一遍试卷。果不其然，这一次的测试，男生 T 比之前有了进步。再后来，男生 T 主动向数学老师提出，以后不用提前看试卷了，他想靠自己的能力试一试。

这位数学老师的办法，听起来似乎是有点儿违背"常理"，但他的解释我是可以接受并认可的——"结果导向"，即站在结果的角度考虑问题。我们想要的，不就是让男生 T 好好学习，提升成绩吗？如果可以达到这样的结果，激发他的内驱力，那么采用逆向思维，用一点特殊的方式，也未尝不可。

事实证明，男生 T 感受到数学老师的良苦用心，从而开始认真学习这门课程，逐渐改变不良习惯。当他的行为发生一系列改变后，他在其他学科方面的表现，也有了潜移默化的改变。至此，一个常人眼里的"后进生"，就这样渐渐走向了上坡路。

通过这个事例，我们更能够深刻地感受到"亲其师，则信其道；信其道，则循其步"在现实中的呈现。正因为此，北京四中璞瑅学校一直把构建良好的师生关系作为教育教学的基石，我们只有让学生感到"亲"，他们才会"信"，继而"循"。

换位思考：孩子不喜欢什么样的老师

学生的特点是"亲其师，信其道"，这就意味着，每一位教育工作者都不可避免地要面对同样的问题：学生喜欢什么样的老师？怎样做才能让学生感到可亲可敬？

我相信，每位一线教师都思考过这个问题，而所得出的正面结论往往都跟以下几个关键词有关，如"知识渊博""风趣幽默""有爱心""理解学生"等。然而，现实的情况却是，教师和学生的视角存在偏差，教师回顾自身的言行举止，自认为已经尽力做到最好，而学生们却似乎并不领情。

这个世界上，没有无缘无故的爱，也没有无缘无故的厌，学生喜欢的老师一定有可爱之处，而学生不喜欢的老师，也必然有难爱之源。想让学生感到"亲",愿意听从你的劝告与引导,尽量要学会换位思考,站在学生的视角去看待一些问题。

我们都知道,任何人都无法做到让所有人喜欢、满意,而且教师与学生之间也不能发展成刻意讨好的关系,讨论如何成为一个"讨喜"的老师,实际用途并不大,反倒是逆向而行,思考一下如何避免成为学生不喜欢的老师,可能对教育工作更有帮助。

不瞒大家说,在从事教师职业的这些年里,我心里始终有一张"不喜欢的老师特质清单",里面包含着我读书时自己最不喜欢的老师特质,以及在成为老师后的一些反思,如:

- 我不喜欢教师说话刻薄、爱发脾气;
- 我不喜欢教师不信任自己;
- 我不喜欢教师总让学生感到难堪;
- ……

有了这张清单以后,我在处理问题的那一刻,就会扪心自问:"如果我这样做,学生会怎么看我?"其实,这就是一种自我警醒,哪怕我在教学过程中没有表现出那些负面的特质,但这张清单会时刻提醒我,不要在无意中变成学生不喜欢的老师。

实际上,就"学生不喜欢什么样的老师"这一问题,我们在校内和线上都做了不少的调查和汇总,概括来说,有一些行为是我们在教育教学过程中,要严格杜绝或尽量避免的。

· 动怒

常言道:"有理不在声高。"遇到问题大声斥责、发火动怒,根本无济于事。学生可能会碍于教师一时的威严而安静下来,但他们不会在内心真正地折服。苏联教育家马卡连柯说过,教师的威严建立在耐心之上。

· 损人

无论是家长还是老师,用什么样的语气和语言与孩子沟通,直接影响他们对待自己、他人以及世界的看法和方式。批评可以,但不要上升到人格,这是一种尊重,也是一种保护。

- **拖堂**

上课总是提前来，下课还迟迟不走，这样的争分夺秒、认真负责，根本不会得到学生的认可，甚至是做了无用功。这样做反映出的是备课不到位、时间安排不合理。况且，我们都当过学生，知道孩子对于课间 10 分钟的休息时间是多么期待！

- **惩罚**

不可否认，教育偶尔是需要一些惩罚措施的，但这绝不是一个好的工具，更不适宜作为常态化工具。所谓罚抄、罚背、写检讨、喊家长等方式，无法让学生朝着我们所期待的方向发展，真正地改变需要内在的触动，从内打破才是成长。

- **私利**

曾有家长到我的办公室提出质疑，认为某位班主任老师收了其他家长的红包。事实是，在教师节那天，确有家长在微信上给那位班主任老师转账红包，但班主任老师把手机放在我面前，非常坦荡地说："丁校，家长是发了，可我没有收，我也不可能收。"那一刻，我为璞琠的教育团队感到自豪。

教育最需要公心，绝不能"私"字当头。否则的话，在处理班级学生问题的时候，很可能会戴上"有色眼镜"。这样的教师，想赢得学生的爱戴与尊重是不可能的。

- **独断**

无规矩不成方圆，这个道理我们都明白，但很多问题都要有度，过犹不及。如果在班级管理方面，事无巨细，处处都有严格的制度，且有些制度与学生的年龄特征、个性差异不符，执行起来刻板顽固，无法容纳任何特殊情况，这样的氛围只会让学生透不过气。

- **比较**

在对学生进行批评和表扬时，切忌用比较的方式来表达，比如："你看，××做得多好！"、"没关系，比××强多了！"不管是比较优点，还是比较缺点，这种方式对学生的发展都是无益的。毕竟，每个人都渴望被认可、被肯定，教师要学会欣赏每一位学生，承认并尊重个体差异，发掘每个学生的闪光点。

- **刻板**

如果一个教师，课上课下、课里课外讲的全是纪律，要求学生绝对服从，平日里不苟言笑，严肃得让学生敬而远之，这样的教育会变得固化、刻板，学生不敢张扬个性，甚至不敢表达自己真实的感受和心声。试想一下：在某个人面前，我们无法做真实的自己，你还愿意接近他吗？和这样的人相处，只会让我们感到压抑。

- **歧视**

我们应该理解一个事实，即便是学习成绩不好的学生，内心深处也渴望被老师关注、喜欢，被人看到自己有优势和长处，这是人的基本需求。所以，当他们在某一方面表现出优秀的特质时，要及时给予肯定和认可，而不是怀疑其真实性，无意识地对其产生歧视。作为教育工作者，一定要具备发展的眼光，任何事物都不是一成不变的，人更是如此。

- **失信**

正所谓："其身正，不令则行；其身不正，虽令不从。"我们一直要求学生诚实守信，那么教师也要做出表率，轻易不许诺，承诺就要兑现。如果事先向学生定下规矩或承诺，到头来却又找各种理由不兑现，或是随随便便就更改，就很难再赢得学生的信任，今后说话的分量也会被削弱。

教育，是把学生当成一个个活生生的人，学校和课堂应当是师生相互尊重的地方。在和学生相处的过程中，我们要明晰一点：教师是成人，是受过高等教育的人；学生是未成年人，他们在学校是来接受教师教育的。很多事情，不能全都以成人的视角去评判和理解，而是要站在未成年人的学生视角，结合他们的心理特征、所处阶段，有的放矢地去看待、去处理。

要把学生当学生，也要把学生当朋友

从事教育工作越久，我们越能够深刻地体悟到，教育不是摇旗呐喊，而是细微处悄无声息地助力。2020 年秋季开学后，孙秀林老师被调任到璞琞小学六年级组，担任其中一个毕业班的班主任。对秀林来说，这又是一个全新的挑战，因为要接手的这个班级不是她从低年级一点一滴带起来的，对班里的学生们来说，她是一位"空降班主任"，管理难度可想而知。

果不其然，开学后的第二周，问题就呈现出来了。英语老师在周五放学前交代，周末要复习英语词组，周一进行测试。这个班的学生，之前在学习习惯方面就不太理想，同学们都没重视这件事。结果，周一测试结束后，成绩特别差，英语老师很生气。

紧接着，就发生了一件尴尬的事：英语老师当着秀林这个新班主任的面，把学生的分数逐一公布了。可怜的分数听起来很"刺耳"，听得大家面红耳赤，羞愧不已。当时的气氛特别凝重，学生们的意志也很消沉，一方面觉得自己没有做好复习功课，另一方面也觉得让秀林这个新班主任很难堪、很为难，大家都有一种伤了自尊的感觉。

身为班主任的秀林，担任的是语文科目的教学工作，对于班级的英语情况并不是十分了解。可是看到班里同学的状态，她却觉得，这件事情不应该就这样"结束"。之所以出现这样的状况，是因为同学们结束了漫长的疫情假期，重新回归校园，尚未真正地进入状态，依旧带着居家时的那一份懒散和漫不经心。在这个新学年的开始，如果输在了能力上，那是情有可原的；可若是输在了态度上，却是值得反思的。

秀林没有批评任何一个学生，她在思考的是：如何解决这个问题？第二天一早，秀林来到班里，开了一个简单的晨会。她说："看着大家被英语老师打击的样子，我心里也和你们一样不好受，但仔细想想，这件事情也不能怪英语老师不留情面，咱们也是有责任的。大家想一想，是让这件事情就这么过去？还是做一点儿什么来弥补？"

毕竟是六年级的学生了，有一定的思考能力，也有强烈的自尊心。经过一两分钟的讨论，大家共同提出一个方案：向英语老师重新要一张卷子，再做一次测试。当时，秀林是希望学生认真准备一两周的时间，只要每个同学能够进步5分，就算是达到了最低要求。没想到，同学们却说，不需要那么久，只要两天的复习时间就好。

就这样，这个班级所有学生，在周四重新进行了一场英语测试。在正式开始考试前，秀林在黑板上写了两个字——挽尊。她想借助这一次的事件，让所有的学生明白一个道理：生活中会遇到让我们丢脸的情形，但这并不意味着，那个状态是持续的、永久的，我们可以通过后续的言行表现，重新证明自己，把丢掉的尊严挽回来，这是一份对自己负责任的态度，也是解决问题的正确方式。

这一次的测试，班里的同学都有了特别大的进步，甚至有个别同学进步了 70 分（上次测试只有 20 分，这次得了 90 多分）。看到这样的变化，每个同学都大受鼓舞，重振了班级的士气。通过这件事，他们对秀林这位新班主任，也在内心里拉近了距离。因为他们感受到的，不仅仅是一位宽容大度的老师，更是一位善解人意的朋友；她带给学生们的，不仅仅是英语成绩的进步，还有做人做事的态度。

构建良好的师生关系，管理好班级和学生，处理事务性工作必不可少，如：安排学生座位、布置打扫任务、选拔班干部等，但我们不能局限于这些事情，而是要多从精神层面与学生进行沟通、交流、碰撞。这种思想交流不是讲大道理，传统的说教让学生感到刻板、枯燥，而是结合日常教学工作和生活中发生的随机事件，进行思想和精神上的引导。

什么样的关系，最能够彰显榜样的力量？其实，就是亦师亦友。在学业和生活上，你懂得的知识、道理比我多，人生阅历比我丰富，能够传授给我有价值的东西；而在心理和精神上，你却与我保持平等的姿态，带给我需要的尊重和理解。

试想一下：当我们身边存在这样一个人时，我们是否也会感到庆幸，并乐意与之长久地交往下去呢？若是如此，我们就该谨记人际关系中的黄金法则："像你希望别人如何对待你那样去对待别人（学生）！"

感人肺腑的谈话最能疗愈孩子的心

之所以选择写这个话题，是源于孙秀林老师提交的一份个案报告。考虑到大家日常的阅读习惯和阅读体验，我现将这份个案报告做了一个文字版的串联呈现，但还是要在这里感谢孙秀林老师的细心总结，让我借此机会把她宝贵的教育经验分享给更多的同仁。

个案的主角是一个 11 岁的男孩，上六年级，性格活泼、外向，喜欢运动。他常常在科任课上违反课堂纪律，随时说话和走动，且在人际交往方面也存在着较为突出的问题，时常和同学发生冲突，哪怕只是很小的一点摩擦，也会给予对方沉重的反击。这也使得，他在班级里没什么朋友，加之经常违反课堂纪律、影响班集体荣誉，进一步遭到同学排斥。

在一次美术课上，该男生的画纸掉落在地面上，同桌 B 同学误以为是没人要的废纸，于是从地上捡起来，在上面用画笔随意画了几笔。该男生随后发现了画纸的"惨状"，大发雷霆，要求 B 同学将画纸还原。然而，B 同学用的是不易涂改的画笔，根本无法达到这样的要求。为此，B 同学真诚地向这位男生道歉，并把自己的画纸给了他，表示任君处置。

没想到，盛怒之下的男生，竟直接撕毁 B 同学的画作，并将碎纸狠狠地扔到了对方的脸上。受到如此羞辱的 B 同学也发怒了，与这名男生争执起来。这名男生平时在美术课上的纪律表现就很差，并且因为性格易怒、自我中心等原因，经常与科任老师、同学发生冲突。所以，争吵声一出，同学们纷纷指责该男生，美术老师也要求该男生向同桌道歉。见无人支持自己，该男生变得更加愤怒，一气之下推翻桌子，大声咆哮起来。

因为该男生违反课堂纪律，严重影响了秩序，美术老师取消了全班在美术教室上课的权利，把全班同学带回教室。面对这样的情况，其他同学深感无辜，很自然地说了该男生几句。可是，该男生不能认同取消活动都是因为他违反课堂纪律，毕竟也有其他同学违反了纪律。结果，事件演化成该男生一个人和全班同学轮番辩论，情绪愈发激动，其他同学对他的印象也进一步恶化。

事情到了这样的地步，自然需要班主任的干预。其实，在此之前，秀林已经处理过多次类似的问题，可是这一次，情况闹得这么僵，她开始反思：为什么过去的多次教育和引导，都没能发挥出效用，帮助该男生改变处理问题的方式？到底是什么原因，导致他成为今天这个样子呢？

仔细思索后，秀林忽然察觉到，之前处理矛盾时，她似乎一直在扮演"和事佬"的角色，让当事人各承担一部分责任，把问题解决就完了，从来没有真正走近过这个孩子。她开始静下心来回想，在该男生身上发生的大大小小的事件，然后想到了一个细节：

在与其他同学发生的多次矛盾冲突中，他常常说出这样的话："谁让他刚刚撞到我了呢？那我就要撞他！""谁让他刚刚画花了我的画，那她就应该被我骂！是她活该！"……这些话语背后隐含的逻辑是：只要有人招惹（伤害）了我，他（她）就必须承受我的反击或批评，就算对方不是故意的，似乎只有让自己宣泄出了愤怒的情绪，让对方受到了惩罚，他才满足。

秀林很想知道，在这样的行为背后，到底隐藏着哪些鲜为人知的心理症结？为此，她跟该男生进行了一番真诚的谈话。

原来，这个男生的母亲是一位骨干教师，工作比较忙，对他的学习、生活等各方面的要求和限制比较多。随着孩子年龄的增长，孩子开始对这些限制和要求感到不满，并产生反抗情绪和行为。男孩的父亲个性也比较强，在跟孩子沟通的过程中，命令式的语言比较多，也出现过打骂孩子的现象。

男生给秀林详细讲述了一件发生在家里的事：某天早上，他和母亲因为刷牙、洗脸顺序的琐事发生了冲突，顶撞了母亲。父亲见他对母亲不尊重，气急败坏地打了他一顿。他带着情绪来到学校，状态很不好，放学后母亲来接他，他不想回家，想到数学老师的宿舍去住。

结合该男生的家庭环境，秀林发现了一个事实：无论在家里发生什么样的问题，这个男孩都不曾被包容和理解过，就算他道歉，父母依然会让他承担责任，惩罚他。想起他在学校里的种种表现，秀林明白了，一个从来没有被人包容过的孩子，根本不知道如何与他人友好地相处。

这场谈话临近结束的时候，秀林决定给这个男生道歉，她说："过去处理矛盾的时候，我一直在当和事佬，没有真正站在你的立场去考虑过你的感受，去思考为什么你会出现这样强烈的情绪反应？今天听你说了这些话，我理解你了，但有个问题老师还是要和你探讨一下，就是解决问题的方式方法……"

整个事件的经过就是这样，秀林在个案报告里，对教育过程和结果做了详细的记录：

一、目标

让该生意识到自己面对与同学的矛盾时，应激反应的言行背后隐含的思维逻辑是什么样的。通过梳理事件发展的过程，了解自己过激的反应带来了哪些不良的后果，会让周围人对自身产生什么样的认知和态度。

二、问题分析

该名学生与同学相处的过程，一定程度上反映了家庭中父母和他的互动模式。在与其他同学发生的多次矛盾冲突中，我观察到他常常说出这样的话："谁让他（她）……那他（她）就应该……活该！"……这些话语背后隐含的逻辑就是：只要有人招惹了我，他（她）就必须承受我的反击或批评，就算对方不是故意的，也不能被原谅。

这样的思维模式来自母亲对他的各类细节的要求，以及犯了错误就必须承担，道歉也不行的家庭教养方式。可以说，这是家庭成员互动方式在同伴相处时的投射。如果未曾被宽容过，他也不知道该如何宽容别人。另外，教师在处理他的问题和错误时，如果缺乏宽容和耐心，可能进一步造成他不愿承认自己的错误，担心和畏惧惩罚。

三、采取的教育方法及过程

1.认真倾听该生的真实想法，接纳他的情绪感受，以希望帮助他建立更好的人际关系的角度和该生建立比较亲近的关系。

2.每次发生矛盾后，除了帮助学生解决问题外，还会在事件平息后，梳理事件发展的整个过程，引导他发现自己思维方式中不合理的部分，并且换位思考，了解自己的言行带来的影响。

将他曾经发生的矛盾，以流程图的形式呈现出事件多方的反应和态度。对比事件真实发展的结果和他想要的结果之间的差距。发现过程中可以做得更好的部分，约定下次调整改进的方法。

3.引导学生自我梳理和反思言行，自行解决问题或调整改进。制定《行为规范自检表》，自己制定处理个人违纪问题的管理方式。

4.与家长沟通学生的情况，建议家长随着学生年龄的增长，青春期的临近，调整教育方式。

四、效果

学生虽然在与其他同学相处时还是会有一些应激反应，但是很多时候，都能想起我们的约定，一定程度上控制自己的言行。而且，他能够感受到老师的用心，反馈给我一些积极的调整和改变。特别感动的是，在我外出学习之前，担心他和学生发生矛盾或者又在科任课上违纪的问题，他向我保证，他一定会控制好自己，让我放心。

这件事情过后，作为班主任的秀林也进行了一些深入的反思，她说："陪伴这名学生从一年级到六年级，帮他处理的问题不断，但每次处理问题的方式都是解决问题，引导学生要宽以待人，或是按照班级规则办事，处理他违反纪律的问题。但我却从未进一步思考过，导致这名学生反复出现相同表现和相同问题，背后的思维方式和处事模式究竟从何而来。仅仅就事论事的处理问题，并不能让他有太多的成长和变化，找到行为表象背后的动机，帮助学生自省行为模式和与人相处的模式。自我调整、控制、解决与他人发生矛盾时的应激反应，重新塑造一种新的行为模式。可能这样才能更好地帮助他学会如何与他人相处，以及引导学生家长调整教育方式。"

提到这件事，秀林还有一点自责和遗憾，觉得自己当时经验尚浅，没有早点领悟到这些内容，未能更早地帮助到这位学生。在我看来，她已经做得很好了，因为教师与学生一样，也是需要在现实的打磨中慢慢成长的。令人庆幸和感动的是，她愈发贴近了教育的真谛：以人育人。

教师一定要杜绝对孩子的心理伤害

2019年，北京四中璞瑅学校初三年级结业仪式当天，发生了这样一件事。我刚走进教学楼，撞见了一个模样清秀的瘦高男生。他看起来似乎有点儿紧张，想跟我打招呼，可欲言又止。我仔细一看，这个男生的左边耳骨上，戴着一个银色的耳圈。从我的目光角度上，他应该也意识到，我看见了那个耳圈，故而面露一丝尴尬。

我轻声地说了一句："你的耳钉还挺好看的。"

男生愣了一下，大概是没有想到，我会这样说。

我又问他："是因为今天结业式值得庆祝，才戴的吗？"

男生点点头，说："是。"

说完之后，他反问我："我是不是不应该戴？"

我说："看得出来，你很重视这个特殊的日子，戴耳钉也是出于一种仪式感。不过，咱们现阶段还是学生，这个身份戴耳钉的话，好像是有点儿不太合适。"

男生点点头，回应道："嗯，我也觉得好像不太合适，那我还是摘了吧！"

说完，他就要摘耳钉，我说："小心点儿，别伤着自己，我帮你一下。"

就这样，男生把耳钉摘了，并向我鞠了一躬，表示感谢。

不过，就戴耳钉的那个男生，我还存在一点疑惑，之前没怎么在学校见过他。在结业式进行的过程中，我特意询问了一下，而后才得知：这个男生患有抑郁症，一直以来都休学在家。今天有结业仪式，他是特意回到学校参加的。

听到这样的答复，我顿时为自己和该男生刚刚的那番谈话感到庆幸。对于身心健康的学生来说，到学校上课、参加活动是再平常不过的一件事；可对于一个饱受抑郁症折磨的孩子来说，能够精心地打扮一下，戴个耳钉，走出家门，来到学校参加结业仪式，那得需要多大的勇气啊！现实中的抑郁症患者，较为普遍地会出现意志力减退的情况，就连洗脸、梳头、洗澡、出门买东西这样简单的小事，对他们而言都是无比艰难的重任。可是今天，他却做到了！

之后，就这个情况，我也询问过北京四中璞瑅学校的几位年轻教师："如果你们看见咱们学校有男生戴耳钉，你会怎么处理？"两位年轻教师都表示："那肯定要问问他，为什么戴耳钉，有什么原因呀？"听到这样的回答，我真心松了一口气，纵然这些教师还很年轻，可他们是一群有共情力的教育者，在面对问题的那一刻，先想到了行为背后的动机，给学生一个表达的机会。

倘若当时的我，直接命令那个男生把耳钉摘下来，从学校规章制度上讲，这是正常的要求。但摘下耳钉之后，又会发生什么呢？或许，对于那个轻易不敢走出家门的男生来说，感受到的就是不被外界接受，甚至认为外面的世界、外面的人都是"不安全的""不友好的"，自此以后，他还有没有勇气再度尝试走出家门，走进人群，不得而知。可我们知道，那样的情景，不是我们的初衷，也不是我们想要的结果。

校园里的心理伤害问题，是每一位教育工作者都要警惕的。这种心理伤害，很多时候并不是有意而为之的，而是无意间导致的。就像上述的事件，按照规章制度办事无可厚非，但在制度之内能否多一点温度呢？就这个问题，我想着重谈几个方面：

• 教学与活动内容设计要考虑周全

在教学内容方面，教师大都会选择一些广而泛之的问题去教育学生，但对于少数学生而言，有些内容却会碰触他们的痛点。比如说，有的班级让孩子准备"全家福"，而一些学生是单亲家庭，这样的要求就会无意间伤害到学生。如果把内容稍做调整，改为"与家人的照片"，就给了多重选择与空间，毕竟"家人"可以是爷爷奶奶、姥姥姥爷、爸爸妈妈、叔叔舅舅，孩子拿出与任何一位的照片，都不会存在心理负担。

• 避免不慎言语给学生造成心理伤害

教师在学生心目中是一种权威，我们对学生说的任何一句话，都可能会直接影响他们的思想与行为。这就需要教师在教学过程中谨言慎行，比如：有些学生回答不出问题，一定不能说："你坐下来，听听别人是怎么说的！"尽管事实就是这样，他需要坐下来，听其他同学的发言，但作为教师，一旦把这样的话说出口，就会无意间给学生造成伤害，让他感觉自己不如别人。

• 切忌把情感偏向带到教育中来

教师是一份神圣的职业，但教师本人却不是"神圣"，在教育教学的过程中，难免会对一些活泼、学习好的孩子比较偏爱，对一些调皮、任性的孩子感到头痛，这是人之常情。但是，出于职业素养和对学生心理的保护，我们不能把这种情感偏向带到教育中来，特别是在课堂上，不能因为偏爱而让一些学生感到被忽视，渐渐对学习失去信心，在心理上受到伤害。

我相信很多一线教师都遇到过类似的问题，比如：有些学生在遭到批评时愤愤不平，认为老师"偏心眼"，从来都不批评那个"学习好的"学生，就算对方犯了错，也只是简单提醒两句。实际上，这就是情感偏向被无意识地掺入到教育中，导致的不良结果。作为教师，我们应当公平地关爱每一个孩子，发现他们不同的闪光之处，让每个学生都能够感受到他们自身的价值。

• 培养和提升学生的心理承受能力

教师在做好自身工作的同时，也要重视增强学生的心理承受能力。很多孩子都是独生子女，从小备受呵护，一遇到困难或挫折，就感到无所适从。作为教师，在每一个偶然事件发生后，都要及时地对孩子进行心理辅导，同时进行正确的价值观引导，以自己健康的心理、健全的人格去感化、优化学生的心理素质。在这个过程中，还要争取学生家长的配合，因为孩子的心理健康问题与家庭教养方式、家庭的人际关系有密不可分的联系，有些甚至是家庭问题的折射。家校一致，是学生心理健康教育的重要保障。

📖 **课后思考**

课题 1：

小宣同学平时十分调皮，经常违反班级和学校的纪律。但他一直很喜欢语文学科，和语文张老师关系特别好，除了课间经常请教语文学习问题外，自己的心事、烦恼也经常告诉张老师。上了四年级，由于工作调动，张老师成了小宣的班主任。由于小宣自控力差，经常违反纪律，给班级抹黑，作为班主任的张老师，自然就要批评教育他。这让小宣觉得很不舒服，他和张老师的关系也变得越来越差。

面对这样的情况，张老师心里很焦急。如果你是张老师，你认为怎样做才能重新获得小宣的信任，改善变差的关系？

课题 2：

班主任李老师接手了一个六年级的新班级，班中的潜能生小恒引起了他的关注。小恒是个思维敏捷、表达能力很强的男孩子。但由于他的自控力较差，课上不能认真听讲，从一年级开始成绩一直很差。课间常与其他同学打闹，经常违反纪律。家长和老师想过很多办法，却没什么帮助。李老师找小恒沟通，但他却毫不在乎地说："我爸妈都放弃我了，老师您就别管我啦。"如果你是班主任，你如何帮助小恒重新认识自己，不再自暴自弃？

辑二

把握规律——教育的核心是培养健全的人格

"懂得孩子心理动机的教师，

才能为孩子开启光明之路。"

Part/04　严而有爱的方式，赢得孩子的心

老师是孩子生命中的重要他人

不久前，在一位妈妈的朋友圈里，看到了这样一段文字分享：

"孩子在成长的过程中，和什么人在一起，得到过什么样的对待，都会内化成他（她）生命的一部分，作为未来人生中，面对问题、面对他人、面对自己的心理力量。感恩孩子在幼儿园遇见的老师，每一天都在用心、用爱陪伴他们，孩子的童年有这样的经历是幸运的，更是幸福的。那份美好，就像小姑娘们梳着漂亮的辫子，蹦蹦跳跳地炫耀——看，这是老师给我梳的，我是美丽的，我是被爱的……何等珍贵！"

这段文字底下的配图，是一个班的孩子在幼儿园里的"摆拍"，呈现出的画面犹如集体写真，完完全全地记录下了那些美好的瞬间。这位妈妈的感慨来自于，女儿每天从幼儿园回来后，头上的小辫子都和前一天不同，女儿还告诉她，老师给每个女孩梳的头都不一样……幼儿园老师的细心和爱心，打动了这位妈妈，让她发出了这样的心声。

通过这条很生活化却满载感动的朋友圈，我不由得想到了一个心理学上的概念——重要他人。这是美国心理学家哈利·苏利文提出的，指的是对一个人的心理发展和人格形成极具重要性的人物。这些人可能是父母、其他长辈、老师，或是兄弟姐妹、朋友、同事，甚至是萍水相逢的路人。置身于教育领域，我想到的是，如果每一位教师都能够成为学生生命中的"重要他人"，对于学生的教育一定会更有成效，其影响也更为深远。

　　那么，在孩子成长的哪个阶段，教师最容易发挥出"重要他人"的影响呢？

　　大家可能都听说过"皮格马利翁效应"，这个理论名称曾经多次出现在教师招聘模拟题和历年的试题中，它指的是人们基于对某种情境的知觉而形成的期望或预言，会使该情境产生适应这一期望或预言的效应，由著名心理学家罗森塔尔通过验证而提出。

　　罗森塔尔做了一个实验：他在一所学校里对学生进行完能力测试后，随机选出了一些学生，对教师声称，这些学生很有发展潜力，将来定能有所成就。半年后，罗森塔尔重新回到这所学校，发现他当初说的话成了现实，那些随机挑选出来的学生，果然在各方面都获得了巨大的进步，甚至在智力水平方面都得到了提升。

　　罗森塔尔认为，正是因为他向教师们传递出一个讯息：这些孩子有潜力，教师才有意无意地对这些孩子的发展有所期待，而这种期待真的激发出了学生的潜能。不过，你知道他选择的实验对象是哪个教育阶段的教师和学生吗？

　　答案是，小学！其实，这是符合学生心理发展规律的。孩子学前阶段的重要他人是父母，他们认为父母是最强大的；小学阶段的重要他人是老师，认为老师是绝对的权威；初中阶段的重要他人是朋友，这是孩子性格定型的重要时期，更渴望得到同龄人的接纳与认可；大学阶段最重要的他人是恋人，亲密关系的获得与维持是人在这一时期要完成的心理任务。

　　这就提醒了我们，小学教师对学生的影响力是最大的，很有可能只是一个期待的眼神，一句鼓励的话，就能够调动孩子的内驱力，让他朝着更好的方向努力。如果你是一位小学教师，那么很庆幸，你恰好处在孩子把教师当成权威人物的时期；与此同时，你也要更加谨慎，不经意间的一句话，就可能影响到学生的一生。

　　就像在上一章节中，孙秀林老师遇到的那个个案，因为孩子在成长的过程中（学前阶段和儿童时期），没有被重要他人（父母）理解过、包容过，他便没有养成这方面的能力，因为缺乏可效仿的正面对象，同时也没有过积极的、正向的体验。

然而，当秀林主动开口向这个孩子道歉时，一下子就打破了他与周围人长期以来的互动模式，他真切地体验到了，原来被理解、被包容的感觉，是那么美好！原来道歉与和解，能让彼此的关系变得更紧密！当然，仅有一次这样的体验，还远远不够，但至少让他认识到了，处理问题还有"另外的一条路"可以走，这是一个好的开始。当潜意识里的某些东西被意识化之后，改变就已经发生，只是需要时间来不断重复和强化全新的模式。

一个人从出生到长大，从家庭走向社会，是一个不断向外延展的过程，重要他人的角色也在不断发生变化。在适当的阶段，能否遇到适当的人，无法一概而论，因为不可掌控的因素太多。但身为教师，如果我们都能够意识到，自己在学生成长的某个阶段，可以产生影响他们一生的效用，那我们是否会对自己所从事的工作多一份敬畏呢？是否可以在处理学生问题的时候，多一份思考和谨慎呢？这是我撰写此文的初衷。

缺少了爱的滋养，名师方法也会失败

我身边的一位朋友，至今提起高中时代的事情，还是有些情绪难以抹平。

那时候的高考，采用的是"3＋X"的模式，朋友在理科班，"X"就是"物理＋化学＋生物"的综合卷。她的数语英三科成绩都很优秀，唯独化学成绩每次都拖后腿，高考时也不例外，结果就因为理综分数低，只能选择一个二类的本科。

朋友解释说："我们那个化学老师，其实还是一位优秀教师呢！我们都承认，那些看起来特别古怪的题，到了她那里，很快就能用简单的方法分析出来。可即便是这样，理科班的化学成绩还是不太理想，原因就在于，这位老师的脾气和那些刁钻的化学题一样，太古怪了！最恐怖的是，她担任了理科班的班主任！你很少能看见她笑，两只眼睛总是滴溜溜地环视全班同学，看起来就像是要找谁的'麻烦'，让大家觉得特别压抑。哎，我上了大学以后还在想，要是换一个化学老师，结果会不会不一样？毕竟，那个老师实在让人'爱'不起来，虽然她并不'坏'。"

俨然，这是"亲其师，信其道"的再一次呈现。对学生而言，教师个人再怎么优秀，教学方法再好，如果总是冷冰冰的，无法从情感上与学生产生链接，那么名师方法也会失败。毕竟，外因要通过内因来发挥效用，没办法让学生喜欢你这个人，喜欢这门课，就没办法调动学生的主观能动性，更不可能让他们产生自主性和积极性。如此一来，再好的方法，也是事倍功半。

之前，我在"校长派"上读到过一篇文章，提到的观点特别打动我：让教育离"人"更近一些，把学生当成"活生生的人"。文中提到，教师与其他许多行业的不同之处在于，教师不仅依靠专业知识，更需要情感，比如爱、尊重等。

作者还引用了词学大家夏承焘先生的育人故事，据夏先生的学生——女作家琦君转述，20世纪30年代，她在之江大学念书时，夏先生曾经告诫学生："如果将来当老师，不要对学生过于苛求。因为人的禀赋千差万别，不能希望人人都是天才。作为教师，在课堂里讲几十分钟的话，难免有的学生会打瞌睡，有的会跑马开小差，一堂课只要有一二句话，真正落入某一二个学生的心底，使他们一生受用不尽，就算对得起学生、对得起自己了。"

有人对夏先生的观念提出质疑，甚至认为有一点"不负责任"的意味，但夏先生的解释是："我讲的是做人的道理，你教的是为学的态度。"细细品味，的确是很有"人情味"的一番话。毕竟，学生之间也是存在个体差异的，在某些方面一味地苛求未必能收获好的效果，反倒是多一点体谅和包容，在合理的范围内给予一定的自由空间，以及有利于学生发展的环境，更容易触动学生的内心，促使其产生好的转变。

王宗（Anita）老师在北京四中璞瑅学校进行了数次"情感技能学习"课程的培训，我觉得其中有很多环节，都涉及了上述理念，比如：在对孩子进行道德教育时，以社会主义核心价值观和道德观为基础，促进学生的思维能力，尤其是独立思维和批判思维的能力发展，让他们形成自己的优秀道德观。再如：在面对各种抉择的时候，鼓励孩子去发现各种可供选择的项目，帮助他们审慎权衡各种选择可能产生的后果。这样的引导充满了尊重，而尊重本身就是爱的具体表现形式之一。在"情感技能学习"的过程中，学生的情感得到了尊重，潜在的能力得到了充分释放，这对于学生而言是一种莫大的激励，更是一种向上的动力。

苏霍姆林斯基说："一个好的教师意味着什么？首先意味着他是这样的人，他热爱孩子，感到跟孩子交往是一种乐趣，相信每个孩子都能成为好人，乐于跟他们交朋友，关心孩子的快乐与悲伤，了解孩子的心灵，时刻都不忘记自己也曾经是个孩子。"

我想，这番话值得每一位教育工作者铭记于心。爱是教育的灵魂，没有爱就没有教育。只有充满爱的教育，才能唤醒沉睡的生命，成就高尚的灵魂。

根据心理学规律，提升教师的影响力

每个人在社会生活中，都会受到他人的影响。这种影响，不一定是置身于同一个环境下，彼此之间有接触才产生的。我们都有过这样的体验，有的人早已从我们的生活中退出，或者离开了我们，可每次想起他（她）的时候，依然会有情绪的波动；有些人我们素未谋面，他（她）甚至只存在于文学作品或影视作品中，但这并不妨碍其在我们心目中的形象和意义。

作为与学生日日相处的教师，我们和学生的互动过程，就是对学生产生影响的过程。从某种意义上讲，教育的重要目的也是要对学生产生影响。正因为此，这就向教师提出了一个要求：如何在日常教育教学的过程中，提升自身的影响力？或者说，如何能让自己更好地影响学生？

就这个问题，我还是想结合一些心理学的规律，列出几个关键词：

· 信任

如果学生对你（教师）足够信任，那么你的教育和管理就会变得轻松很多。

千万不要觉得，这是一句鸡汤，其实它是有心理学依据的。人类生活在一个信息密集、需要做出大量决策的环境中，然而面对那些潮涌般的信息，谁也不可能对每一项决策都进行深入的思考。正因为此，人类就进化出了一套机制，即认知吝啬。

换句话说，我们都是"认知吝啬者"，这个概念是社会心理学家麦奎尔提出的。他认为，人在知觉其他事物时，通常试图去掉琐碎的信息来节省精力，减轻认知的负担。所以，在接收到消息的时候，我们会自动地、有选择地相信一些人的话。

如果你赢得了学生的信任，那么借由这一心理机制，学生自然很愿意听从你的教诲。因为，信任是一种主动的选择，不掺杂任何强迫的成分。

· 专业

1961 年，耶鲁大学心理学助理教授斯坦利·米尔格兰姆做了一个"服从权威"的实验，证实人类有一种服从权威命令的天性，在某些情境下，会背叛自己一直以来遵守的道德规范，听从权威人士去伤害无辜的人。

提这个心理实验的目的，是想说明一点：如果你能够成为学生心目中那个"专家"一样的人物，在教学能力、管理能力方面，得到学生的认可，甚至让他们感到钦佩和敬畏，那么这将直接决定你对学生的影响力。

· 相似

社会心理学研究表明，相似性是导致人际吸引的一个重要因素，因为相似的人带给我们一种自己是正确的感觉，而我们也倾向于这样的认知：与自己相似的人会喜欢我们。所以，善于沟通的人往往在初次见面时，就会主动寻找彼此的共同点，快速地拉近距离。

在教育工作中，与学生进行思想交流的时候，我们也要重视这一心理规律，要主动去寻找和学生之间的共同点，比如：我们有些教师习惯把这句话挂在嘴边："我在你们这样的年纪，也曾经……"别小看这句话，它其实间接地表达了对学生目前所遇到的问题、困惑的理解，而有了理解和认同，才有可能敞开心扉地沟通。

寻找相似性并不是教育的目的，但它能给教育开一个好头。我们想要的是潜移默化地影响学生，而这需要一个过程。从事青少年心理咨询工作的王宗（Anita）老师，经常说做教育和做咨询有很多相似之处，影响的产生往往都是先"贴着"对方走，去肯定和认可对方的信念、价值观，让他们感到被尊重、被重视，然后你再用他们自己的感知模式去引导他们，提出一些能够让对方做出肯定回答的问话，对方就会朝着那个方向走了。

· **欣赏**

相比与我们有共同之处的人，我们更喜欢的是那些欣赏自己、喜欢自己的人。心理学研究发现，一个人喜欢他人的程度，可以反向预测对方喜欢他的程度，且实验研究也证实：当我们告诉某些人，他们被人喜欢或欣赏时，他们会产生一种回报的情感。

回到教育领域，我们不难发现，优秀教师、受学生喜爱的教师，往往都有这样一个习惯：发现孩子身上的优点，告诉他们应该怎么做；反过来，要是总盯着孩子的不足，告诉他们不该怎么做，即便都是出于好心，结果也常常是费力不讨好。

积极养育的理念也提醒我们，教育孩子要少说"不可以"，用"可以，但是"来替换，孩子会更容易接受。因为你在表达"可以"的那一刻，能让孩子感受到，他（她）是被认可和接纳的，而后说出的"但是"，是提供给他的可行方案。在孩子的想法和情绪被接纳的基础上，你的建议也更容易被他们接受。

北京四中璞瑅学校的理念之一就是，教师要把生命态度与思维方法传承给学生。欣赏，其实就是一种积极乐观的人生态度，它需要有善于发现美好、感受美好的眼睛和心灵，也需要克服嫉妒、悲观厌世的不良心理，当我们能够以这样的姿态去对待每一位学生的时候，我们就已经在言行举止间把这份生命态度传递给他们了。教育，是为了发现人才、培养人才，更要保护学生的个性特长，帮助他们形成健全的人格。

我相信，很多一线教师在实际工作中也有自己的心得体会，毕竟每个教师都有自己独特的风格，正因为此，我在这本书每一个章节的后面，都添加了一个"课后思考"的版块。这些问题都是我们的教师在教育教学工作中碰到的真实案例，不存在标准的答案，只是一个集合智慧与心得的版块，也希望有机会能与更多的教育同仁，共同探讨、共同学习、共同获益。

教育过程中"宽"与"严"的体现

前面我们一直谈论的都是侧重于如何完善自我，如何去爱学生，赢得学生的喜爱与信任。毫无疑问，这些是教育过程中不可或缺的元素，但我也在一线教师的岗位待了很多年，深知仅仅有"爱"是不够的，它甚至会让学生管理工作变得一塌糊涂。

一位刚踏上职业之路的年轻教师，由于性格开朗、思想前卫，跟学生的关系走得很近。孩子们都觉得，这个老师很好说话，也不端架子，特别好相处。他的授课风格也很生动，喜欢讲故事，借助故事阐述道理，平时还会参与到学生的活动中，双休日和学生们一起郊游。

当时他接任的是初中一年级，学生们正处于青春期，跟着这样的老师实在太"幸福"了，管得不那么宽泛，又没什么代沟。这位受学生喜爱的年轻班主任，自然也没有意识到，他和学生的这种相处模式，可能会埋下一些隐患。

果不其然，到了下学期，问题就开始暴露了。青春期的孩子是叛逆的，而年轻的班主任完全没有经验，面对那些调皮的学生，怎么教育和引导似乎都不奏效。即便那些学生都知道，他说的话是对的，也是为了他们好，可就是看不见行为上的改变。

这位年轻的教师，入职以来第一次尝到了挫败感，痛苦得寝食难安。他在反思：我到底哪儿做错了？此时的反思，显得那么苍白，现实的生活是，每天面对着一群叛逆的男生，却束手无策。结果，因为班级成绩差、纪律差，频频出乱子，他最终被撤去了班主任的职务。

对于任何一位年轻教师而言，这样的教训都是很残酷的。然而，这也是从职业之路通往优秀之路的一段必经旅程，不曾经历，又怎会懂得？你可能想象不到，上面提到的这个案例，就是全国三大名班主任之一万玮老师的亲身经历。

为什么说只有"爱"是无法做好教育工作的？这其实涉及了管理心理学。领导者的影响力取决于两个方面，其一是领导者的能力与人格魅力，其二是领导者的职位与权力。换而言之，领导既要充满人情味，又不能丧失威严。延伸到教育工作中，那么教师也需要"恩威并施"，既让学生感到亲近，又不失敬畏，两者缺一不可。

我们现在的小学班级，每个班40几个学生，大家可以想想：如果他们对老师没有一点点的畏惧，那么正常的教学可能都没有办法进行。但仅仅依靠"威严"，也不是管理学生的长效之计，这是另一个极端，也是我们极其反对的。

那么，如何把握"爱"与"威"的尺度呢？或者说，怎样对两种模式进行调度呢？针对这个问题，北京四中璞瑅学校专门召开了一个研讨会。其中，孙秀林老师撰写的《教育过程中的"宽"与"严"该如何体现》一文，我觉得很有代表意义，她在对"宽"与"严"进行分析的基础上，给出了一些有价值的建议和参考。在此，我将孙秀林老师的这篇教育成果，做一个分享链接：

提到教育过程中的"宽""严"二字，我想到了这样一条成语——严以律己，宽以待人。《孟子·离娄上》说："行有不得，反求诸己。"体现的是在人与人交往过程中希望达到的理想状态。但作为老师与学生的身份来讲，似乎"严师出高徒"这一理念更为大家广泛接受。随着时代的进步，人们对教育的理解与研究逐步深入，我们需要对教育过程中"宽"与"严"之间的关系进行重新思考与定位。

学生的心智发育尚未成熟，经验较浅，就难免在成长过程中出现一些错误。面对他们出现的问题，犯过的大错、小错，教师如何介入，达到良好的教育效果，是每个老师需要考虑的问题。但对于年轻教师而言，怎样把握教育的度一直是令人困扰的问题。

我常听到周围的同事倾诉，自己的性格温和，即使面对学生犯的错误，也没有办法严肃处理，影响了教育的效果。我们也常常能观察到，平时性格率直、脾气急躁的老师，在解决学生出现的问题时，通常采取比较严厉的批评教育的方式。

最初的时候，我们通常是以自己的性格与惯性的处事模式来解决教育过程中的问题。但显然，这样的做法并不科学。要想成为一名合格的教师，我们就必须跳出固有性格、行为模式的束缚，以更加科学的眼光去看待学生出现的问题，用更加合理的方式处理教育过程中"宽"与"严"之间的关系。

首先，我们必须要对"宽"与"严"的概念有正确的认识。我认为"宽"与"严"可以有两种理解，一是教育措施或方式的宽严程度，二是把它们理解为宽容教育与惩戒教育。

如果要对它们进行定义，我认为教育中的"宽"是对孩子成长过程中出现某些失误的宽容，是给孩子身心健康发展留有自由发展的余地，"宽"的心理基础是尊重与信任。而"严"并不等同于高声教育或惩罚，而是严而有格，严而有度。并且，"严"不该仅仅是教师对学生单方面的规定，更要引导学生转化为内在的要求，也就是由"他律"向"自律"的转变。

学生出现的问题与错误各种各样，性质不同。那么，在什么情况下可以"宽"，又在什么情况下必须"严"呢？首先，我们可以从问题入手去考虑。见下表：

宽	严
生活、学习中的小事	道德品质、安全问题
初次出现的问题	重复出现的错误
学习结果	学习态度、行为习惯
无心之失	故意或恶意犯错
事件后果轻微	危害他人或造成不良影响
……	……

通过对比，我们可以知道，问题的性质不同，我们采取的"宽""严"程度也是不同的。如果我们继续思考，这样一一对应的问题分类还有很多，需要我们根据学生的具体情况进行分析。但我们可以统一认识的原则是，在教育学生的过程中，无论面对什么样的问题，对学生的要求是严格的，而教育时的态度是宽容的。

除了要正确认识问题的性质之外，我们更不能忽视的是教育过程的主体——学生。每一个学生都是一个活生生的人，与众不同的生命体。因此，在采取教育措施之前，我们必须先了解学生的情况。针对不同年龄段的学生，我们采取教育措施的"宽""严"程度是不同的。

低年段的学生还不能理解学习、纪律要求背后的意义，因此，我们需要对其严格要求。而高年段的学生，随着认知水平的发展，心理的变化，他们不再迷信教师的权威，开始有自主意识与思考，因此教师在教育过程中要注意与学生的良好沟通，以更加宽容的态度解决问题，避免激发学生的逆反心理，给教育效果带来消极影响。

学生的性格也是我们要考虑的因素，内向、敏感的学生通常心理承受能力较差，抗压能力弱，过于严格的教育措施可能会给这样的学生带来难以承受的压力，有时甚至会引发悲剧。

师生关系也会影响教育措施的选择。与教师情感比较融洽的学生，能够理解教师严格要求背后蕴含的关爱，不会过于在意教育措施宽严的程度；而与教师不太亲密的学生则不适合采取严格的教育措施，这会使师生关系进一步恶化，更加不利于教育措施的开展。

总而言之，教之以严，严而有度；教之以宽，宽而不疏。教师只要能够在充分了解学生的基础上，弄清问题的性质，给予适宜的教育，就无须过分纠结于自己的方法是"宽"还是"严"，因为那一定就是对师生双方都恰到好处的教育。

课后思考

课题 1：

一年级的学生 Y，年龄不大，但很有想法，什么道理都明白，但是规矩不太好。很多时候，他知道自己应该怎么做，可就是不去做，每次都故意犯错，让老师注意他。这个孩子也很聪明，做得好的时候，老师会表扬他，可一受到表扬他就会"放飞自己"，说一些他明知道不需要说的话，尤其是跟老师课下交流多是没意义的话。

面对这样的孩子，你认为是应该先选择压制，让他学会守规矩，还是应该表扬他、放大他的优点呢？当他说那些没用的话时，又该如何回应比较恰当？

课题 2：

班主任李老师带了一届六年级的毕业班，他发现学生到了下学期变得十分浮躁，有些学生不适应学业的压力，背负家长过高的期望而不堪重负，心情抑郁；一些平时调皮的男生认为快毕业了，反正老师拿他没办法，更加为所欲为，不服老师的管教；还有一些同学缺乏目标，觉得前途渺茫……班级的氛围不佳，学生也更加缺乏上进的动力。

面对上述问题，如果你是班主任，你准备怎样引导孩子正确面对学业压力，并协助他们设立合理的目标？

课题 3：

赵老师新接班的六年级（1）班是一个重组班级，学生分别来自原五年级的四个班级。开学后，赵老师发现同学之间的交往情况并不好，不同班级的学生组成了几个小团体，学习、游戏活动还是找以前熟悉的同学，不喜欢和新同学交往。班级凝聚力不强，没有形成团结、统一的班集体。如果你是班主任，在处理这一问题时，你认为该注意哪些细节？

Part/05　没有坏学生：解读孩子的心理密码

纠正不良行为，说理教育并非万能钥匙

说理教育，是所有的一线教师经常都会用到的教育方法，即向学生讲明道理，帮助他们认识、分析问题，从而促进他们不断地成长进步。换句话说，要让学生"做"或"不做"某一件事，"坚持"或"放弃"某一种行为，不能只提要求，还要告诉他们"为什么"。

说理教育是一门艺术，如果只是干巴巴地讲述大道理，没有谁愿意听。所以，在进行说理教育时，教师需要把握好以下几个要点：

其一，说理的内容，要说到点子上。让学生明确教育的内容，且还要从正面和反面两个角度去分析，让学生彻底明白，且心服口服。

其二，说理的氛围，要积极向上。即便是同样的话，学生在不同的心理状态下去听，效果是不一样的。如果能让学生在心甘情愿的状态下接受你的建议，那么说理教育就算是成功了一半。这就需要教师去调动学生的积极性，设计一些问题和悬念，点燃热情，引发思考，充分发挥主体意识，主动去探寻"答案"。

其三，说理的姿态，要亲近有加。良好的师生关系，是进行说理教育的前提。当学生对教师有一定的情感链接，说理教育的有效性就会提升。所以，教师在说理时，一定要把握好姿态，平易近人为佳，切忌板起面孔训斥，或是盛气凌人，我们要做的是以"理"服人。

尽管说理教育不可或缺，但置身于教育一线，多数教师都有一个深刻的

体会：当学生出现不良行为时，找其推心置腹地谈话，想通过晓之以理的方式去改变学生的行为，在实际教育中并不是那么"好用"。有时，谈话数次、持续几周，都是收效甚微。那么，为何说理教育的效用极其有限呢？除了这种策略，我们还有其他方法吗？

我相信，这是很多教师都在寻找的答案。事实上，在这件事情上，我们需要多了解一点心理学的规律。还记得之前我讲过的那位数学老师主动向一位后进生"泄露试卷"的个案吗？其实，他也是在给学生积累"成功体验"，让学生产生内驱力，继而主动去为自己创造成功体验。我们知道，任何行为的背后都存在一些动机，想让学生在行为上有所转变，就需要充分了解这些动机，并利用相应的心理规律，潜移默化地影响学生。

概括来讲，影响行为的原因无外乎有以下几方面：

• 认知观念

思想决定行为，行为决定结果。所谓思想，其实就是我们头脑中的认知观念。当一个学生认定了"我就是学习不好""老师就是不喜欢我"的时候，外部的信息都会融入他的心理投射中，继而让他做出符合这个认知的行为，比如：与同学发生冲突，被老师批评，然后强化他头脑中的那个观念——"老师就是不喜欢我"。

如果借助一些偶然的事件，让他感受到，老师只是就事论事，不是针对自己，而且老师看到了他鲜为人知的一些闪光点。那么，这种不一样的体验，就可能会更改他的认知观念，让他开始相信"老师也是认可我的""我也不是一无是处"。这时，改变的内驱力就产生了。

• 情绪情感

作为成年人，我们都有过类似的体验：今天心情不错，就算遇到麻烦事，也能一笑而过；今天心情很糟，做什么事都提不起精神，甚至很容易就迁怒他人。这说明，我们的行为会受到自身情绪情感的影响，如何保持一个相对稳定的情绪状态，对于学习和工作至关重要。

有些孩子在学校里存在易激惹的状况，动不动就跟其他同学发生冲突，深入了解我们可能会发现，这个学生并不是针对其他同学，他是在家庭生活中积压了大量的负面情绪，比如：长期被父母斥责或长期遭到忽视，这些都会影响孩子的情绪和情感，继而表现出不良行为。

- **环境影响**

社会心理学有一个词语叫作"个体社会心理现象"，指受他人和群体制约的个人的思想、感情和行为，如人际知觉、人际吸引、社会促进和社会抑制、顺从等。我们活在这个社会中，不可避免要与周围的人群打交道，在这样的大环境下，有许多行为都是受他人影响而发生的。比如：有些孩子结交了社会上的"坏朋友"，从而被迫做出了一些不良行为，但这些孩子本质并不坏，这就需要我们加以辨别，用恰当的方式进行引导。

- **行为习惯**

习惯是不可小觑的一种"力量"，无论是好习惯还是坏习惯，当它变成了无须调动任何意志力就可以完成的一种行为时，会对我们自身产生极大的影响。比如，学生在低年级的时候，我们会设计整理书包的活动，目的就是为了帮助学生养成良好的习惯，最后将其变成一种无意识的行为，延续到日后的学习和生活中。

教育的核心，应当是培养健康的人格。作为学校教育的直接参与者，在我们的认知中，也应当对孩子的不良行为有一个正确的认识。我一直都相信，没有所谓的"坏孩子"，他们只是尚未学会用正确的方式表达自我、体现自我。无论是想让孩子延续一个好的行为，还是结束一个坏的行为，单纯地讲道理并不能够获得最佳效果，我们还要发掘其行为背后的动机，把握并运用心理规律，让学生朝着既定的教育目标前进。

习得性无助，绝望的体验影响孩子一生

1967 年，美国心理学家塞利格曼用狗进行了一项经典实验：最初，把狗关在笼子里，当蜂鸣器发出响声后，就对狗进行电击。关在笼子里的狗，无法躲避电击。多次试验后，蜂鸣器响起，在进行电击之前，把笼子的门打开。此时，狗非但不逃跑，而且还没有等电击出现，就先倒在地上，发出痛苦的

呻吟声，并浑身颤抖。

狗原本可以主动地逃出笼子，躲避电击，结果却绝望地等待痛苦来临，原因就是过去多次遭到电击都未能逃离，这种屡试屡败的经历，致使它产生了一种对现实无能为力、自暴自弃的绝望。对于这样的现象，心理学家将其称之为"习得性无助"。

北京四中璞瑅学校一直很重视"为学生塑造成功的体验"，原因就在于此。在教育的过程中，如果学生觉察到自己的行为无法达到特定的目标、没有成功的可能性，且反复遭遇挫败打击，他就会产生一种错误的认知观念：无论我怎么努力，都不可能取得成功！这个错误的观念，会影响他的行为选择，如自暴自弃、破罐子破摔。

有些学生刚开始接触英语时，觉得挺有趣，也不难学，积极性很高。但随着学习的深入，发现有的单词记不住，又不太会翻译，遭到老师的批评或同学的嘲笑，继而感到焦虑。这种情绪自然会影响学习兴趣和学习效果，加之那些不太美好的挫折体验，就让这些学生产生了一个想法：我可能没有学英语的天赋。然后，他们就不再为学习英语而努力，时间久了，成绩就变得越来越差，印证了他们的"预言"。

导致学生产生"习得性无助"心理的原因，不仅限于其自身，教师的影响也很关键。有些学校和教师，包括家长，过于看重成绩，甚至把分数当成评价学生好坏的唯一标准，这种不良的竞争环境，直接影响到学生的行为，让他们也陷入不健康的竞争中。这样一来就导致，学习成绩不太理想的同学，遇到问题也难以得到周围人的帮助，在无助的状态下没有人伸出援手，同时还要背负沉重的心理负担，自然就容易对学习产生抵触心理。

"习得性无助"的心理，不仅影响孩子的学习动力，也会影响他们日后的人生。绝望的体验多了，就变成了一种刻板的思维模式和生命态度。在认知层面，会产生个体行为与结果之间无相依关系的期望；在动机层面，不敢尝试，对机遇视而不见，对什么都没有兴趣；在情绪层面，变得冷漠、消极，甚至是抑郁。

然而，不是每个人在遇到挫折打击的时候，都会感到无助和绝望。我在工作的过程中，接触过不少阳光乐观的孩子，他们特别勇敢，遇到问题都是想着怎么解决，克服困难。那么，身为教师，我们该做点什么，才能避免让学生陷入习得性无助的状态呢？如果有些学生已经陷入此怪圈中，又该怎样帮助他们呢？

第一，鼓励和支持是预防学生产生习得性无助的基石。

通常来说，在中小学阶段的学生，尚未形成客观的、完善的自我意识，他人的评价直接影响他们的自我评价。教师作为学生的重要他人，要尽力做到一视同仁，消除对后进生的偏见，同时也要多鼓励那些性格内向的、自信心不足的孩子，善于发现他们的优点和长处，对微小的进步要及时给予肯定，这是一种正向的强化。如此，不但可以减少学生的不自信，也能避免习得性无助的产生。

第二，引导学生正确归因是预防习得性无助的关键。

习得性无助的学生，普遍存在归因障碍，他们倾向于从内部、稳定、普遍、不可控等方面进行归因，而这种不恰当的方式正是形成习得性无助的根本。所以，教师要借助生活中的事件，对学生进行归因训练，让他们形成正确的、积极的归因方式。

当学生遇到挫败时，比如考试成绩不理想，要让他们认识到，引起失败的因素有很多，可能是个体自身的因素，如复习不到位、做题时马虎；也可能是外部环境的因素，如试卷难度大，老师评卷的要求严格等，从多个方面进行分析和归因。同时，也要让学生体会到，通过努力，他们是可以获得好成绩的，继而对未来的学习充满期待，减少自责和自暴自弃的心理。

第三，提高学生的耐挫能力可防止习得性无助的产生。

心理学家韦斯做过一个实验：把小白鼠捆在桌子上，持续数小时频频给予电击，他发现：如果电击是任意的、偶然的，大多数小白鼠很快就患上严重的胃溃疡，据悉这是一种心身疾病，心理因素是引起该病的主要原因。如果电击之前有预警信号，则胃溃疡出现的频率就会降低；如果既发出警告，且小白鼠又学会以某种简单的方式逃避电击，胃溃疡出现的情况最少。

可见，如果有机体对挫折或失败事先有一定的心理准备，或者有应对方法，那就可以减少习得性无助的发生。实验带给我们的教育启示就是，要让学生对挫折和失败有一个客观的认识，知道逆境也是人生的一个常态，对挫折和打击有充分的心理准备。对于学习成绩较差的学生，要多一点耐心，多教给一些学习方法和技巧，帮助他们应对学习中遇到的困难。当学生对挫折有了耐受能力，同时又懂得如何应对，就会减少失败的概率；即便遭遇了失败，也不至于因无力应对而感到失去控制，产生习得性无助。

第四，创造良好的人际学习环境是减少习得性无助的有效措施。

我们说过，社会互动和外部环境会影响到人的认知和行为选择。作为教师，我们要和学生一起创设良好的人际学习环境，让教师与学生、学生与学生之间保持融洽、友爱的关系。不要让任何一个学生产生"被抛弃""被遗忘""被歧视"的感受，这样的话，学生才有安全感，不会担心自己因失败而被学生或老师另眼相看，从而保持继续努力的勇气。

身为教师，我们自然不希望看到学生陷入习得性无助的境地，也正因为此，才更需要在工作中积极地引导孩子，为他们的终身发展奠定坚实的基础。毕竟，教育不只是短暂的几年时间，它关乎孩子的一生。

多一点正向暗示：撕碎缺点，重新启航

"你这孩子太懒散了，一点自律性都没有！"

"写点儿作业总是磨磨蹭蹭，这毛病就是改不了！"

"跟你说过多少次了，别总丢三落四的！"

"……"

这样的话，我相信你一定听到过。在现实生活中，不少父母发现孩子存在某些行为问题时，往往会不自觉地用这些话数落孩子。他们的本意是好的，希望孩子改掉不良习惯，但反复强调与责骂，真的有用吗？事实告诉我们，这种做法非但改变不了孩子的任何问题，还可能会强化对孩子的负面暗示——"你就是这样的人"！

身心皆处于成长中的孩子，内心是非常敏感的，也很容易受到心理暗示。

如果总是强化一些负面的字眼，孩子就很容易朝那个方向走；如果能在遇到问题时，换一种表达方式，形成正向的暗示，反而更利于孩子做出积极的改变。

实际上，这也是积极养育中强调的一个要点。我记得很清楚，孙秀林老师在参加完积极养育的课程培训后，就把这个正向暗示的方法用到了实际的教育教学工作中。为此，她把整个事件的经过，以及引导孩子的全过程，写成了下面这篇极具故事性的文章——《出发：撕碎缺点，重新起航》，我觉得非常有教育启迪意义，值得与大家分享：

拿到分班表的那一刻，我才真正意识到，我人生中接手的第二个班级终于来了。其他两个班级的班主任老师在拿到分班表后，陆陆续续地找到这些学生原班主任、任课老师了解情况，还标注出了好几个"特殊"的孩子，准备在开学后重点关注。而我却迟迟没有开始行动。

我知道，接手新班级，尤其是一个重组班级，提前了解学生的情况对接下来的班级建设来说究竟有多么重要。但我心中始终有一份担忧：新班级意味着新的开始，如果我去了解学生的情况，甚至把那些所谓的"差生"摸清楚，岂不是在还未和学生真正相处的情况下，就已经在自己心中贴好"标签"，对学生"盖棺定论"？这样做，又何谈重新出发呢？

思来想去，我没去找其他老师了解情况，决定由自己亲身接触，慢慢观察，形成对这些孩子最客观、最真实的印象。

开学第一课，我随机叫了一名同学回答问题。这是个胖胖的男孩儿，看来是已经进入了青春期，个子蹿得老高，我都需要仰着头看他。不过他的表现可没有体格这么威武、有气势，嘴巴就像打了结儿一样，支支吾吾，半天没说出一句全活儿话。他的脸涨得通红，尴尬地站在座位前。

"嘻嘻嘻……"教室里传来一阵窃笑。

"老师！"这时，一声高叫打破了僵局，"这是原来我们班的小Z，他以前就不认真听讲，老被老师批评。他肯定不会，您还是饶了他吧！"

这下，原本的窃笑变成了哄堂大笑，教室里喧闹起来。再看站起来的Z同学，原本涨得通红的脸变得更红了。随后，他仿佛像泄了口气，挠挠后脑勺，也笑了。

等到教室里的喧闹渐渐消去，我开口了。"Z 同学，请坐！下次认真听讲，我相信你一定能回答出来。"

而 Z 同学睁大了眼睛，他似乎没有料到，在闹了这么一出后，我居然没有任何批评他的意思。

我转向其他同学，微笑着说："同学们，其实在分完班后，我有一件顶顶顶要紧的事情没有做，几乎算得上是违反学校规定了。但我却一点儿都没有后悔，自己没选择做这件事。"

我这一段绕来绕去、故弄玄虚的话使同学们的眉间拧起了小疙瘩。他们纷纷露出困惑的表情，眼神中的含义显而易见：孙老师，您在搞什么玄虚？

哈哈，上钩啦！我揭晓了答案："这件事就是，找你们之前的老师了解你们的情况，比如学习成绩、纪律之类的。"

显然，学生们也不太理解为什么我不去提前了解一下他们，纷纷提出了自己的疑惑：

"老师，你为什么不去了解呀？"

"老师，您不好奇我们是什么样的吗？"

"孙老师，那其他班老师都去问了吗？"

……

"对呀，另外两个班的班主任都去询问了，我没去。"这群小孩儿一点都不会遮掩自己的情绪，一听我这么说，顿时面露失望的神色。

"至于为什么我不去，我也有自己的打算。"我顿了顿，接着说，"新班级就意味着新的开始，不管你们在之前的班级什么样，我都希望你们能以一个崭新的面目，一个更好的自己展示在其他人面前。我不希望提前去从别人口中了解那个过去的你们，而是希望通过你们的言行、表现，通过和你们的交流、交往，一点一点地认识你们。"

"所以刚刚有同学说小 Z 以前是什么样的，我全不在意，也不希望其他同学传递给我这样的'重要情报'。"最后四个字我加了重音，缓慢说出，同学们都笑了起来。"所以说呀，Z 同学只是有一次刚好没听见，答不出来，可不是不认真听讲的学生哦！"

我将视线转向 Z 同学。嗨！他那双不大的眼睛里射出的光芒简直要灼痛我的皮肤，这个孩子居然这么容易被打动呀？我简直开心坏了。接下来的课程里，他一直专心致志地听讲，好几次举起手，想要回答问题，我也满足了他的表现欲，给了他两次答题的机会。他果然顺利地回答了问题。

我很高兴看到他的转变，可同学们在课堂上的表现也让我意识到，五年的时间里，他们身上已经被贴上了沉重的"标签"，被过去的自己束缚了成长的脚步。而这些"标签"也被他们有样学样地贴在了自己同学身上，影响了他们对别人的客观评价。

这一堂课上，我点燃了 Z 同学心中的小火苗。可怎样让这火苗蔓延到其他同学心中，让他们也能够摆脱过去的自己，勇敢地继续前进呢？一个好点子在头脑中冒出来，有了，就这么办！

很快，黑板上多了这样一段话："今日记事作业：请在纸条上写出自己身上的缺点，至少 3 条，上不封顶。"这项令人意想不到的作业令同学们议论纷纷，但我却守口如瓶，丝毫没有透露布置这项作业的意图。

第二天，同学们带着自己的"缺点清单"来到学校，眼巴巴地等待我的下一步安排。

那我就来满足你们的好奇心吧！"同学们，我知道大家都在纸条上写下了自己的缺点吧，你们都写了多少条？"

"三条！"

"四条！"

"六条！"

"我写了十条！"

"天啊！你们对自己也太狠了吧？居然写了这么多！"我做出一副吃惊状，接着说，"那这些缺点是怎么写出来的呢？你怎么知道自己有这些缺点？"

一个男生回答说："我妈老说我做事冒冒失失的，一点儿都不稳当，那我一定是个马虎的人了呗！我就把马虎写上去了。"

又一个男生接上他的话，说："没错没错！我也是这样的，而且以前老师也这么说。"

一个女孩倒是有不同的想法，把她叫起来分享。她的眼睛都不敢与同学们对视，低声说："我是从自己平时的表现得出的答案，我不太爱说话，应该是比较内向吧！"

……

虽然大家所写的缺点和理由都不尽相同，但从大家的交流中，我可以明显地感觉到，这些孩子对自己的评价过于严苛。也并不客观。很多同学都是听到别人给自己的评价，就理所当然地认为自己就是这样的人，背负上了沉重的负担。如果不能真实地认识自己，认识缺点，怎么能更好地进步呢？

一番交流后，我说："虽然大家说出了不少自己的缺点，看似有理有据，但我觉得，其中有99%的缺点都不真实。虽然你们存在一些需要改进的问题或是行为，但绝不证明你们就是这样的人。我希望你们也能认识到这一点，这样你们才能在'凝晶班'这个新的班级中有新的成长。"

我示意同学们调转座位，同桌相对而坐。"接下来我们做这样一件事，请大家结合自己纸条上所写的缺点，使用这样的句式，大声地向自己的同桌宣告。"我在黑板上写下了这句话：我不是_____的人。

同学们看到这句话，都有些摸不着头脑。教室里一片静寂。过了好一会儿，才响起低微的话语声。这声音好像一声发令枪，带动了其他同学。但他们的声音实在太低了，几乎让人听不清他们在说什么。还有些同学尴尬得不得了，说一句，笑一声。

我见他们始终放不开，决定亲自上阵示范。"同学们，你们的声音太小啦！要像我这样。"我放大音量，语气坚定地说："我不是马虎的人！我不是软弱的人！"

同学们受到我的影响，渐渐放大了音量。同桌之间甚至隐隐地较上劲来，试图用音量盖过对方。过了一会儿，教室又渐渐沉寂下来。我知道，大家已经交流完了。

"接下来，我们要进行这样一个活动。请大家把手中的纸条撕碎，撕得越碎越好，和过去的自己告别，和缺点告别！"同学们听到这话，立刻兴奋起来，摩拳擦掌，把手上的纸条撕得粉碎。没有任何人起头，所有同学都把攥在手中的碎纸片抛向空中。

纸片纷纷扬扬从空中下落，一双双充满期待的眼睛紧紧盯着它们，也穿透它们，看到了自己更加美好的未来。碎纸片铺满地面，为他们的重新启航铺平了一条洁白似雪的道路。

教育孩子，正向的暗示往往比其他方式更有效，因为你让他们事先相信了一点，那个"我"很好，且可以变得更好。所以，在日常的工作中，教师要多用积极正面的语言鼓励孩子，同时也可以借助神态、表情去进行积极的暗示。有时候，一个轻微的点头、一个友爱的目光、一个拍拍肩膀的动作，都可以让孩子接收到信任与支持，这会给予他们克服困难、改变自我的动力。

"相信"的力量：击掌为誓，约定达成

正向的暗示对学生是一种激励，而直言的信任更是一份强大的力量。面对一些调皮、任性、不太服从管教的学生，很多教师都感到头痛，就像我们在这一章开篇时所讲的那样，说理教育在处理这些问题时，效用十分有限。

说理教育的模式，往往都是教师在说，学生在听，一个是信息的发出者，一个是信息的接收者，可发出去的信息能够被对方接收多少，不得而已，也很难控制。所以，当说理教育无效的时候，就需要教师用一点心思，调动孩子内在的驱力，去达成教育的目标。

在教育和引导学生方面，北京四中璞瑅学校的优秀班主任孙秀林老师真是下了不少功夫，特别是面对"调皮学生"的问题，她处理就极为巧妙，真是体现了一位优秀教师的智慧。

周四上午第三节和第四节课是美术课，而美术课前是大课间时间，我习惯在这个时间留在教室再啰唆两句，嘱咐同学们要在美术课上尊重课堂纪律，不要又被取消在美术教室上课的权利等等。接着，我目送着他们前往美术教室，这才会回到办公室继续忙碌。

一天的大课间，美术老师一反常态地来到班里。她见我在班里，连忙把

我拉到教室的角落，悄声说："孙老师，一会儿的美术课咱们不在教室上课，同学们要去操场上或者学校其他地方进行写生。不在班里上的话，我担心您班那几个特别淘气的男生控制不了自己。"

她一边说，一边把目光看向了小C同学所在的位置："您看，要不要您找个由头把那几个男生留在班里或办公室吧？给他们布置点儿学习任务什么的。不然，我还真担心控制不了他们，再出现什么安全问题。"

美术老师有这样的担忧，我是一点也不奇怪。我们班里有几个调皮、捣蛋的男孩儿，平常在我面前倒还好。可是一到了科任课就像变了个人，身上的十八般"武艺"恨不得要在一节课上全都施展出来，想要吸引老师、同学的注意。

美术课就是其中的"重灾区"，每次美术课下课，课代表都要给我"传话"，告诉我美术课又有哪些同学捣乱了，美术老师让我管一管。要不就是，美术老师生气地领着孩子亲自送到办公室，要解决课上出现的问题。

即便如此，对于美术老师的建议，我却并不想接受。虽然我知道这样安排对我们双方都好，我能利用这段时间给这几个"小捣蛋"补补课，美术老师呢，也不用担心他们几个在校园里乱跑，影响其他班上课，或是出现什么安全事故，可以安安心心地带其他同学去写生。我心里有那么一点不自在，我并不想在这几个孩子还没有犯错误的情况下，就推测他们一定会怎么样，甚至要取消他们参与活动的权利。

可是，美术老师的担忧的确很有道理，如果不把他们几个扣下，又该怎么办呢？要不我跟着一起去上写生课？可这样岂不是还是像个"牢头"一样监管学生，就不能培养他们的自律意识了。更何况，第四节课我还有别的班的课要上呢！

无数念头在我大脑里转来转去，最终我下定了决心，对美术老师说："不好意思，我还是希望这几个孩子和其他同学一起参与活动，如果真的违反了纪律，您再找同学来办公室叫我就行，我把他们领走。您看这样行吗？"

美术老师有些犹豫，她没想到我没有接受这个"双赢"的建议。我接着说道："这样吧，您下节课对于纪律的要求是什么？等会我来跟班里的同学沟通，提好要求之后，您再把他们带走。"

美术老师同意了我的提议，将本次户外写生的活动要求一一告诉给我。很快，预备铃声响起，同学们陆陆续续回到座位上坐好，等待上课。

上课铃声响起时，所有同学都已经回来了。我站在讲台前，开始了我的"表演"："同学们，刚刚美术老师告诉我一个好消息，这两节美术课你们要去校园各处写生啦！"

话音刚落，大家都欢呼起来，许多同学都面露喜色，兴奋地和伙伴商量要去哪里写生。

"出去写生多好玩啊，我听了这个消息也为你们开心。"但我话音一转，接着说，"但我也有点儿担心，咱们班美术课纪律一直不太好，在室内上课都常常出现问题，要是去户外上课，万一发生什么意外或有什么安全事故就不好了。所以刚刚课间时，我跟美术老师商量，打算留下几个同学和我补语文。但是你们美术老师特别好，她说愿意给那几个常违反课堂纪律的同学一次机会，先让他们参加活动。"

本来听到我说"留下补语文"的事情，那几个男生变得有些紧张。听到后面的话，他们紧张的神色舒缓了，有个男生甚至向美术老师投去了感谢的目光，好像在感谢老师"高抬贵手"。

我故意把眉头皱起来，说："你们美术老师宽容、善良，才愿意给你们机会去参加活动。但我丑话说在前头，如果要是谁在美术课上不按老师的要求做，我可是会立刻冲到操场上，把你领回办公室好好教育教育。"我把拳头举起来，晃了两晃。全班同学都笑了。

"现在，有请美术老师提出户外写生的要求，大家掌声欢迎！"掌声热烈得让我都有些"嫉妒"，我这个班主任可没得到过这样响亮的掌声。待美术老师提完要求，同学们摩拳擦掌地准备出发了。

可我又要站出来"煞风景"了，因为，我们的约定，还欠缺一个仪式。

"刚刚美术老师的要求，大家都同意吗？能保证遵守吗？"

"能——"所有同学齐声喊道。

"那我刚才说的，如果违反纪律，我会立刻把你们带离操场，终止活动，到我办公室反思，大家可以接受吗？"我接着问。

"可以！"又是一声响亮而整齐的回答。

我摇摇头，说："光口头答应可不作数，我们击掌为誓，如果你们觉得自己能够做到这几条要求，就和我击掌一次，表示约定达成。"

我走到一组第一位同学身边，向她伸出手掌，她微笑着，轻轻地在上面拍了一下。我也回给她一个欣慰的微笑，一个信任的眼神。接着，我又向下一名同学走去，继续击掌。

这击掌的力度，有大有小，有些爱开玩笑的男生，把手高高地扬起，作势要给我以"重击"，却又轻轻落在我的手掌上。许多同学都被逗笑了，我也玩性大发，走到那几个平时调皮的男生身旁，装出凶神恶煞似的样子，重重地打在他们的手上，笑着看他们抱着手假装呻吟。教室里的气氛轻松而温馨，相信有了这样印象深刻的击掌仪式，户外写生的要求也会印刻在同学们脑中吧。

我就这样走遍了教室的每一个角落，和所有同学"击掌为誓"。结束后，我对美术老师说："周老师，可以啦！您带他们去上课吧！"我转过头，又对同学们说："我就在办公室等着有人来叫我下去，随时恭候。当然，我更希望你们尊重承诺，顺利地上完美术课。"

这两节户外写生课，果然平安无事。我安心地办公室做自己的工作，无人来扰，哈哈！

试想一下，面对上述的情况，如果班主任孙秀林老师做了另外两种选择：其一，在教室里提醒全体同学，在美术课上要保持良好的秩序；其二，把几个调皮的学生留在教室补习语文，结果会怎么样？想必大家都能猜出来，提醒毫无意义和效用；留下来补语文课的调皮学生，内心愤愤不平，埋怨美术老师"告状"，记恨班主任"剥夺"他们的"自由"。

很庆幸，这两种结果，孙秀林老师都想到了，故而没有选择常规的方式处理。她在美术老师面前为自己的学生争取参与课程的机会，哪怕有些孩子很调皮，让科任老师比较头疼，透过这一点，能够看出来，她对学生是发自内心的关爱，不带任何的偏见。

最可圈可点的是，她在学生面前把美术老师重新进行了一番描述，让学生们觉得，美术老师太可亲了，为他们争取机会，替他们说话。人都有回馈心理的倾向，以德报德，或以牙还牙。当孩子们感受到，他们被美术老师包容和接纳，就会萌生出相对善意的意愿。在这个基础上，孙秀林老师又助推了一把，选择相信这些孩子，并以孩子喜欢的方式与之达成约定。就这样，整件事情最后朝着孙老师期望的方向发展了。

通过这个案例，我最真切的感触就是，教育孩子需要将心比心，更需要善意和信任。选择了相信，往往就能够在人与人的关系中创造出向上的力量，激发孩子的感恩、责任与担当。

如何看待和应对学生中的"小团体"

很多一线教师都有深刻的体会，随着学生年龄的不断增长，他们会越来越倾向于和同伴交往，并在交往的过程中逐渐发现一些与自己在兴趣、爱好、活动等方面相似或相容的对象，继而发展成一个关系相对稳定的"小团体"。

心理学研究表明：班级中的小团体，每 40 人左右的班中有 8~10 个，50人左右的班中有 10~12 个，60 人左右的班中有 11~13 个。通常来说，小团体的数量和班级规模成正比。班级中的小团体规模，有 68% 左右都是 2~3 人；有 18% 的是 4 人规模；5~6 人以上的小团体往往在小学高年级才出现。

对于学生中的"小团体"，我们需要一分为二地看待。

很多事物，之所以存在，必定有其道理。"小团体"是学生同伴关系的一种存在方式，能够满足学生的归属需求，增强同伴之间的情感支持；学生在相互的交往中，还可以有效地吸收同伴的经验，学习社会交往技能，培养社会责任感。

从上述的层面来讲，"小团体"是有积极意义的。但问题在于，学生的认知能力和社会经验尚在发展中，"小团体"的利益和规则有时会和班级的利益、纪律相冲突，且如果"小团体"的活动过于频繁，也会影响正常的学习和生活，甚至会受到社会上不良分子的影响，继而做出违法乱纪等行为。因此，教师需要正确对待班级中的"小团体"，既要支持他们正当的活动，又需进行必要的引导。

那么，怎样对学生中的"小团体"进行干预呢？我认为，要从几个方面着手处理：

首先，对于班级中出现的小团体，教师要弄清楚，这种小团体的性质是什么？通常来说，学生结成小团体往往是因为有共同的爱好和习惯，这种爱好和习惯可能是有益的，也可能是有害的。如果说，学生是因为喜欢读书、踢球结合成的小团体，那要掌握一下他们的活动规律，在什么时间做什么事情，以什么样的形式展开？对于积极的方面，要给予肯定；对于无益的方面，要及时想办法干预。

其次，要充分了解小团体中的每一位成员。尽管几个学生结成了小团体，但他们依然是一个个独立的个体，每个人都有不同的成长背景。教师需要掌握这些情况，有针对性地单独进行教育。当单独的个体发生转变后，整个小团体的方向也会发展改变。

当然，这个过程可能不会是一帆风顺的，也不可能是一日之功，需要长期的、持续地做工作。从事教育工作的一线教师都清楚，学生的行为习惯是有反复性的，这跟他们的年龄有关。毕竟，心智成熟是一条漫长之旅，我们的教育也要遵从规律，不能走得太急。

再者，找到小团体中的核心人物。学生中的小团体，往往也有一个核心人物，在对小团体性质进行扭转的过程中，找到这个关键人物很重要。我们说过，学生随着年龄的增长，会愈发渴望得到同伴的认同。通常来说，小团体中的核心人物，往往比其他同伴更加成熟一点，他说的话、做的决定，也比较有权威性。如果教师能够争取到这个核心人物的配合，那么对于管理整个小团体的工作，就等于成功了一大半。

要走近这个核心人物，需要了解他的成长背景、家庭环境、兴趣爱好、周围的朋友，逐渐地走进他的内心世界，让其从内到外完成认识和态度的转变。具体要怎样执行，教师还需根据具体情况来制定相应的措施，但别忘记了，遵从心理规律，可以事半功倍。

总而言之，在处理"小团体"的问题时，教师需要保持理性的态度，更要充分运用教育智慧，把每一个"小团体"都引到正确的轨道上来。

上进的铁三角："好哥们"该怎么当?

北京四中璞瑅学校的孙秀林老师，曾经处理过一个和"小团体"有关的案例，她把整个过程及其细节都记录了下来，相信可以为教育同仁们提供一些启迪和思路。

六年级时，我所任教的班级经历了一次拆班重组，班里男生的人数一下子多了起来。经过前期的磨合、交流，又因为有着相同的兴趣、爱好，许多原本来自不同班级的男生也发展成了要好的哥们儿。

小 A、小 B 和小 C 三个男生就是这样一组打不垮、拆不散，走到哪儿都"粘"在一起的"铁三角"。可是这三个男孩儿如果只是聊聊闲天，一起约着放学回家后打打游戏也没关系，还算得上是志趣相投，也是一份难得的友谊。可这几个孩子偏偏约着一起在科任课上的出怪相，课上聊天不听讲，常常造成课堂秩序混乱。

他们并不担心老师的反应，反而因为自己的举动得到了其他同学的关注而感到满足。每周总有几节科任课下课后，老师把三个男生送到我这里，数落着他们在课上种种违反纪律的表现，要我这个班主任老师协助进行批评教育。

这三名学生倒是很讲哥儿们义气，有错一起认，问题一起扛，可改正错误的行动就没这么痛快了。常常是前一天刚刚解决完他们的问题，过两天又故态萌生了。

面对这样相互进行消极影响的小团体，老师们常常从外部入手，要么和家长沟通，让家长去关注、教育；要么限制他们之间的交往，鼓励他们和别的同学交朋友，试图以外力"瓦解"他们。

然而，我并不太认同这样的形式，三个男生已经是六年级的学生，自主意识萌生，外界强制的干预不但不会瓦解他们，反而会激发逆反心理，激化矛盾。更重要的是,我们的教育目的不是要破坏他们的友谊,而是要引导他们的关系朝着积极的方向发展。

出于这样的考虑,我开始思考、设计我的教育措施。

一、预热阶段:思考团体关系,了解自我

面对再一次被科任老师送到办公室的三名男生,我没有像往常一样,把关注点放在批评教育他们,解决具体的纪律问题上,而是肯定他们之间讲义气又很关心对方的可贵友情,请他们来谈一谈"好哥儿们"该怎么当?三个男生根本没想到我会提出这样的问题,一时语塞。于是,我向他们发出邀请,与我一起建立更积极、更上进的"铁三角"。

我们商量后达成共识,利用大课间对这个问题展开讨论,也就此开始了我对"小团体"关系的引导。改变的第一步,从明确他们在这段关系中的位置,分析个人对团体的影响开始。我们开始了第一次"铁三角"三方会谈。为了让学生更加清楚地明确自己的影响,我绘制了一张"铁三角"示意图(见下图),三角的每一条边代表了一名同学。我请他们分别在自己的一侧,如实写出自己给这段友情带来的积极影响和消极影响。

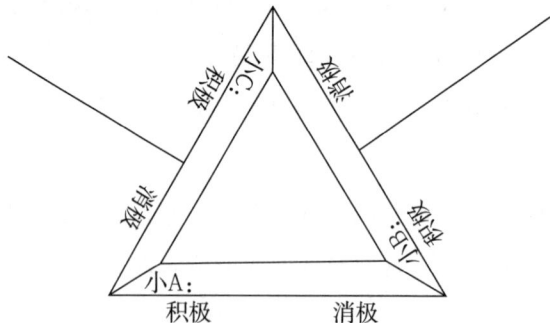

随着不断地思考、梳理,直观而清晰的文字描述让三名同学渐渐明确了自己在这段关系的位置,清楚地感受到了自己给朋友带去的不同影响。这样的教育措施肯定了团体关系中好的方面,也引发了学生对于个人行为的深入的思考。没用我多言,他们自己便开始反思给好哥儿们造成的不良影响,这就给"铁三角"关系的改善开启了新的可能。

会谈结束后，我给三名同学布置了"课后作业"，请他们思考："铁三角"六年级毕业时的目标，想一想未来希望自己是什么样子的，为下一次活动做好准备。

二、实施阶段: 共议团体目标，确定方向

第二周，我们开始了第二次活动，这次活动的目的是思考并制定个人发展目标和"铁三角"共同的目标。我再一次拿出了那张"铁三角"分析图，请他们写下自己这一周来思考的结果。别看这三名同学平时那么淘气，个人目标制定得还是很上进、很积极的。小 A 同学写的是："学习好，毕业考试取得一个好成绩，高中、大学考进好学校。"小 B 与他类似，他写的是："学习好，朋友多，人品好，进入好高中、大学。"相比之下，小 C 的目标就更长远了，除了想考个好初中外，他还想在未来成为一名企业家。

三位同学写完后，我又请他们读了读对方所写的目标，提醒他们作为好朋友，应该为对方目标的实现起到积极推进的作用，并引导他们根据三个人的目标，制定"铁三角"关系的发展目标与交往原则，更好地实现彼此的梦想。

随后，我离开会议室，给他们留下了独立探讨的空间。等我再次回到会议室，空白的三角区已经被填上了文字。他们三人讨论出来的共同目标是: 有钱、有学识，做一辈子好朋友。讨论出来的原则也很实际、有操作性，一共有四条原则:

（一）优势学科上互相帮助；

（二）有困难时找对方帮忙；

（三）有独立辨别是非的能力，不给朋友带去负面影响；

（四）提醒对方的错误和失误。

我将这张纸复印了三份，让他们每人保留了一份（见上图2）。三名学生和我一起安排了后期反馈活动的相关安排，并邀请我监督他们目标达成的进度。

三、跟进阶段：反馈改进情况，巩固成果

后期反馈活动依然安排在大课间的时间，每周1-2次，每次活动占用的时间并不长，基本上都在10-15分钟。活动形式也很自由，更像朋友之间的聊天、对话，沟通的话题通常是本周科任课的听课表现、近期的学业与伙伴交往的情况等。他们会先进行个人表现的分析，再由另外两人根据平时对他的观察肯定他好的表现，也会提出一些改进的建议。我会站在教师的视角，说说我的看法，帮助他们解决一些问题，给出相应的指导。有时，我会主动开启话题，请他们一起聊一聊对于朋友、金钱、学业的看法，对未来目标的认识，帮助他们进一步理解正确的价值取向，形成正确的认识。

除了日常活动以外，每次阶段测试以后，三名同学还会召开"成绩交流会"，相互告知语文、数学、英语三个科目的测试成绩，在某一学科方面有优势的同学就自动成为"铁三角"里的小老师，帮助自己的好哥儿们进行改错。看着他们有模有样地为对方补起了课，我的心中也十分欣慰。

后来，这三名同学的学业成绩进步很快，科任老师找我告状的现象也大幅减少。这件事使我意识到，教育在很多时候，宜疏不宜堵。强制的外力不可能拆散"小团体"，真正解决问题，来自关系内部的力量却是超乎我们想象的。通过引导，激发学生内心当中积极、正向的一面，将原本互相影响的"小团体"改造为互帮互助的"铁三角"好哥们。在这过程中，这群青春期的大男孩儿对于友谊的认识也更深了一步。"好哥儿们"究竟该怎么当？这个问题的答案已经根植在他们的内心之中。

📖 课后思考

课题 1：

四年级的一名学生，总是不能遵守班级纪律和约定，破坏班级良好秩序。比如，不让带电话手表到校，可这位同学总是偷偷地带，上课时还拿出来玩，被其他同学看到了告诉班主任。班主任跟这位同学谈过几次，几乎没什么效用。现在，班里的同学也很不喜欢这个孩子。如果你是班主任，从心理学角度分析，你认为这位学生频频带电话手表的原因可能是什么？你会如何与之谈论这个问题？

课题 2：

进入三年级后，班级整体学习氛围浓郁，同学们在各科老师带领下，呈现"比学追赶超"的氛围，老师们通过小奖票，小印章对表现优秀的同学、小组进行表彰，每月底换取文具作为礼物。小刚所在的小组，总是因为他的表现扣分，小刚自己却表现得无所谓。面对老师的批评和同学的帮助，小刚无动于衷，依旧活在自己的世界里，在课堂上随便说话，扰乱正常的课堂教学。班主任多次与该生家长沟通，效果也不太理想。

如果你是班主任，你认为小刚出现这样的行为表现，是哪些心理原因导致的？又该结合哪些心理学规律对小刚进行引导和教育？

辑 三

接受挑战——每一个棘手问题都是教育的契机

"教育不是日积月累的岁月打磨，

而是在那些关键时刻，

你有没有成为真正的父母和老师。"

Part/06　渗透：真正的教育，随时都在发生

每一次活动都是教育的契机

教育，教书育人。然而，教育的场地，仅仅在课堂吗？教育的载体，仅仅是课本吗？

我想，绝不是这么狭隘。苏霍姆林斯基在其教育论述中这样说道："任何一种教育现象，孩子在其中越少感觉到教育意图，它的教育效果就越大。"教育家于永正也有同样的见解："当学生知道你在教育他时，你的教育就失败了。"

教育，不该是特意规定时间、场地来进行的说教，而是悄无声息地渗透在生活的每一个角落，渗透在日常的每一次活动中，在某个关键的时刻彰显出润物细无声或醍醐灌顶的效用。特别是在提倡素质教育的今天，德育更是塑造学生健全人格不可或缺的内容，每一位教师，无论是班主任还是科任老师，都应当担负起既教书又育人的重任。

与此同时，我们也要认识到，教育是融会贯通的，更是相互渗透的。我们不一定非要在德育课上专门讲德育，语文课、科学课，甚至是其他校园活动，也可以抓住偶发事件发现问题，从而进行针对性的教育，或者将其和学科结合起来。

有一次升旗仪式，风特别大，有些瘦小的孩子们都站不稳了，东摇西晃的，孩子们有些慌乱，队伍中就有些窃窃私语的声音。大风还把一位老师的材料给吹飞了，纸片满天飞。初中部的孩子们还比较沉稳，没有骚乱。可小学部的孩子年龄小，简直炸了窝，小眼睛盯着天上的纸片看，嘴里也一直在叽叽喳喳地议论个不停，整个升旗仪式严肃的氛围都被破坏了。

回到班里进行总结时，当时带二年级的孙秀林老师，把"处变不惊"这个词语写到黑板上，让孩子们读一读，猜猜这个词语的意思。她要用刚刚发生的事情告诉孩子们：怎样才能成为一个处变不惊的人？

那天的讲解，孩子们理解到：升旗仪式是一个严肃认真的场合，在这样的场合下发生了突发事件，我们要尽可能地控制自己的言行、好奇心，保证重大活动顺利进行。这样的话，既会给别人留下一个沉稳、可靠的印象，也会赢得别人的尊重和认可。

做完这次总结后，过了很久，又一次升旗仪式上，小主持人可能有点紧张，敬礼，唱国歌之后，忘记让小学部的少先队员礼毕了。孙秀林老师站在孩子们后面，看着他们一个个把小手举得高高的，手酸也没人放下，只有个别孩子在悄声议论。

其实，"处变不惊"这个词语对于二年级的孩子来讲挺复杂的，在给孩子们讲解时，孙秀林老师说，她也没有把握保证每个孩子都能理解，甚至是做到；但它却真的在孩子们小小的心灵里留下了一个印记，这个印记慢慢刻在孩子的心中。当他们遇到突发事件，这四个字就会浮现出来，提醒孩子们该怎样应对这个状况。

孩子们的记忆力远比我们想象的长远深刻，某些契机就会给他们留下印记。我们每个小小的教育措施都可能在不久的将来，让我们看到发生在孩子们身上的细微改变。

在北京四中璞瑅学校建校之初，我们就在强调："每一次活动都是教育的契机。"

真正的教育，并不只是在课堂，更多的时候，它发生在课堂之外，即在每一天校园生活的故事里。身为教师，我们需要做一个有心人，睁大眼睛、细心发现每一次教育的契机，从而能够让孩子和我们自己成长。

挫折教育：聊一聊59分意味着什么？

身为父母或老师，最不愿意、最害怕看到的，莫过于孩子因无法应对挫折而走极端的社会新闻事件。正因为此，越来越多的家庭和学校开始关注挫折教育。重视是好事，但前提条件是，要先了解什么是真正的"挫折教育"？

长期从事青少年心理咨询工作的王宗（Anita）老师提到，很多家长在谈及孩子的问题时，会说这样的话："我一直告诉他，将来走向社会，不是谁都会哄着你、顺着你。我不顺着你的原因，就是怕你成长的过程太舒服，今后在外面承受不了任何委屈……"

有这种想法的家长，并不在少数，他们的初衷是好的，希望孩子将来能够更好地适应社会，故而刻意在生活中给孩子增加困难和障碍，逆着孩子的意愿去做事，很少夸奖和鼓励，并将其称之为"挫折教育"。

王宗（Anita）老师解释说："这不是挫折教育，对孩子而言，这是一种创伤。挫折教育，是让孩子在自然而然遇到的挫折中有所感悟和收获，学会正确地看待挫折、化解挫折，而不是刻意制造障碍，让孩子去体验挫折。作为咨询师，我真的很心疼那些'被挫折'的孩子。"

挫折是不可避免的，当我们无法达到预期目标时，这种负性的情绪体验就会出现。对学生来说，这种体验可能每天都会发生，比如：和同学闹了矛盾、丢了学习用品、考试成绩不理想、遭到老师的批评……这些都是成长过程中无法回避的问题，而我们要做的是，当这些问题发生时，有限度地介入，鼓励孩子去面对问题、解决问题。

自 2019 年以来，北京四中璞瑅学校一直不间断地邀请王宗（Anita）老师在教师和学生中间开展"社会情感学习（SEL）"的培训，其中"自我管理"的一项至关重要。王宗（Anita）老师强调说："作为教师，当我们关注情绪调节时，我们考虑的是学生的认知再评价能力，以及他们的自我对话策略。如果教师可以教会学生如何重新评估形势，让形势变得更积极、更关注问题和挑战，那么学生就会把这个形势视为一个他们可以解决的问题。"

在认清了什么是真正的挫折教育后，具体该怎么落实呢？我想，孙秀林老师提供的这篇教育案例——《聊一聊，59 分意味着什么》，可以提供一些教育启迪和借鉴：

六年级上学期的期中测试过后，教室内一片萎靡的氛围，同学们的表现完全没有之前经历大考后的解脱、放松，反而一个个无精打采地缩在自己的座位上。就算有聚在一起聊天的同学，也是面色沉重，心情不佳的样子。

　　同学们此时此刻的心情其实和我的感受差不多，这次期中测试的题量大，题目也有难度，整个班的成绩都不是很理想。班级的平均分也创造了历史新低，才83.6分。看着这些同学饱受打击的样子，我觉得自己该做点什么。换个角度看，这次打击难道不是一个难得的挫折教育的机会吗？

　　恰好我在网上读到了一篇文章《父母最重要的能力，就是和孩子说废话》，其中一个家长分享的孩子考59分的事例给我带来了一些启发。我决定，就从这个角度沟通，开启一次应对人生挫折的谈话。

　　班会课上，我开门见山，对同学们说："咱们班期中考试的成绩不太理想，大家貌似心情都不太好啊。"坐在座位上的同学点头，附和着我的说法。

　　我话头一转，接着说："我倒觉得，这不是件坏事。同学们，现在你们已经升入六年级，月月有测试，年年有期末考试，甚至一生中许多重大的成长与发展很多情况下都取决于考试成绩。但你们有思考过，咱们经历的测试，分为哪些类型吗？"

　　无人应答。这些学生从升入小学就经历过许多测试，都已经把它当成自己生活中习以为常的一部分，却没有跳出来，仔细思考过考试的意义。

　　"其实，你们的测试主要分为两种，一种叫诊断性测试，一种叫选拔性测试。它们都是什么意思呢？我们可以以59分为例，来好好了解一下这两类测试。在选拔考试中，你考了59分，看似没有及格，但可能并不太影响最终的结果，因为它还取决于别人考得怎么样？也许你考了59分后，其他人都在58分以下，你就有机会读好的学校。但如果别人都在60分、70分，乃至90多分，那你就只能上比较差的学校了。"

　　这样的说法，似乎颠覆了学生的固有认知。他们认为，分数决定一切，考了59分就是考砸了，却从来没有想过，还可以换个角度看分数的意义。

　　我接着说："除了选报考试之外的考试，都是诊断性测试。就是说，老师教了你们知识，要考查一下你们掌握的情况如何？你考了59分的话，意味着你还有41分的知识没有掌握好，需要查漏补缺，及时复习。所以，大家可以因为这次期中考试感到伤心、挫败，但更要记得它的诊断和警示的作用。它在提醒你：开学到现在，你的语文学习可能存在问题，你要尽快整理心情，调整和制定下一步的学习计划。"

这时，一名同学举起手，提出了自己的疑问："老师，那您的意思是，只要不是决定我们未来发展的选拔性测试考砸了，就不必太过重视，也不用这样伤心、难过吗？"

"当然不是！"我坚定地说，"因为选拔性测试的最终成绩如何，都是平时这一次次诊断性测试积淀起来的。我们现在要做的，是反思自我，思考下一步语文学习的目标和计划。"

班会课接下来的时间里，同学们认真思考，反思了自己在期中测试中出现的问题，更和我一起讨论了目前语文课堂学习需要调整、改进的一些地方。各个小组还聚到一块儿，互相展示自己擅长与薄弱的科目，结成互助小组。更有趣的是，他们经过反复商议，最终确认了下次阶段性测试的目标分值。

下一步的方向终于明确，原本低迷的氛围也一扫而空。同学们也将注意力放在了调整自己，努力学习上，学起来也更有劲儿了。

时间慢慢过去，我原本以为，这次班会只是无数个普通的班会中的一个，会渐渐消失在同学们的生活中、记忆中。但令我意想不到的是，六年级毕业典礼活动结束后，一个平常比较内向的女孩儿跑到我身边，递给我一封信。信中的内容一下子拉回到那次期中测试后，拉回到那次班会时。她在信中是这样写的：

"老师，在我们相处的一年里，'59分意味着什么'对于我来说真是影响深刻。那次期中考试我只考了77.5分，但您却没有说我……这篇文章彻底改变了我，让我从悲观思想变成了乐观思想，让我在期末这段时间发奋努力。不仅是语文，数学、英语也一样。每当我在这三科的成绩较低时，我都会对自己说：'考差没有什么大不了的，请用一个实际行动来取得一个优异的成绩吧！'……"

收到这样一封信，我是惊喜的。令我没有想到的是，班会课分享的一篇文章会给她带来心态上如此巨大的转变。相信今后，她在面对任何困难和挫折时，在经历负面情绪的侵扰时，一定会像信中说的这样，尽快摆脱负面情绪，把注意力放在今后如何做，放在实际行动上。对一个人的观念产生积极影响，甚至受益长远，我作为教师的价值感也油然而生。

成为教师后，我一直拥有双重身份——班主任、语文老师。其实，如果我让我把这两重身份在内心中做了排序。班主任这一身份肯定要被排在前面，因为，我渴望着在学生的生命历程中有着重要存在，渴望将学生培养成人格健全，思想成熟、有独立解决问题能力的人。一想到能陪伴学生的心智成熟、能力增长，想到可以通过种种方式对一个人的一生产生一些影响，这份价值感就温暖了我的心，甚至燃烧着，产生了源源不断的努力工作的动力。

烦恼和困惑不是长大了才会出现，它们存在于成长的每一个阶段，甚至是每一天。求学也好，生活也罢，职场、社会处处都面临压力。父母无法时刻都陪在孩子身边，为他们披荆斩棘，创造童话般的世界。所以，我们有必要在学生学习成长的过程中，加强挫折教育，提高他们应对挫折的能力。但，挫折教育不是站在讲台上说教，而是在孩子遇到问题的时候，潜移默化地引导，帮助他们重建认知，找回对自己、对学习的掌控感。

应对变化：生命中的不可控因素

2020 年对所有人来说，都是不同寻常的一年，也是永生难忘的一年。

新冠疫情让许多国家、企业乃至家庭和个人，都陷入了对同一个问题的思考中：如何在不确定的环境里，面对未知的风险，更好地生存下去？毕竟，我们原有的生活和计划都被打乱了，面对突如其来的变化，要如何作出调整，顺应变局？

我想，这不仅仅是思考出一个对策的问题，因为变化时刻都在发生，相比处理某一件事情而言，重要的是认识到变化是常态，并培养出应对不确定性的心理素质和能力。作为教育工作者，我们也该借助日常的学习和活动，帮助孩子培养应对变化的能力。

学校里经常会有转学过来的孩子，有的是因为父母换了新工作到北京，或是从其他城区搬过来的，很多孩子对这种变化很不适应，内心充满抗拒，面对陌生的环境、陌生的同学和老师，情绪十分低落，总感觉无所适从。出现这样的情况，有一个重要原因就是，父母没有行使好预测职责，未能帮助孩子学会预测变化，并做出相应的调整，来适应全新的环境。

我们知道，变化肯定会带来难题，但许多难题是可以预料并做出准备的，为孩子能够处理可预料的变化做准备，是父母的一项职责；而培养孩子要习惯不可预料的变化，则是父母的另一项职责。当确定的东西变成不确定或不真实的，灵活和适应的技能就是孩子需要的。

遗憾的是，并不是所有的家长都能够意识到这一点。身为教师，如果我们能够认识到应对变化的重要性，再把这样的理念传递给家长，也是对孩子有益的选择。当然，更重要的是，我们要充分利用孩子在学校的时间和机会，帮助他们培养应变的能力。

就如我们前面所说，每一次活动都是教育的契机，每一个棘手的问题也是教育的契机。下面这篇教育案例是一个很好的诠释，孙秀林老师充分利用了活动中的难题，帮助孩子学习和应对不确定性，非常值得学习和借鉴。

如果你问我：学生最为期待的活动是什么？

那么，我可以告诉你，即将到来的秋季运动会肯定是一个。

这是开学以来，我接手的重组班级"凝晶班"迎来的第一次集体活动，也是一个增加班级凝聚力的绝佳契机。学校把运动会的时间定在了9月30日——"十一"放假的前一天。

根据学校的安排，这次运动会除了要根据各班在每个体育运动项目的积分评选优秀班级以外，入场式的展示也成为竞赛项目之一。我将学校的要求和规定讲给同学们听，并且分解任务，发布任务招募单。

所有同学都兴致勃勃，摩拳擦掌，运动能力比较强的同学抢先报名了自己擅长的项目，一些同学对竞赛项目没兴趣，也积极申报了各项任务。大家还共同讨论，在《奋斗目标》海报上写下了本次运动会的目标——团体总分第三名以上。

从9月10日起，整个班级都朝着同一个目标努力着，班级氛围积极而热烈。当然，同学们最为期待的就是班服的设计与制作了。这次运动会的入场式，我们打算统一穿由同学自己设计的班服，体现"凝晶班"独特的形象和气质。申报班服设计任务的是班里的几个小姑娘，她们经过多次商议，精心绘制，按时完成了班服设计任务。而我则把设计稿发给厂家，我们约定好会在 9 月 28 日前后送到。

一切活动准备就绪，参赛选手的训练也在如火如荼地进行。但令我万万没想到的是，等到 9 月 28 日的傍晚，我收到了来自厂家的这样一条消息："真的很抱歉，生产线上积攒的订单实在太多，您订制的衣服没办法在约定的时间做出来了，真是不好意思……"

这条信息犹如晴天霹雳一般直直地劈在我的心上，我顿时慌了神。入场式马上就要到了，一天的时间完全不够我们准备其他服装，那该怎么办？而且，这套班服是同学们期盼很久的，所有同学都心心念念地想着赶快见到实物，一展风采；原本厂家说可以按时送到，我就在学生面前做出了承诺，现在这种情况，我又该怎样和同学们解释呢？今年刚接手"凝晶班"这个重组班级，好不容易才赢得学生和家长的支持，却在开学还没一个月的时间里出现了这么大的纰漏，会不会让他们觉得我特别不靠谱呢？……

夜晚，我躺在床上辗转反侧，思绪蔓延，想要去解决问题，但情绪却总是干扰我的思考，因而越加悲观、绝望。直到凌晨 3 点，我还无法入睡。我只好放弃逼自己入睡的想法，打开了"樊登读书会"App，试着伴随读书的声音，慢慢进入梦乡。

我听的这本书的名字叫作《为何我的情绪总被他人左右》，作者是 20 世纪美国著名心理学家，"理性情绪行为疗法"之父——阿尔伯特·埃利斯。他在书中的观点疗愈了我，让我渐渐从悲观、绝望的情绪中解脱出来，也给了我解决问题的灵感。

是的，我可以使用"诱因 ABC 模型"（人的情绪和行为障碍不是由于某一激发事件直接所引起，而是由于经受这一事件的个体对它不正确的认知和评价所引起的信念，最后导致在特定情景下的情绪和行为后果，这就称为 ABC 理论），引导学生以不同的视角去看待这件事。厘清第二天微班会的思路，我写下了一份手稿，终于可以安心地睡着了。

第二天班会课上，我先是表扬了负责运动会展板制作的几名同学，面对不可控的大风天气，没有指责和抱怨，而是直接带上工具去修补。我说，希望大家今后在面对困难时也能采取这样的态度。随即，我的话锋一转，揭晓了班服的去向："昨天晚上我接到厂家的通知，由于他们厂最近的订单太多，我们的班服没有办法按时送到了。"

大家刚刚听到这个消息，顿时一片哗然。我静静地等待着，给同学们一些时间消化这个重大打击。等到议论声渐渐平息，我问道："现在，此时此刻，你们的心情和想法是什么样呢？"

气愤、惊讶、遗憾、疑问、伤心……不同的观点和想法在教室中流淌，我把它们一一记录在黑板上。有的同学气愤"无良"商家欺骗了我们，没有信守承诺；有的同学对发生了这样的事情感到万分惊讶，一时无法相信这是真的；还有的同学觉得不能穿着班服在全校面前展示"凝晶班"，真的很遗憾……

班级氛围随着大家的述说，低气压螺旋盘绕在教室上空。这时，L同学站起来，说：

"我觉得这件事也可以换个角度看，其实厂家肯定也是想按时把服装做出来的，毕竟他也是要挣钱的。但现在实在没办法送到，我们也要体谅厂家的难处。但他毕竟给我们班造成了困扰，我们可以申请维权呀！"

其他还沉浸在悲伤情绪中的同学听了他的发言，露出若有所思的神情。L同学的话就像一阵清风，吹开低气压螺旋的一角，有几丝光亮照进了教室。

这时，负责班服设计的小刘同学站了起来，眼圈红红的，带着哽咽的声音说道："其实我们完成班服设计稿的时间也有点晚了，我们应该抓紧点儿时间，提前弄好的……对不起！"说到这儿，她终于忍不住，失声痛哭起来。

我连忙走到她的身边，轻轻拍了拍她的肩膀，说："这不是你的责任呀，是我没有预估好时间，你们已经按照任务单上规定的时间完成了，不要自责。"

又有一名女生站起来，是我们班女生中的运动健将——赵同学。她的话转变了讨论的方向，也说到我真正想要告诉同学们的道理："我觉得大家都不要自责或是抱怨了，我们可以从这件事中吸取经验呀，下次留好充足的时间，就不会再出现这样的情况了。现在的重点是想一想，明天我们的入场式该怎么办。"

我接过她的话，说道："是呀，其实我们看看黑板上这些情绪和反应。我们面对的是同一件事，但每个人却有不同的想法。昨天晚上，我失眠睡不着，发愁班服的事情。但后来我想到，既然既定事实无法改变，面对生命中不可控的事件，不如通过调整我们态度的方式去重新看待这件事，一起找出解决问题的方法。"

最终，班会讨论的结果就像我在朋友圈中所撰写的一样美好："厂家失信，班服未到，入场式在明天。明明昨晚还在焦虑这一情况该如何处理，现在却感谢发生了这件事，让我有机会承袭师长的传统，与同学们一起展开人生对话，面对生命中的不可控因素。学生的表现出乎预料，淡然对待，想法善良，积极关注解决问题，也愿意反思、总结经验教训，甚至懂得该维护自己作为消费者的权益。他们的存在治愈了我。真希望接下来的日子，我们都可以这样一起面对生活中的一切，教育就该是这样吧！"

质疑精神：孙老师，你是不是贿赂了评委？

查斯特菲尔德勋爵说："科学精神是一种自由精神，是惟真理是从的精神。无论你所掌握科学知识的程度如何，你一定要有科学精神。敢于怀疑一切，否定一切，并大胆求证。"

现代社会提倡创新，而教育也提倡培养孩子的科学精神。然而，如何把真正的科学精神讲授给学生呢？是要专门拿出来做一个专题讲座吗？我们说过，过于刻意的教育，往往达不到好的效果。反倒是，在学科和活动中渗透有关科学精神的内容，更容易被学生接受。

科学精神强调，尊重而不迷信权威，追求而不独占真理。我们都知道，其意思就是，要有质疑精神和批判性思维。但如何把这种思想传递给学生呢？

当我们的物理老师在讲到"自由落体"的时候，可以顺带介绍一下伽利略：他在学习的过程中，表现出了独特的个性，且对任何事物都质疑问难。无论是学校的教学方法，还是教学内容，他都敢提出指责；对于哲学家们崇奉的"绝对真理"，他也想探明个中深意，甚至对古希腊哲学家亚里士多德的主张也提出质疑……借助一个知识点、一位物理学家，引出的是质疑精神，这样的教育方式，更容易被学生接受。

其实，在课堂之外，我们也有许多进行渗透教育的机会。

舞台上，L同学涨红了脸，声音高昂，甚至已至嘶哑。他的手臂激烈地比划着，试图用肢体动作加强自己观点的可信度；其他三名同学坐在座椅上，神情严肃、精神专注，认真倾听队友的发言，随时准备补充说明。舞台下，坐满了六年级的观众，他们密切关注舞台上的"战况"，为自己班同学的精彩发言欢呼、喝彩……这一幕，就是发生在北京四中璞瑅学校六年级组辩论赛上的情景。

两个班级，8名辩手，激烈地展开对决：六（2）班在资料查询及准备方面十分充分、完备，有资料"加持"，语言表达也显得更加流畅；六（1）班的L同学凭借缜密的思考，犀利的表达，始终抓住对方的逻辑漏洞不放，有理有据地组织语言进行辩驳。最终，六（1）班以一票优势险胜六（2）班，取得了辩论赛的胜利。

辩论赛结束后，我回到班里，准备继续上课。突然，有同学跑到我身边刻意压低声音，说："孙老师，我刚刚听（2）班的同学在传，咱们班赢是因为您贿赂了评委！"

这句话犹如晴天霹雳一般炸响在耳畔，我一时呆住了，不知该怎样消化这句话，甚至不知道该怎么回复？为人27载余，我自诩为人老实、正派，从不违反规则，更没有做过什么伤天害理的事情，"贿赂"二字从未出现在我的生命中。可如今我居然被学生质疑贿赂评委，靠不正当手段让自己班级取胜，我心中的委屈、愤怒油然而生。

但我知道，这些负面情绪对于解决问题毫无帮助，甚至会起到反作用。让我站到学生面前澄清自己，总觉得语言苍白无力，万一这些孩子认为我是在"找借口"或"掩饰罪行"，那就更糟糕了。可如果放任传言不管，万一越传越邪乎，导致事态扩大，影响肯定会更坏。

唉，好吧！这件事既然由辩论赛而起，索性我也以辩论的方式进行处理吧！

借助周五下午"品社"课程的契机，我决定临时调整教学内容，给学生们好好上一场品德教育课。刚一进教室，我就在黑板上写下了这句话："辩论赛中，孙老师是不是贿赂了评委？"下面则端端正正地写了两个词——"正方""反方"。

六（2）班的同学看到黑板上语句后，反应不大一样：多数同学面露不解，可能是尚未听到传言；也可能是了解事情经过，但不清楚我想做什么？也有些学生看到黑板上的话，开始躲避我的眼神。这些同学平常总是咋咋呼呼地进入教室，今天却始终不发一言。

上课铃响起，教室内焦灼的氛围稍稍降温。我清了清嗓子，说道："前两天，我听到一个传言，有同学怀疑孙老师在辩论赛上贿赂了评委，才让自己班取胜。你们知道这件事吗？"

"没有呀！""我没听说！""我不知道呀！"……这种局面我早已料到，在这种貌似要"秋后算账"的时刻，这些孩子要承认这事跟自己有关，那才不正常呢！

于是，我指着黑板上的话说道："不管大家之前是否知情，既然有人提出质疑，而我作为当事人，肯定要给大家一个说法。只是我不便为自己辩解，这样有找借口的嫌疑。既是辩论赛上出现的问题，那不妨还以辩论的形式解决。我究竟有没有贿赂评委这个问题，就是这次辩论赛的议题，你可以任意选择一方，我们一起来梳理论据。"

我在"正方"后面写下——"孙老师的确这么做了"；在"反方"后面写下——"孙老师没有这么做"，然后说道："你们任选一方，为自己的观点提供论据，进行辩论。"

六（2）班的同学听到我这么说，面面相觑，似乎没有想到，我居然会采用这样的方式处理问题。我冲他们微微一笑，说："别愣着了，也别觉得不好意思，可以大胆地说，就把它当成一次真正的辩论赛就行。"

过了一会儿，一个男生站起来。他是我原来的学生，算是"老朋友"了。

他说:"孙老师之前一直是我的班主任,我和孙老师相处了五年,她一直是个很正直的人。"

"谢谢你对我人品的肯定!"我转身将他的论据写在反方观点下方(一直很正直),接着解释道,"我组织这个辩论赛,不是为了找人证明我都清白。只有反方观点可不行,有没有选择正方观点的同学,说说你的理由?"

教室里沉默许久,无人举手,更没有任何人发出声音。我说:"那好吧!我来支持正方观点,我的第一条论据是:我作为六(1)班的班主任,虽然也教你们班,但从情感层面上,的确更亲近六(1)班。这是事实,无从争辩,这一条我写上了啊!"

我写完板书,继续号召六(2)班的同学选择立场,提供论据。我明显感觉到,当我说完第一条正方观点,同学们放松了一些,开始交换眼神,不少同学跃跃欲试,准备发表观点。

"我支持反方观点,耳听为虚,眼见为实,没有确凿证据的传言不可信。"

"我支持反方观点,孙老师和孟老师组织这场辩论赛是为了让我们学习辩论所搞的活动,得胜的一方没有奖状,也没奖品,其实犯不上冒这么大风险去贿赂评委取胜。"

……

这么听下来,还是反方观点为主导,正方的声音迟迟没有出现。

这时候,一个女生站起来,说:"我支持正方观点,孙老师心里肯定希望自己的班能赢。"

"说得没错!"我对着这个勇敢的女生笑了笑,说,"也要肯定你,能真实、勇敢地表达自己内心的想法。我还可以再给正方补充两个论据:第一,辩论赛中的评委李老师是我的朋友,辩论赛期间,她曾经走向我和我说过话;第二,当时选票是由评委老师进行的唱票,没有直接展示在同学们面前。"

我把一叠选票放在讲台桌上,接着说:"当然,我今天把它们带来了,下课后你们可以来自行查看。"我将正反双方的观点与论据在板书上整理好,指着它们说:"好了,现在双方的观点已经明确,立论环节到此结束。接下来,我们针对对方的观点和论据,找出其中的漏洞进行攻击。攻辩环节开始,请大家继续自由发言！"

这群喜欢辩论的同学们来了兴致，纷纷起立进行辩驳。教室从喧闹走向寂静，见同学们已经争论得差不多了，我走到教室中间，真诚地看着同学们的眼睛，说："今天的辩论就到此结束，和所有辩论赛的辩题一样，观点没有对错之分，全看你自己相信或支持哪一个。至于我究竟有没有贿赂评委，我可以告诉大家的是，我问心无愧。至于你们，信则有，不信则无，但我希望，至少你支持的观点不是你猜测出来的，而是有真实的证据去证明。"

许多学生听到我这么说，露出了若有所思的神情，也有些孩子频频点头，像是在认同我的说法。我接着说："如果我们把视角跳出这件事，我还希望你们知道，现在我们生活在一个信息大爆炸的时代，每天都会有许多真真假假、虚虚实实的信息推送到你的手机上，传到你的耳朵里。我希望大家不要轻信，要有质疑的精神，去自己寻找证据，去认识真实的世界。好了，大家下课吧！"

这件事已经过去很久，写下这个成长故事时，被学生质疑、挑战时的委屈心情已全然消失，想起来的全是自己进行"危机公关"的"英明睿智"。这件事，既是学生给我带来的挑战，也成为我培养学生独立思考意识与批判性思维的教育资源。这也让我进一步坚信，问题和错误是成长的契机。对学生来说是这样，于我而言，亦是如此。

教育无时不在，教育无处不在，活动就是最好的教育契机。教师要学会因势利导，融教育于日常的生活与学习中，把每一个出现的问题当成教育的切入口。我相信，只要抓住每一次教育契机，发挥自身最大的教学机制，这样的教育远比说教更有价值和意义。

承担后果：让孩子直面真实的世界

在开始这个话题之前，我想先分享一篇孙秀林老师的教育案例：

在教育学生时，我经常会感觉自己作为教师的无能为力。在面对学生出现的一些问题时，我们究竟可以使用什么样的方法去处理？左思右想，能使用的似乎只有一张嘴：分析事件的是非曲直，向学生揭示背后的道理。对于明理懂事的学生而言，这样解决足以；可对于性格、行为习惯存在问题的学生，我们的语言常常苍白无力。

Z同学性格敏感、执拗，常常因为琐事与其他同学发生矛盾。一二年级时，这种矛盾多为口角、争吵，随着年龄的增大、身体的成长，开始演变为打架。与家长沟通过后，并未起到什么作用。同时，我也从家长口中了解到：Z同学在家也会因小事向家人撒气，曾经因为发脾气捶打过弟弟、妈妈。

Z同学为什么一而再、再而三地出现因小事发脾气、打人的行为呢？究竟该如何让他真正认识自己的错误，从错误中反思经验、教训呢？积极养育的理念给了我一些灵感：在Z的眼中，这样解决问题的方法是有效的、舒适的，但他没有考虑过自己的行为会带来什么样的后果，且学校、家庭也并未让他承担无法接受的后果。这导致Z养成了一种行为惯性，若不能让他真正认识到自己言行带来的后果，他会继续以这样的方式去宣泄自己的情绪。

我决定让Z同学直面真实的世界，承担这件事所带来的后果，给他以最直观的冲击。我将其他同学对于Z同学行为的感想写在了纸上，让他逐一与这些同学对话，认真地接收这件事带来的后果究竟是什么？刚开始Z同学还是嘻嘻哈哈，觉得有趣，但越听，他的心情就越沉重。最后在分享感受时，他落下泪来，深刻反思了自己的行为。

真实的世界是存在因果关系的，与其让学生走入社会时受伤，不如教师在学校时就把握好标准。真实的教育就是要让孩子亲身经历这些事情，了解自己给周围环境带来的影响，敬畏规则，控制自己的言行，做个得体的人。

相比说教和惩罚，让孩子承担后果是一种更加有效的教育方法，透过孙秀林老师的案例分享，我相信大家也感受到了。我在这里，想要补充说明的是，我们要让孩子承担的、令他真正能够吃一堑长一智的后果，到底是什么？如何能够正确提升孩子的责任感？

为什么要强调这一点？因为在现实中，确有一些家长和老师，错把"惩罚"当成了"后果"。比如：有的孩子做事比较拖拉，写作业慢，家长就给孩子规定时间，没有完成的话，就把作业"没收"，这种方式叫"惩罚"，不叫"承担后果"。如果换一种情况：孩子爱睡懒觉，给他买一个闹铃，自己设置时间，闹铃响了迟迟不起床，最后睡过头迟到，他就不能责怪家长说"为什么不叫我"，而是要自己向老师解释，这才是真正的"承担后果"。

孩子是在体验中长大的，不是在说教中长大的。惩罚只能暂时让孩子的不良行为被制止，但孩子的内心却会发生一系列的反应，可能会产生愤怒、叛逆、报复的心理，也可能会在日后变得退缩、自卑。王宗（Anita）老师在"社会情感学习"培训中多次提到，人的学习活动分为"非社会性学习"与"社会性学习"两种，前者指的就是算术、认字、绘画、弹琴等，而后者学习的核心是和他人构成什么关系，以及如何通过互动来调整关系。我们在教育和引导孩子的时候，特别要注意后面的这一点，也就是说，可以让孩子承担后果，但前提是不能破坏彼此之间的关系——亲子关系、师生关系，一旦破坏了关系，那就成了"惩罚"。

很多老师都读过《正面管教》这本书，里面提到了两个后果：自然后果与逻辑后果。

所谓"自然后果"，就是自然而然地发生的任何事，没有成人的干预，比如：站在雨中，身上会被淋湿；不吃东西，肚子会饿；冬天忘记穿棉服，会感到冷或感冒……这些都是自然后果，而孩子也可以从自然后果的体验中学到东西、收获成长。

但请注意，当孩子体验到了自然后果时，家长和老师切忌说教，比如这样的声音："我早就告诉过你""谁让你不听话""你就是自找的"……要知道，孩子犯了错误后，本身就会感到内疚或难受，再听到这样的责备与羞辱，会让他们停止体验的过程，而把注意力转移到承受和抵抗责备、羞辱、痛苦之上。我们该做的是给予孩子共情和理解，比如："我知道，饿肚子（被淋雨、感冒）的滋味是很难受的。"

《正面管教》里强调，虽然自然后果通常可以帮助孩子培养责任感，但在三种情况下不宜使用：第一，孩子处于危险中，如在大街上嬉戏打闹；第二，自然后果会影响到其他人的权利，如向别人扔石子；第三，孩子行为的结果，在孩子看来不是什么问题时，自然后果不会有效，如不洗澡、不写作业、吃太多垃圾食物等。

自然后果是没有成人介入的，自然而然发生的后果，逻辑后果与之最大的区别在于，它要求有成人的介入，决定哪种后果能够为孩子创造有益的学习体验，鼓励孩子选择负责任的合作。那么，如何保证我们采用的方法是逻辑后果，而不是惩罚呢？

《正面管教》里介绍了"逻辑后果的 4R 原则"，它可以作为一个甄别的准则：

• 1. 相关（Related）

相关，指的是后果要与自身的行为相关。如果说孩子没能完成作业，是因为到了规定的时间，妈妈把作业"没收"了，这样的话，孩子学到的不是"我做事太过拖拉，耽误了很多时间，没能完成作业"，而是"我没有在规定时间内完成，妈妈就会惩罚我，把我的作业'没收'。"想象一下，两者的感受有大区别？

• 2. 尊重（Respectful）

《正面管教》里有两个关键词——和善与坚定。也就是说，当孩子犯了错误时，不要用羞辱和指责的方式去管教，你的态度可以是温和的，让孩子感到受尊重与理解，但你的立场是坚定的，他要为自己的行为承担后果和责任。

• 3. 合理（Reasonable）

那么，要孩子承担什么样的后果和责任呢？一定得是合理的。比如，告诉孩子出去玩要早点回家吃饭，结果他回来晚了。这时候，不妨告诉他："抱歉，你错过了晚饭的时间，如果你现在觉得饿，就需要自己去厨房弄点儿吃的，想想你能做什么？"

• 4. 预先告知（Revealed in advance）

预先让孩子知道，如何选择了某一种行为，会有什么样的后果？比如，写作业的时间安排、收拾整理房间都可以提前跟孩子商议，达成一致。这样的话，孩子会感觉到，他（她）是在为自己负责。

总之，孩子正处于成长的过程中，我们不能期待他们像成年人一样去思考，但如果孩子总在重复做一些"明知道不能做"或"明知道不对"的事情，那就要让他们学会承担事情带来的后果。只是作为教师，我们在执行这一引导教育的过程中，务必讲究方式方法，切忌破坏师生关系，把承担后果与惩罚相混淆。

尊重生命：面对车祸视频发笑的孩子

下面的教育案例，是发生在北京四中璞瑅学校里的一段真实情景：

进行完消防演习，孩子们开始听安全知识讲座。当时，讲课的老师播放了 2 个车祸瞬间的小视频，是特别惨烈的那种，人都被撞飞出去了。我们成年人在成长过程中，或多或少经受过一些疼痛，当我们目睹重大事故的瞬间，都会对伤者的痛苦感同身受，它可以算作是人的同理心。

美国心理学家铁钦纳认为：同理心源自身体上模仿他人的痛苦，从而引发相同的痛苦感受。但孩子们被家长们保护得很好，很少感受到疼痛，对生命也没有什么概念。所以，当他们看到惨烈的车祸景象时，我们班孩子大部分在兴奋地尖叫，甚至有一个小男孩笑出声来，只有极个别的孩子蜷在座位上，觉得这个场景很可怕。

我从这件事中认识到，孩子们被影视剧、动画片中的情节误导得很严重，他们并不清楚现实中人被车撞到会疼，会受伤，会流血，甚至会死。他们以为车祸视频里的人也会像灰太狼一样，无论被弹飞多少次还是会在下一集活蹦乱跳的出现。

我能理解他们的表现，但我没办法接受自己的孩子成为一个对生命冷漠的人。所以，回到班里，我先是向孩子们表明了我的态度。又在班会课时，开展了名为"尊重生命"的主题班会活动，向孩子们展示了母亲的怀孕、生产的过程，让他们明白生命来之不易。

同时，我又借助 2008 年的"5·12"大地震事件，让孩子感受生命的脆弱，以及人们为了挽救生命所付出的努力。在最后观看"5·12"地震纪录片时，好多孩子流下了眼泪。

这件事让我明白了，当看到孩子某些让人不喜欢的行为时，我们先别急着发火，批评他们。可能只是因为他们没有感受过，才没有和我们一样的体会。

可能孩子们还不能完全理解什么是生命，但他们一定知道，在别人承受痛苦时，自己该做什么，不该做什么了。

我们要相信孩子是善良的，需要我们带着他们去感受和体会未知的世界。当我们触及孩子们幼小的心灵，他们的真情就会自然而然地流露出来。

看完这篇分享，此时此刻，你的心情和感受是什么？

我想到了教育家蒙特梭利说过的一句话："只有正确认识了死亡，才能更好地理解生命的意义，更加尊重生命，热爱生活。"教育的本质，说到底就是生命教育，培养完整的人，尊重生命，尊重个体。死亡教育，是生命教育不可或缺的组成部分，但它一直以来都是中国人讳莫如深的话题，也是家庭教育和学校教育的一大软肋。

既有欠缺，就须弥补。事实上，在日常的教育教学乃至生活中，我们有很多机会来向孩子阐述生命的价值和意义，教会他们如何尊重生命、敬畏生命。

王宗（Anita）老师在给教师的培训中，介绍过一个名为"诺亚方舟"的游戏，其目的是让孩子们明白自己的生命价值观，学会珍惜和热爱生命。

这个游戏的指导语是这样的："现在，有一艘小游艇即将沉没，船上载着八位客人：年轻有为的市长、了不起的奥运会冠军、受人喜爱的偶像女神、叱咤风云的股市大亨、怀着宝宝的准妈妈、一个 4 岁的小孩、一位百万富翁、求生专家。救生艇只有四个座位，作为船长，你需要作出艰难的决定，让哪四位客人先上游艇？"

其实，孩子们所选择的四位客人，折射出的就是他们的价值取向，同时也折射出了他们在日常生活中受到的无意识的价值引导。如果家长旁观孩子玩这个游戏的话，也是一次很好的反思家庭教育的机会。

2020 年爆发的新冠疫情，也是一次对孩子进行生命教育的契机：疫情打破了我们原来正常有序的生活，让亲人们在春节无法欢聚，企业无法正常开工，学校无法按时开学。在应对疫情的过程中，有的人冒着生命危险逆行而上，奔赴抗疫的一线；也有人蛮横无理，不配合检查；还有人隐瞒病情，传染给他人……这些都是人性的呈现，而我们也可以让孩子透过真实的现象，认识到何谓责任、担当、勇敢、合作，同时也认识到何谓自私、自利、罔顾他人的生命安全与辛苦付出，以及不尊重规则给自身、给他人、给社会造成的危害。

教育，不能停留在狭义的层面，而是应实现全人教育。生命教育的核心目标，是通过生命管理，让每个人都可以成为自己，点燃人性的善与爱，并最终实现自身的生命价值，对社会和他人有所贡献。可以说，生命教育是一切教育的前提，也是教育的最高追求。

最后，让我们共享一段颇有深意的教育启示："生命教育不仅只是教会青少年珍爱生命，更要启发青少年完整理解生命的意义，积极创造生命的价值；生命教育不仅只是告诉青少年关注自身生命，更要帮助青少年关注、尊重、热爱他人的生命；生命教育不仅只是惠泽人类的教育，还应该让青少年明白让生命的其他物种和谐地同在一片蓝天下；生命教育不仅只是关心今日生命之享用，还应该关怀明日生命之发展。"

📖 课后思考

课题 1：

一天上午，英语老师怒气冲冲地找到班主任李老师，告诉她班中有几个男生在微信群中骂她。此前，班中几个男同学建了一个没有家长、没有老师的微信聊天群，常常在群中讨论手机游戏的问题。前一天，英语老师因课时问题占用了信息技术课，几个男同学因为不能上自己喜欢的课程，对此十分不满，于是在微信群中抱怨了英语老师。

如果你是班主任，会怎样处理上述问题？在这个过程中，可以渗透哪些教育内容？

课题 2：

一次春游，班主任李老师观察到班里的小崔同学带了 150 元，这对四年级的同学来说可是一笔巨款。到了自由活动时间，小崔在公园的商店和小贩手里买了一堆零食、装饰品，手里拿不下，就随手送给了其他同学，150 元钱很快就花光了。回到家后，妈妈见他把钱花光了，十分生气，要求他把送人的东西要回来。小崔担心同学说他小气，把情况告诉了班主任，寻求帮助。

　　如果你是班主任，你会如何帮助小崔同学？又会借助这一事件，给学生渗透哪些教育内容？

Part/07　共情：叛逆萌动不是错，只是青春的印痕

花开应有时，走进青春期教育

青春期，一个特殊而又关键的时期，是孩子成长蜕变的转折点。

每个孩子都有独特的成长背景和童年经历，在青春期到来之际，不可避免要面对和解决童年冲突，树立个人意识，祈求脱离父母走向独立，形成自己的一套价值观。正因为此，青春期是个性化的，也是特殊的。

青春期是人生的关键期，因为上述的一系列过程是一次重组，孩子在这个期间会更新认知，逐渐学习从孩童的角色过渡到成人角色，整个重组过程会持续到成年，涉及学习全新的社会角色、家庭角色，为日后人生的思维模式、情感模式、行为模式奠定基础。

正因为青春期特殊，且是人生的关键转折，因而我们的教育和引导显得更加重要。孩子开始有独立的意识，却还尚未具备完全独立的能力，老师和家长的作用，即是帮助他们完成分化，成长为一个有自我意识和自我意志的、成熟的独立个体。

任务和责任是艰巨的，实践的道路也是一波三折的。无论是家长还是老师，在面对青春期的孩子时，总少不了有"束手无策"的瞬间。他们会呈现出各种各样的状况，过往的那些教育方式开始渐渐失效，甚至连沟通都变得艰难，你告诉他不该怎么做，他却偏偏要那样做；你担心他会走弯路，他却嫌你灌输太多，不肯给他空间和自由。

要走近青春期的孩子，走进他们的内心，就要了解青春期的特点。这个

时期的孩子，正处于探索自我、发现自我的阶段，我们不能以成年人的视角去帮他们做决定，用自己的经验代替孩子的经验。我们需要做的，是以自己的人生经验为基础，帮助他们规避那些不安全的因素，规避危及生命安全的选择，让他们在安全的条件下，去探索人生更多的可能性，探索他在人生的过程中，成为一个什么样的人，要做什么样的事？

现在的孩子生活在一个信息化的时代，他们每天接收的信息复杂而繁多，甚至在某些方面，他们的认知已经远远超过了我们的认知。然而，有认知并不意味着真的懂了，也不代表可以正确地理解和使用。这就好比，在给孩子讲述一些道理时，他们会说："我听过""我知道"，可是他们真的懂了吗？

有句话说得好："不曾经历，怎会懂得？"我教过的不少学生，如今碰面总是感慨："老师，您说当年我怎么就不明白，我真的是在给自己学习呢？"很多道理，是需要时间和经历的冲刷，才能澄清出真相的，所以很多孩子貌似是懂了道理，实则并未真的理解和明白。

我们一直强调，说教的效用是有限的，它所能传递的能量不及亲身体验的 5%。所以，在允许的条件下，我们应当让孩子自己去体验一件事情对自己意味着什么，否则，很多东西只是停留在知道的层面，并不能真正地在心里扎根。

那么，如何做好青春期教育呢？我想，还要回归到一个根本的问题：关系！任何教育都要从关系入手，这是教育之道。如果没有关系作为支撑，任何教育方法都无法发挥出应有的效用。就青春期教育的问题，我总结了三个关键点：

第一、心理力量＞实际能力

当孩子遇到困难的时候，很多家长和老师会把关注点放在如何解决问题上，却忽略了要不要解决孩子心理力量的问题？其实，每个孩子都是有潜力的，关键在于我们有没有给予他们足够的心理支持，让他们以良好的心态和状态去应对问题？

第二、融洽关系＞一切问题

有句话说："因为有关系，所以没关系；因为没关系，所以有关系。"仔细回味，会发现这句话里饱含着理解、尊重、包容和爱。如果和孩子的关系构建得很好，那么无论发生什么样的问题，都不会成为问题。当孩子感受到了那份尊重和理解，即便有一些矛盾和争吵，这份爱会成为解决问题的纽带。如果彼此之间的关系很糟糕，那么一点儿小事都变得有关系，甚至引发一场激烈的"战争"。所以，关系决定了孩子的心理力量，也决定了问题能否解决，只要关系没有问题，那么问题也不再是问题。

第三、真实体验＞反复说教

大家可能都感受到了，现在各行各业都在进行着"体验式营销"，没有导购反复向我们强调产品多么好，一切都靠自己去感受，这种体验式消费让我们感到更舒服。其实，这个道理同样适用于青春期教育。

对于青春期的孩子，反复讲述大道理，对其进行说教，并无法让他真正接受你所传达的信息，只有他们切身体验过，那才是属于他们自己的东西。也就是说，在安全的条件下，应当多给孩子游戏式体验，让他们有更多的机会去探索。

上述这几点，是我个人的一点心得体会。说到底，青春期教育的核心在于理解和共情，没有太多所谓可操作的落地技术，因为我们说过，关系大于一切。理解与共情是构建关系的要点，也是以道驭术的关键。身为老师或家长，不是指点着孩子走过青春期，而应是陪他们一起走过青春期，两者的角色不一样的，状态和结果自然也是大相径庭。

北京四中璞瑅学校执行校长徐加胜博士，曾就青春期的问题做过一个系列专题讲座，名为"青春三论"，我觉得内容非常精彩。我对讲座的内容进行了简单的整理，在后面的章节里跟大家做一个分享。与此同时，对于如何处理青春期的问题，我在最后的三个小节中，选取了北京四中璞瑅学校孙秀林老师的两个有关青春期教育的典型案例。其中的某些情节，可能会让不少教育同仁感觉似曾相识。当然，我也相信，不同的老师会有不同的处理智慧，但万变不离其宗，透过这三个案例，也是想传递出"理解"与"共情"是处理问题的基调。

希望以下的这些内容，能够给各位教育同仁提供一些有益的帮助。

青春三论：青春、爱情、亲子

无论在家庭教育中还是学校教育中，孩子的青春期都是教育问题集中爆发的时期，也是教育真正产生价值和意义的时期。正因为此，我认为很有必要讲一讲青春期中最重要的三个问题：第一，如何引导孩子珍惜青春，把握青春？第二，如何处理孩子青春期时的情感萌动？第三，如何面对孩子所谓的"逆反"，构建和谐的亲子关系？我将其称之为"青春三论"。

· 青春三论之——青春

青春的魅力，经历过青春的人，才更有感触。所以，在谈及青春美好的时候，师长的教育尤为关键。青春的美好与力量在哪儿呢？这需要我们反思，只有我们感知清楚了，才能把这种感知传递给孩子，单纯的说教是没有意义的。

关于青春的美好在什么地方，我想谈一点我个人的看法：

第一，青春，意味着蓬勃的生机。

从字源上说，"青"的意思是生命的颜色，就像小草刚从土里钻出来的那种颜色；"春"是指春天，是一份独特的时光。青春，就意味着蓬勃的生机。青春期阶段的孩子很敏感，求知欲、记忆力、专注力都是令人震撼的，尽管作为师长的我们在知识储备和思维水平上有明显的优势，但在这些方面却远不及孩子。面对这美好的青春，我们要让孩子珍惜青春，爱护身体，珍惜敏感而强大的求知能力。

第二，青春具备一种希望，一种无限的可能。

我曾经问过很多相对成功的人士：你是不是愿意放弃现在的一切，回到你年轻的时代？几乎所有人都愿意回到过去，并不是他们不满意眼前的生活，而是他们更在乎生命能够拥有一种新的可能性。可惜，谁也无法回到过去。

生命可能性的大小，也是人与动物的一个重要区别。很多动物出生后不久，就可以行走，因为生命赋予了它们一种强大的本能。然而，人刚出生时是很脆弱的，需要依赖母体，有很长的幼年期，但这种脆弱的背后，却是人类的无限可能性。

1000 只梅花鹿，它的生命状态可能是一样，是趋同的，因为本能决定了这一切。但 1000 个人，可能会呈现出 1000 条完全不同的生命轨迹。每个生命都可能会呈现出我们难以想象的一些独特的色彩，这是人类的独特之处。

这是我所理解的青春的美好，我希望把它告诉孩子们，让每个年轻的孩子都能够珍惜青春，珍惜他们最美好的年华，在最美好的年华里，去遇见最美好的自己！更何况，珍惜青春，还不仅仅是关乎一个人的命运与前程，更关乎一个家庭，一个族群乃至一个国家的命运

当孩子们可以试着明白青春的珍贵，并愿意珍惜青春时，新的问题随之而来：怎样做才是珍惜青春、善待青春呢？我认为，答案可以用两个字来概括——方向。

教育，原本就是一种方向，它就是引导一个生命，去走向一个独特的方向。处于青春期的孩子，有着蓬勃的生命力，其精神和肉体的发育速度很快，一旦跑偏，即使一个小小的念头，也可能就是一念天堂，一念地狱。所以说，方向对于他们的影响是很大的，方向正确的启蒙教育，是一个了不起的功德。

所谓方向，其实就是志向：志者，心之所向也。

少年的心思是狂野而多元的，我们无法也不应绝对控制，而是要去引导。我们需要在尊重孩子天性的基础上，注意两个维度：一是格局要大，二是气象要正。

格局要大，意味着一个人不能只活在自己的世界里面，你的存在不仅仅只对自己有意义，你还要对别人有意义。说通俗些，孩子不能成为一个狭隘的、没心没肺的、冷漠的人。格局要大，还意味着不能把自己仅仅当成一个延续生存的肉体，还得拥有一个属于自己的精神世界，关注精神层面是否丰盈，是否充实，是否在追求一种美。

格局大的对立面是格局小，而气象正的对立面是气象不正。一个人，在正确与错误之间，不能跑向错误；在善良与邪恶之间，不能跑向邪恶，这就是"正"。在不坏的基础之上，再去追求高远、雅致，而不是庸俗。

要用什么方式，才能够让孩子拥有一个大的格局和一种正的气象呢？

网络上流行一句话："在你的生命里面，有你读过的书，有你走过的路，

还有你爱过的人。"其实，引导孩子的路径也无非这几个维度：读什么样的书；走多远的路，看多少地方，有多少思考；再者就是与什么样的人相伴，其身边的人呈现出一种怎样的生命状态。

关于读书——中华传统的启蒙读物是很好的选择，因为典籍的核心就是在给你一种价值判断，让你坚守人生的方向。另外，历史书籍和名人传记也值得阅读。价值观和人生品质是相对无形的，但历史中的英雄和传记中的人物是鲜活的。孩子可以在书中与他们相遇并从中体会到一些高贵的东西，而这些价值判断也恰恰是在其他的典籍中早已了解过的，这样一份碰撞会激发孩子强烈的情感震撼，从而树立自己的人生方向。

关于行走——在中国文人的世界里，走路与读书始终是二合一的，即"读万卷书、行万里路"。我们行走的目的有两个：其一，看前人所留下痕迹那些地方，在那时那地，去感受那样一种不一样的人文气息；其二，看鬼斧神工的景观。在行走当中，感知到历史的厚重、深沉，感知到那种造物主所赋予的那种特别、极致的美。当孩子们能够在大自然当中，感知到一种能够渗入到他生命和内心深处那种美的时候，他们也很难成为坏人。所以，我们要带孩子走到那些具有大自然的幸福和带有时空感的深沉的地方去，那是一种浸润和熏染。

关于陪伴在孩子身边的人——很多家长努力为孩子择校，也是可以理解的，对孩子来说，同学和老师的生命状态对于他们的成长有着非常大的影响。但话说回来，对孩子影响最大的还是父母。如果父母陷入了世俗的柴米油盐酱醋茶而不能自拔，孩子就很难有大的格局。

当然，谁也不能够脱离世俗，但我们能否在某些时候从世俗里面脱身，呈现出一种不一样的生命境界？这个境界不是表演，而是一种生命姿态，是一种教育资源，它会很自然地让孩子拥有一个不一样的生命气质。你要求孩子格局大，气象正，作为父母你就要拥有大格局，和正气象，以人育人，用品德来培育孩子的品德，以情操来陶冶孩子的情操。家庭教育是一个孩子的生命底色，一个孩子的格局和气象，严格意义上讲最终是由家庭来决定的。

总之，我们需要用读书、用行走、用生命状态去引领年轻的孩子，让他们珍惜青春，把所有青春的精力放在这种求知上，放在这种责任的担当上，放在对美好事物的追求上，这就是一种大的格局和正的气象。大的格局和正的气象并不意味着他们现在就拥有了多少具体的知识，就拥有了什么样的能力，这些都不重要。重要的是，来日方长，你几乎可以预知这个孩子会前途远大，因为你能看到他明确的人生方向和迅猛的发展速度，假以时日，必成大器。

· 青春三论之——爱情

孩子很小的时候，老师或者家长说的话，很容易被他们接受。可当孩子慢慢长大，进入青春期，拥有一个独立意识的时候，两代人的差异就开始凸显了，而两种思想的融合也开始面临碰撞的过程。这是一件很正常的事，任何生命无论其强弱，都会追求自己的存在感；没有一个生命，有资格能力完全压抑另外一个生命。

孩子进入青春期后，最明显的一个表现就是开始在乎自己的形象了，男孩女孩都如此。不管他们现阶段的审美水平如何，至少他们开始追求美了。这不仅仅是自我意识的呈现，其背后还有一个性别意识的问题。随着性别意识的觉醒，孩子们可能会产生一些让家长和老师为之色变的一种状况，即所谓的"早恋"。

其实，早恋这种说法本身并不合理，这是情感的一种自然萌动。情感本身不存在早晚的问题，来了就是来了，去面对就好。可恰恰是这个问题，给家长与老师造成了很多困扰，因为他们不知道该怎么去表态？

其实，出现了不懂的问题不可怕，思考和学习会帮助我们解决问题，可怕的是不假思索、依靠惯性武断地下结论，并施加干预。以所谓的"早恋"来说，将其视为洪水猛兽，否定镇压，非但解决不了问题，还可能让情况变得更糟。我希望，家长和老师在面对问题时，一定要保持思考问题的能力。

我们可以思考自己当年的情形，有没有这样的情感萌动？有没有特别臭美的时候？回顾自己的人生经历时，有助于我们解决教育中的很多问题，至少会更容易与孩子产生共情。当我们真的能够沉下心来去思考的时候，我们会发现，面对孩子在青春期中的种种问题，我们最真实的反应应该是开心：孩子长大了，他们作为独立的生命个体，需要发出属于自己的声音，他们已经开始有了自己的主见。这也就意味着，我们应该慢慢地学会得体地退出。

我们终究是要撤离的，孩子不能永远生活在师长的遮蔽之下，他们的生命意志需要得到发展。作为父母，我们不能压制他正常的意志发展，青春期如同孩子的第二次出生，这也是更重要的出生，因为他们的精神出生了。

然而，这不代表他们完全不需要我们的指导，他们的独立与我们的引导是他们成长过程中的双翼。我们需要讲讲自己这一代人对世界、对爱情的看法，但这里有一个前提，就是自己先要通过学习和了解具备正确的看法。很多父母向孩子传递的不是看法，而是一种焦虑的情绪，以一种口不择言的方式。

关于爱情，我们该和孩子们交流哪些内容呢？

第一，性别意识的审美。

爱情是一种追求美好的生命体验，既是追求美好，就得知道什么是美？这和艺术如出一辙，在创作美之前，我们应该有一个美的标准，到底什么是美？然后，再按照标准去创作。

爱情也是一个道理，你追求异性，喜欢跟对方在一起，但你得知道，他（她）到底哪个地方吸引你？为什么这种特质会吸引你？有的爱情可能是喜欢上了一个人，然后意识到了原因；有的爱情是按照自己心中预设的审美标准找到了一个很合适的人……但无论哪种爱情，其背后都会有一个或显性或隐藏的审美标准，没有审美作为支撑的爱情是很难想象的。

那么，如何帮助孩子们逐渐形成在性别角色以及情感方面的审美呢？

首先，不要回避这方面的话题，因为回避本身就是问题。孩子慢慢长大，开始面临新的人生问题，我们的教育也要与时俱进，不能刻舟求剑。我们得知道，孩子会面临哪些问题，然后去思考这些问题，把这些问题常态化。很多时候，不谈却又不得不面对，往往就会引发一些特别扭曲的问题。

我们都知道，审美的背后，其实是一个价值判断。不同的人会有不同的价值判断，而且价值判断的背后往往会带有时代的特征，以及地域或种族的痕迹。所以，跟孩子们讨论这些问题的时候，还得注意方式方法。

　　我个人的意见是，清晰坦荡地谈出自己的观点，说出自己的标准；同时也要尊重孩子，倾听他们的想法，尊重他们的审美选择。每代人都有自己的标准，我们不能把自己的标准作为唯一的标准，因为教育的任务是让孩子们能够形成自己的生命意志，茁壮成长。在讨论的过程中，师长不能自以为是，要俯下身子跟孩子沟通，倾听孩子的意见。

　　在沟通过程中，彼此影响，彼此尊重，彼此包容，甚至作为长辈的我们要包容更多，不超过底线就好。很多时候，孩子反对你的原因并不是你不对，而是你太强势，将自己的观点当成最终结论。当我们能够做到充分尊重孩子，孩子们也可以自由选择的时候，他们就会与我们产生共鸣。

　　第二，爱情的模式。

　　谈完了性别意识的审美，接下来我想谈谈爱情这一内容。关于爱情的一些想法，我更多是通过旁观者的身份来观察、分析总结的，尤其是通过阅读看到更大时空中的爱情，我推荐大家看看《平凡的世界》，这本书也是学生的必读书目之一。在这本书里，呈现了很多种爱情的模式。

　　相知型的爱情——这种爱情很浪漫，爱的双方彼此很了解，堪称知音。双方并不见得有很长时间的相处经历，但就是彼此觉得很熟悉。人一生当中能够经历这样一场爱情，是刻骨铭心的痛，或许也是刻骨铭心的幸福。但这是一种机缘，不是每个人一生当中都能碰得到的，但我们必须承认，这是爱情的一种。

　　就像《平凡的世界》里面，金波和藏族女孩的爱情。他当兵的军营附近一个牧羊的姑娘在那儿唱歌，用藏语，他听不懂，但他听得懂那首歌的旋律：《在那个遥远的地方》，他觉得歌声特别美，他很喜欢。那女孩用藏语唱完后，他就用汉语再唱一遍，两个人形成了默契。最后，金波离开了部队，再也没见过那个藏族姑娘了，但他一直保留着姑娘送他的搪瓷缸。

　　欣赏或崇拜型爱情——这种爱情建立在性别审美的基础上，就是对方身上有一个优点特别吸引你，比如：一个女孩喜欢一个男孩，觉得他特别有担当和责任感，这种欣赏到了极致甚至可以演变成崇拜。这也是一种爱情，一种很炽热的爱情，对方身上的某种优点对于自己有着致命的吸引，比如才华、品质，甚至是样貌，都是合理且正常的。只不过，我们不能把外貌看得过重。

温情型爱情——双方在一起，不一定很相知、很崇拜，就是平平淡淡的、很温暖、很安全，彼此会因为对方的付出而感到温暖。虽然只是平淡的相守与陪伴，但就是这样的平淡，因为岁月的累积，发酵成最浓烈香醇的酒，一口入喉，火辣而又绵长。不是所有人都有机会碰到那样一种真正意义的情投意合，可遇而不可求，我们渴望那种感情，但同样需要去理解、尊重、敬畏这样一种平淡而绵长的温情。

爱情是一种主观的情感体验，每个人都有自己的感受和理解，我的概括远远无法穷尽爱情的种类。当然，我不想，也认为没有必要去穷尽爱情的种类，因为与孩子们交流的目的不是为了系统地总结爱情，也不是去指导他们如何开始自己的爱情，而是想传递给他们一种观点：爱情是一件很美的事，是一种对美的理解和追求。我们要尊重爱情，也要珍惜自己。

对于一些年轻人的情感萌动，我一直是很包容甚至是祝福的，因为我知道那再正常不过，而且是一件美好的事。希望孩子们简简单单地去体会它，然后随着年龄阅历的增加，慢慢地找到那个心仪的人，然后能够幸福地过一生。

第三，东西方在爱情与婚姻方面的差异。

我还想跟孩子们交流的，是东西方对于爱情和婚姻理解的微妙差异。现在是一个开放的世界，思想也比较多元，不同思想之间的碰撞也会比较常见，比如：父母是比较传统而东方的，子女是比较现代而西化的，碰撞是不可避免的。

碰撞并不可怕，可怕的是碰撞双方对对方都不了解，甚至对自己的观念和立场都不是特别的清晰。这样的碰撞很难发展为有逻辑的讨论，却很容易发展成为没有逻辑的攻击与发泄。为了避免这样的事情发生，我们需要在讨论开始之前去思考自己和对方立场的真正内涵。如此，便可以加深理解，求同存异，和平共处，其乐融融。

所有的爱情，都要讲两性的吸引，这是共性。但在东方的爱情里面，个人的爱情，往往会受到家庭的影响，中国人喜欢讲门当户对，把婚姻看成是一个社会行为，婚姻不单单是两个人的结合，而是两个家庭的融合，形成一个更大的家族群。这两个人的感情，要放在两个家族融合的背景中去考量。然而，西方的婚姻与中国的不太一样，它更多的是强调两个生命个体之间的一种情感状态。

东西方对于爱情与婚姻关系的理解存在差异，但不代表这两种情感模式是泾渭分明，截然不同的。在爱情当中，有两个维度是我们要思考的：第一，两个人的情感热度；第二，两个人在一起要承担的责任，对对方的责任和对对方家庭、家族的责任。西方的情感模式可能是以两人情感的纯度为重，但这不代表感情的背后没有家族责任这些内涵，中国人可能是更看重家庭乃至家族责任的内涵，但也不代表说，它鼓励没有灵魂碰撞的爱情。

告诉孩子有关爱情与婚姻的这些内容，是希望他们能够认真地思考，审慎地选择。对孩子而言，他们拥有选择的自由，但在选择自由之前，应该具备选择的能力和选择的智慧。身为教育者，我们应该给他们一些思考问题的维度，然后再给他们自由。

相信我们的孩子，他会拥有属于自己的最美好的情感之路，会有他自己最好的生命状态。在慢慢长大的过程中，我们有义务把自己对于爱情或婚姻思考过的、整理过的一些理解和看法传递给他，但我们没有替孩子做决定的权力。我们的权力，只是在他们还没有决定之前，进行引导教育和提供建议。实际上，如果我们认真思考并传递我们的经验，孩子还是很受教的，他们也会珍惜来自我们的经验与建议，这是他们以后作出理性选择的助力。

• 青春三论——亲子

无论是希望孩子理解青春的意义，还是跟他们谈及性别角色，或是引导他们去思考爱情，所有这一切都是以健康、正常的亲子关系为前提的。亲子关系处理得好坏，影响着一系列后续的问题，所以在青春三论里面最后要谈的，也是最核心的问题就是"亲子关系"。

提及青春期的亲子关系，很多家长都会提到一个词——叛逆（或逆反）。认真思考一下，我们会发现，逆反这个表达本身是存在问题的：它是一个单向的词语，只能用于父母说孩子，而不能用于孩子形容父母；而逆反的本质，却是双方的一种冲突，一种交流不畅或观念不一致。对于这样的一种分歧，如果将其称之为逆反，说明我们在表述这个现象的时候，其实是拥有了一种中国传统思想下的家长本位思想。我们站在家长的角度说孩子逆反，意味着我们先入为主地规定家长一方的正确性，跟家长不一样的就是"逆反"。

我们中国人很希望，也很愿意让别人夸自己家的孩子"听话"。当孩子十几岁时，别人说"你孩子真听话"，你会很开心；可当孩子四五十岁，别人再说"你孩子真听话"，你肯定会觉得这话有问题了，细思极恐！从某种意义上讲，孩子听话只不过是特定阶段我们对孩子的一个期待，我们真正想要的是孩子独立的、健康的成长。所谓让孩子"听话"，只是觉得在"听话"的前提下，孩子能够获得更好的个体成长而已。

我一直觉得，教育之所以要存在，就是因为我们和下一代注定会有分离。正因为我们会因为死亡而分离，所以教育才就拥有了特定的意义。在我们离开之后，在失去了我们的照顾与庇护之后，下一代是否还能够独立地、安全地、健康而温暖地生活呢？教育的目的，是下一代自己独立地、健康而有尊严地生活。

无论是家庭还是学校，教育的本质就是一场得体的退出。我们所做的一切，是为了让孩子发出独立的声音，拥有独立的思想，以及独立生存的能力。

如果从这个角度来讲，孩子的逆反其实是一件好事。因为他们开始拥有了自己独立的生命意识，哪怕这种意志不完全合理，不完全正确，起码他开始拥有了自己的声音。所以，当孩子开始所谓"逆反"的时候，当他们的想法和我们的想法产生了分歧与对抗的时候，我们的第一反应应该是欣喜——孩子长大了。然后，再去思考如何面对这个情况，如何引导这些独立的生命个体更健康、更理性。

在西方国家，没有"逆反"的说法，它更多的会被称之为"代沟"，意味着两代人对一个问题的看法不同。与"逆反"相比，"代沟"这个词的表述是中性的，仅仅表达两代人之间有一定的隔膜，而没有赋予这个隔膜一个特定的判断，即"父母是对的，子女是有问题的"。

东方和西方之所以存在差异，与传统儒家的伦理等级制度有很大关系。

中国文化的源头是农耕文明，生活模式是家族聚居，把宗法伦理看得很重。从某种意义上来讲，父亲和儿子关联的背后是中国人的一种传统信仰。我们认为，子孙后代在延续着我们的肉体血脉与精神血脉，因此习惯把自己的生命意志附加于后辈身上。这既是一份炽热的爱，也是一份可怕的负担。如今，时代已经发生变化了，不再是过去的农耕时代，也不再是过去的家族聚居，而是以小家庭为单位的相处模式。时代在变化，固然有一些文明深处的东西我们没有办法完全去改变，但我们也要试着去调整。

在西方人的认知里，孩子是借父母的身体来到这个世界，保证着人类的延续，亲子间在灵魂上是完全平等的，是彼此独立的个体。所以，他们非常尊重生命个体的独立性，这是西方的传统。和东方相比，西方的亲子关系略显得冷清，但也多了一些理性。

一位父亲讲述，他在上大学时，每次去图书馆都会途径一个琴房，他经常看到一个留着长发的女孩在那儿弹琴。从那时起，他就在想，将来自己也要有一个女儿，让她留长发，学钢琴。多年后，一切如他所愿。然而，女儿并不喜欢弹琴，面对老师愈发严苛的要求，以及越积越多的负面情绪，她终于提出抗议，不再学琴。最后，那位父亲同意了，但他说了一句话："对于你来讲，你的噩梦终止了，而对于我来讲，我的希望破灭了。"

看完这个故事，你觉得这位父亲是值得同情，还是值得批判？

跳脱出感情，我们不妨理性地剖析整件事情的经过：父亲有一份美好的期待，这可以理解，但他把这份美好的期待附加在了一个属于自己之外的生命个体上，而那个生命个体在她懵懂不自知的时候，兴许还能够接受，可当有一天她拥有了自己的生命意识，她的想法与父亲的想法不一致时，又如何去实现他的愿望呢？这样的冲突几乎是不可避免的，而这样一种安排无论以多么强烈的爱作为理由，似乎都是说不过去的。

孩子大了，他终究拥有了自我，拥有了一个独立于我们生命之外的个体意志，这是最高价值。如果生命方向的正确背后是父母的选择在发挥作用，那么这种正确并没有价值。因为在青春期里面最重要的主旋律就是独立，就是自由的生长。在尊重这一价值的基础上，再谈独立的生命体意志，这种价值的排序不取决于某个人的偏好，而取决于孩子的成长规律。

孩子的"逆反"程度，与他所受到的外在压力有很大关系。当一个孩子特别漠视周围人意见的时候，往往在于他的意见从来就没有被重视过，他需要把自己的意见作为第一意志，才会削减别人带给他的压力和痛苦。当你真正尊重他，把选择权交给他的时候，他的选择就未必会那么不堪。

很多家长会问，处理青春期的亲子关系，有没有什么具体的原则呢？在此，我想分享一点个人的心得体会，着重谈两个关键点：

第一，站在孩子的角度和立场思考问题。

我们要具备同理心，理解和包容孩子的某些想法，而不是单纯的以一件事情的对错或者说是不是完全合理来判断一件事情。否则的话，就会给孩子们这样一种感觉或思路：在亲子之间，决策能力的强弱是双方是否有话语权的决定因素。假如我们双方都认同了这样的思路，那么问题便来了，世间公道为白发，贵人头发不曾饶，终究有一天也我们是要老的。

当我们老去的时候，我们的知识不再更新，我们的视野相对狭窄，而我们的孩子正年富力强，此时假若孩子的能力、知识、视野远远超越我们，而我们和孩子之间又产生了一个意见和分歧，那孩子是否可以很强势地否定掉我们的意见，或者看似苦口婆心地教育教育我们："老同志，你们这套都过时了，你这不明白，所以你们出门总是上当受骗，你就听我的就好，放心，听我的保证没有错，我是你儿子，我不会坑你们的。"

可悲的是，那个时候，我们确实可能是处处不如孩子了，但问题是我们能够接受孩子和我们交流的态度，心里会不会很难过？或许我们会觉得：我毕竟是你父母啊，就算我现在不明白、不懂，那你得尊重我，好好和我说话吧？

如果我们这么想问题，我们的孩子当初何尝没有同样的心思呢？所以，将心比心，我们会发现，在亲子关系的处理之中，双方的情感感受应该是最重要、最需要考虑的价值追求。而单纯计较于事情本身的正确与否就未必是正确的决定了。

在孩子很小的时候，强势的我们要给孩子一种感觉：我尊重你并给你自由，你有一个和我探讨问题的权利，因为你已经长大了。同样的道理，当我们老了的时候，那孩子也会理解说：我的父母因为这样一个自然规律，他们处于这样一个知识的弱势，但是我依旧会尊重他们，他们是我要去爱的对象而不是讲道理的对象，这种感觉是不是很美好？

第二，在尊重孩子主体地位的基础之上，加大亲子交流的频率与深度。

亲子交流，可以消解亲子双方的矛盾与差异，更加了解彼此从而增加包容度，也能够将师长的人生经验以最合理的方式传递给孩子，让孩子逐渐形成独立、理性的思维方式和行为方式，这是对孩子最大最有效的守护。

随着年龄的成长，阅历的增加，孩子都会有表达的愿望，也渴望自己能够被外部世界倾听和接受。如果亲子沟通出了一些问题，他们的表达不被理解和关注，就会慢慢地把自己封闭起来。所以，在跟孩子交流时，一定做好以下几件事：

1. 相对平等

亲子交流的双方地位应该处于一个相对平等的位置，不存在一方对另外一方居高临下的道德优势。在讨论问题的过程中，不能是单方的灌输或者传递，而应是真正意义的交流。

2. 内容丰富

很多家庭的亲子谈话内容，永远是学习，难道生活中就没别的维度吗？当然有。只不过是父母总站在自己的立场，只关心自己关心的问题，忽视了孩子的问题，最终导致亲子沟通不畅。亲子双方交流的内容应该是全面而丰富多彩的，应该指向一个更大的世界，指向一个人的全面发展。换一个角度来说，交流的内容应该有父母关注的内容，也应该有孩子感兴趣的话题，还应该有父母基于更大的视野提出的有讨论价值的话题。

随着孩子年龄的增长，对他们所提起的，哪怕是班里同学之间琐碎的小事，我们也需要认真地听听，然后沉静下来思考一下，看似轻描淡写地给孩子们一些意见。在这个过程中，我们和孩子之间的感情会变得更融洽，而且也会慢慢地引导我们的孩子，让他们变得更加成熟、稳定。很多时候，我们也可以就社会的热点或者某一篇我们和孩子共同读过的文章聊一聊，随意地谈谈各自的看法，增进彼此的了解。

3. 时机恰当

亲子交流还要选择一个合宜的契机，比如什么时间点聊，什么地点聊，以一种什么样的方式开始对话，都是很重要的。比如：学生最反感家长在吃饭的时候谈学习成绩；在和孩子谈学习态度和学习习惯时，要在学习过程中去沟通，而不应该在考试结束后看到分数时谈，那个时候孩子本身的情绪波动很大，且还会给孩子一个印象：平时从不关注我的学习，就是出了分数后没完没了！孩子心里也会带着怨气：你早干嘛去了？

其实，亲子间的交流更多的应该是轻松而自然的，比如饭后在小区或公园里散步，随便聊几个话题，谈谈社会上的事，自己读过的书……对孩子提起的话题，要保有兴趣地追问，让孩子感受到你在认真地关注他、倾听他。

每个人终究都要经历一个社会化的过程，这个过程有摩擦与痛苦，也会有幸福与成就感。在孩子青春期这样一个阶段，作为师长要多一些耐心和包容，用理解与共情去缓解孩子这种青春期的焦躁，让孩子更合理地、以更少的成本进入到社会主流的轨道中，这是我们应该承担的责任。同时，我们也应该避免让孩子承受我们曾经承受过的伤害，这是师长的善良，也是我们因岁月沧桑而涵养出的智慧。

萌动：打赌后的亲吻事件

一、一个"重磅"消息

前不久的一个课间，和我搭班的数学老师突然神秘兮兮地问我："孙老师，听说你们班的男生小 X 和 3 班的女生小黄同学去看电影了？"我顿时糊涂了！从来没有在学校见过这两个孩子在一起过，怎么突然一起去看电影了？

我赶紧追问是怎么回事？数学老师说："不是这两个孩子单独去的，还有你们班另外两个同学，家长也知情。可据 3 班老师说，你们班小 X 同学和小黄同学确实谈恋爱了。看完电影后，小 X 还亲了小黄同学一下……"

真是一个"重磅"消息，我简直不敢相信。

二、"是，我的确亲了她一下！"

我怀着复杂的心情找到 3 班的老师询问具体情况：周末，我们班的男生小R同学写完作业后，邀请小 X 一起看电影。班里的一个女生知道后，也想参加。于是，三人在家长同意的情况下，被送到电影院集合。可是，小 X 同学的妈妈刚走，他就邀请小黄同学一起来看电影。两人挨着坐，趁着光线昏暗无人注意时，小 X 亲了小黄一下。

了解事情的大致情况后，我找到小 X 同学单独沟通。没有批评和指责，只是像朋友一样和他讨论：你喜欢对方身上的什么特质？对方是否也喜欢你？经常一起出去玩吗？小 X 有点意外，也略显不好意思，他告诉我："平常学校人太多，老师也在，我们基本上见不到，都是回家后用微信联系的。上周末看电影，是我们第一次出去玩……"

闲聊过后，我知道该与这个懵懂的孩子沟通最重要的问题了："我听小黄同学说，你在电影院亲了她一下，有这回事吗？"小 X 倒也坦荡，当即承认："是，我的确亲了她一下。"

三、一个赌约后的亲吻

"那你为什么想亲她呢？你当时是怎么想的？"我缓缓地问道。

他低着头，半天才呢喃道："其实，也不是我的主意……"

我有些糊涂："事情是你做的呀？我不太理解你说的'不是你的主意'？"

"上周五小 F 跟我打赌——他要是亲了小陈同学（女生）一下，我就得亲小黄同学一下。周五下午，小 F 真这么做了。我要是不亲，那多没面子呀？"

居然是因为打赌才去亲女生？我有些生气，但仍然克制住自己的情绪："既然你说你喜欢小黄同学，却因为一个打赌就未经允许亲吻她，你觉得这件事对她公平吗？"

小 X 同学不说话了，他也意识到自己的行为太过冲动了。

我直视他的眼睛，认真地说："你们现在处于青春期，对异性产生好感是很正常的。但如此随意地对一个女生进行肢体接触，是很不负责任的行为。

现在，女孩的家长已经知道这件事，你要做好承担后果的准备。另外，我今天也会联系你的妈妈，好好谈谈这个问题。"

送走小 X 同学后，我立即找到小 F 和小陈同学，分别跟他们进行沟通。

事情果然如小 X 所说，周五放学后，小 F 同学在小区里遇到小陈同学，一起聊了会儿天。他趁小陈同学不注意，亲了她脸颊一下。随后，我又问小陈："小 F 未经你允许就亲你，你有什么感受？"小陈同学一脸茫然。这让我意识到，这个年龄段的女生真的很缺乏自我保护意识。

四、一封"求情"的信

弄清事情的原委后，我与几个孩子的家长都进行了沟通，邀请他们来学校解决问题。不承想，家长们还没来，更具戏剧性的一幕发生了。班上另一个同学小 H，给我写了一封信，为小 X 和小 F 求情："他们主动和老师承认错误，没有说一点儿女方的不对，还想用一己之力保护她们……他们之间是真爱……"

H 的言论，让我意识到，除了解决事情本身，还要对学生的人生观和恋爱观做一次及时正确的引导。于是，我紧急召开了一次临时班会，以不同的身份向学生们诉说了自己对这件事的想法与感受。

作为一个从青春期走过来的成年人，我告诉他们——

"喜欢一个人是一件正常的事，也是一件幸福的事，但这份爱应该在合适的时间发生。女生由于先天的生理因素，以及社会评价对女性有较高的道德要求，让女生和男生在青春期萌动的问题上处于不同的地位，这件事带给双方的影响也是不一样的。

"我们要正视目前某些不平等的现状。一个男生如果早恋了，社会不会有过多评价。可如果一个女生与异性接触太过密切，很容易就被别人贴上'不纯洁''不检点'的标签。如果男生真的喜欢一个女生，就应该多为自己喜欢的人考虑考虑。女生也应该学会保护好自己。一个男人，无论是身边的同龄人，还是熟悉或陌生的其他男人，如果未经允许就随意触碰你的身体，一定不能沉默。要狠狠地反击，让他明白你对自己身体的珍惜。"

作为一个即将进入婚姻、组建家庭的女性，我告诉男生们——

"我对未来丈夫的要求，是有能力对我的未来负责任，有能力给我幸福。如果你们真的爱对方，就请控制住自己的言行，不要给对方造成困扰。要学会对自己的行为负责。在青春期阶段，应该把更多的精力用来提升自己，努力让自己成为有能力承担起对方幸福的男人。"

作为一个未来可能会成为一个女孩母亲的人，我又告诫男生们——

"如果未来，我精心呵护的宝贝女儿在这个年纪，因为男生的一个赌约，就被人不负责任地亲吻了，我真的可能愤怒地找这个男孩子'算账'。"

说这些话时，我观察着学生们的反应。他们有的义愤填膺，有的若有所思，再看看小 X、小 H 和小 F 这三个"好哥们儿"，都低头不语，似乎已经意识到了自己的问题。

五、坦诚沟通，及时引导，高质量陪伴

孩子出现问题，往往和家庭有一定关系。之后，在与家长的沟通中，我了解到小 X 父母离异，小 F 同学的家长常年在外经商，都缺乏亲子间的沟通和陪伴。所以，这就不难理解，两个孩子为什么这么早就尝试恋爱，他们是在从其他地方获取关爱的补偿。

为此，我引导家长今后要提供高质量的亲子陪伴：每天至少拿出一小时的时间，和孩子沟通当天发生的事情，了解孩子的情绪和感受；要引导学生正确使用手机，签订三方契约，规定手机使用的时间和用途；对学生单独外出活动进行关注，至少有一名家长陪伴，这既是对学生安全的保护，也可以避免今后再出现类似情况。

最后，小 X 和小 F 同学真诚地向两名女生道了歉。我也借着家长会之机，和全体家长沟通了有关青春期异性交往的问题，请家长们参与和重视起来，坦诚地和孩子交流，帮助他们解决困惑，进行正确的引导。

反思这件事，产生问题的原因是多方面的：其一，青春期孩子特殊的身心状况使然，他们渴望长大，但在观念和行为上却表现得还十分幼稚；其二，父母关爱缺位使然，两名男生正常的爱的需求不能得到满足，只能从外界寻求

补偿；其三，小团体、好哥们之间的负面影响，也进一步扩大了事态，不少学生或多或少地接收到了一些价值观上的错误示范。

同时，我也十分庆幸这件事发生在小学阶段，发生在后果并不是太过严重的时期。这给我提供了一个和学生们沟通正确恋爱观和正确异性交往方式的契机，也让对孩子缺乏关注的家长们重视陪伴的重要性，将问题解决于萌芽状态。

两难：早恋了还能评选三好学生吗？

当"打赌后的亲吻"事件圆满落下帷幕后，学校宣布了市级三好学生评选的通知，这一消息又使风波再起，扰乱了一池春水。

一、早恋了，可以评选三好学生吗？

临近毕业，区教委通知各校开展市级三好学生的评选。我们六年级一共有三个班，但教委却给了4个市级三好学生的名额。年级组长找到我，告知4个名额的安排情况，我们班有2名同学符合市级三好生评选资格，通过投票选出1名。

对于学校的评选方案，我当然支持，但让我感到头疼的是候选人名单里，有"打赌后的亲吻"事件的女主角——小陈同学。事情发生后，很多同学都知道了她和小F同学谈恋爱的事情。这件事会不会对市级三好学生的评选造成什么影响？一时间，我心里的担忧不断涌现。

如果让学生自主投票选择，最后小陈同学当选，会不会给其他同学造成错误的价值导向？万一学生们认为，小学阶段谈恋爱没什么大不了，也不影响评选小学阶段的最高荣誉——市级三好学生，会不会因此掀起"恋爱风潮"？如果评选上小陈同学后，班里会不会有风言风语传出，反而伤害小陈呢？毕竟，我在学生时代就曾经听班里同学对当选的三好生做出不当的评价，比如："她还谈恋爱呢，怎么配评三好学生呢？""老师怎么把三好学生给这样的同学，一点儿都不公平……"虽然一切只是未发生的猜想，但我却陷入了深深的焦虑中。

二、两难境地，作出错误的决定

我把小陈和小F叫到办公室，准备和他们聊一聊这件事。两个人都显得有些不自在，彼此离得远远的，没有任何神情上的交流。我告诉他们，学校要评选市级三好生，小陈连续三年被评为区级三好生，具备评选市级三好生的资格。听后，小陈同学很平静，旁边的小F却面露喜色，似乎很为小陈同学高兴。

我犹豫了一下，最后还是决定把自己面对的两难境地告知他们："小陈，我很为你高兴。但同时我也担心万一你当选，会对其他同学造成一些负面的影响。我的任何举动，对于咱们班同学都是一种信号，万一他们认为早恋没什么，都不影响评三好，都来效仿该怎么办？而且，传出风言风语的话，对你的形象也是个伤害。"小陈的神情渐渐变得灰暗，她理解了我的担忧。

站在一旁的小F想说什么，欲言又止。我转向他，问道："你知道我为什么把你也叫来了吗？上次你因为一个打赌亲吻了小陈，对方家长没与你计较，你对这件事也没有承担什么责任。我今天把你叫来，是想让你知道，你冲动的行为给自己喜欢的人带来了什么样的麻烦！"

小F听了我的话，羞愧地低下了头。随后，我又询问小陈的意见，没想到她很平静地说："孙老师，我想好了，放弃这次竞选。您不用为难，这件事确实是我做得不对。"说完这番话，小陈离开了办公室。再看看小F，眼圈发红，感觉要哭出来了。

学校催促班主任上报市级三好生名单，我按照小陈的意思处理了这件事，把小L的名字报给了年级组长。同时，我也告诉全班同学，小陈因为个人原因放弃了市级三好生的评选，所以获得市级三好生的是小L同学。对此，不少同学露出了然的神色，大概是清楚小陈因为什么放弃的。小L虽然开心，但眉间拧起的大疙瘩，也展现了他的纠结与困惑。

三、早恋到底是道德问题，还是正常现象？

顺应小陈的决定，递交了三好生的候选人名单，的确解除了我的两难困境。但，这样做真的好吗？这是最佳的方案吗？……思来想去，我还是决定求教于同事，她也是一名班主任。

同事的想法很理性，说话也很直接："这件事要看你怎么去定义早恋？把它看成道德问题，还是青春期的正常现象？小学阶段谈恋爱的确不对，但三好生的评选上，也没说早恋了就不能评呀？不如就让学生们自己投票，看他们对这件事怎么看，选上谁是谁。"我还是有些担忧，怕有人觉得不公平，或者受到错误的影响。同事又说："如果觉得不公平，那就不选她，你刚好可以借此看看孩子们对这件事情的看法。"

同事的话点醒了我，我究竟把小学阶段的恋爱行为定义为什么性质呢？

之前我引导学生正确看待早恋，告诉他们这是青春期的正常心理现象，无须羞耻或有太大压力。可在市级三好学生的评选上，我的行为却隐隐约约地展现出自己不当的价值判断。我之所以直接接受了小陈放弃参选的决定，没有做任何的劝说，是不是表明我把早恋划归为道德问题去处理了？

想到这里，我惊出了一身冷汗，我的做法与我之前对学生青春期异性好感的教育引导完全相悖。为什么我会做出事先找小陈谈话的举动呢？现在冷静想来，也许放弃竞选不是小陈自愿的选择，而是她迫于我的压力，不得不这样做。那我岂不是无意之中伤害了这个孩子吗？

当天晚上，我因自责痛哭起来。我这才明白，正是因为自己未经审查，将过去老师、家长灌输给自己的"早恋是错误的、不道德的"论调直接投射到这件事中，才做出了错误的行为。

想到这里，我打开微信，编辑了一条信息："小陈，关于三好生评选的那件事，我通过反思，发现自己做错了，我想和你道个歉，明天早上，我们谈谈好吗？"不一会儿，小陈同学回复了我："三好生评选那件事是我自己放弃的，跟您没什么关系。"

尽管小陈这样说，我还是决定，要跟她当面谈谈这件事。

四、"我不要胜之不武"

第二天一早，我找到小陈，真诚地向她道歉，并告知她有资格参评市级三好生。小陈摆摆手，依旧坚持说是她自己选择放弃的。我问道："如果我事先没有找你谈这件事，你会放弃吗？"小陈想了想，说："这样的话，那我，好像没想过要放弃。"

我郑重地对小陈说："如果没有我的干预，你本来可以安心地参选，是我找你谈话给你带来了压力。所以，是我错了。老师一直以来都认为，恋爱不是错误，更不是不道德的行为。它是美好的，只是不该在小学阶段发生。在我心目中，你依然是那个优秀、懂事、乐于为班级服务的好女孩儿，你完全有资格参加市级三好学生的评选。"

小陈同学红了眼圈，但她也很犹豫，毕竟我在班里宣布了这件事，如果重新评选，会不会伤害到小 L？我让小陈打消顾虑，告诉她："既然是我做错了，就由我来和小 L 及其家长沟通，我不能明知道自己错了，而不去弥补。所以，我们先找小 L 沟通一下，好吗？"

当我把小 L 找到办公室时，还没有开口，他看到小陈也在场，就抢先说："孙老师，我想了想，觉得市级三好生评选这件事不太合适。我大概知道小陈为什么放弃竞选，我不想胜之不武，希望能公平竞争，让同学投票选举。"

听到小 L 的话，我的眼泪开始打转，很敬佩这个讲公平、有担当的男子汉。我问他，怕不怕落选？他说："不怕，比起像现在这样直接当选，更想靠自己的实力胜出。万一落选，我也认了。父母那边，我也告诉他们我的想法了。"

我拍了拍小 L 的肩膀，由衷地说了一句："好孩子，谢谢你，帮我弥补了自己的错误……"

回到班中，我请小 L 同学向全班同学说了自己的决定。同学们欣然同意，一场温馨的投票活动在班中展开。唱票的同学每念出一个名字，班中就不约而同地爆发出一阵掌声。随着最后一张选票被念出来，最终结果揭晓：小 L 以 4 票的优势成为市级三好学生。

虽然结果与之前完全一致，但我心口那块大石终于落地了。

五、群策群力，为荣誉而战

本以为事情已经尘埃落定，没想到又出现了戏剧性的一幕。

六（2）班落选同学的家长，对学校市级三好学生的评选方案表示不满，要求更改评选方案。校行政经过商议，决定每班 1 个名额，由班级评选中票数最高的同学当选。剩下的 1 个名额则由其余落选的 3 名学生宣讲个人事迹，根据学业成绩、获奖情况，并且经由全年级师生投票选出。这就意味着，小陈同学还有机会！

当我公布了这个好消息后，全班同学欢呼雀跃，纷纷为小陈出谋划策。我也积极帮助小陈修改演讲稿，调整多媒体课件……到了年级会议的那天，看着小陈站在全年级同学面前，自信而大方地介绍着自己，听着全场雷动的掌声，我们内心的激动和喜悦无以言表。

事后，我把小陈竞选市三好学生前后的始终告诉校长，向她反思了自己的错误。

校长语重心长地说："小孙，我很羡慕你。不是所有的老师都有机会弥补自己的错误，但你及时意识到这一点，没有因为自己是教师，就羞于向学生道歉，从这一点上看，你和你们班孩子都成长了呀！你应该感谢这件事，经过这件事，不管是你，还是你的学生，对于恋爱这件事的认知都更加深刻了。"

是呀，经过这件事，我深切地意识到，对于一件事认知角度的不同，的确导致采取不同的教育方法，也对事情的发展产生了不同影响。在从事教师这一职业期间，我始终觉得自己头顶悬着一把达克莫里斯之剑，时时提醒着我要警惕自己的言行。

对每个学生都心存敬畏之心是我不断努力的根本动力，我的每一个学生都是活生生的还未成熟的人，我的每一个举动、每一句话语可能都会给他带来正面或负面的影响。所以，我的教育措施尽力追求科学、适当，对待批评、惩罚措施慎之又慎。但是，价值观决定了行为。面对恋爱的定性、对其他同学的价值导向、学生参与评选的个人权利，当班主任心中无法理性地加以思考，进行价值排序，很有可能就将这件事导向一个错误的方向。

"璞琂"一直强调，教师应与学生构建一种精神层面的亲子关系。作为班主任，更是承担着引领学生的重任。这件事为我敲响了警钟。今后在处理学生的问题时，一定要谨慎思考，理性分析，而不是未加甄别地遵循过往的错误认知。我的班主任之路，要走的路还有很远，很远。

课后思考

课题1：

一天课间，六（1）班一位男生愤愤不平地找到班主任诉苦："雨晴太不像话了！您看她给我挠的！"说罢，伸出已经出现了几道明显痕迹的手臂给大家看。班主任找到雨晴询问事情原委，雨晴却理直气壮地说："谁让他说XX（一位当红歌星）的坏话了，活该！"

原来，雨晴一直是XX的"铁杆粉丝"，喜欢他的歌，收集他的海报，还经常给朋友们讲他的打拼经历。因为没有影响学习成绩，家长和老师也没有过多干涉。不过，只要有人说XX的负面信息，或者表示自己并不喜欢他，雨晴就会很愤怒地进行争辩。今天，甚至出现了为明星打抱不平、伤到同学的现象。

作为班主任，你怎样看待青春期学生追星的问题？对雨晴的问题又会怎样处理？

课题2：

进入五年级，孩子们开始坚持认准自己的想法和做法，对待事物更相信自己的判断，不顾家长和老师给出的建议和解决办法，也不顾自己做法和想法的正误，继续我行我素。

如果你是班主任，面对初入叛逆期的五年级学生，应该如何帮助他们处理与家庭、同学和老师之间的关系呢？

辑 四

精进技能——以不懈的努力投入教学生涯

在知识的舞台上，

最渊博的教师也是最谦虚的学生。

Part/08　班级在不同阶段的管理策略

带班育人必经的四个阶段

校园里每一个小小的班级，都是由数十位不同的学生个体组成的，要管理好班级，既需要有带班育人的整体方略，也要有针对性的培养和发展。换而言之，当每个独立的个体都能够在班级中找到自己的位置和平台，秀出自己的闪光点，得到身边的老师与同学的尊重与爱时，无论是学生个体还是班级，都会朝着自律和自主运转的方向发展。

化璞为瑅，是北京四中璞瑅学校的寓意与初衷，在带班育人方面，我们也是谨遵这一宗旨。任何一个优秀的班级都不是一蹴而就的，任何一个如"瑅"般的孩子都是需要精心发现和培养的，这期间总要经历一定的磨合，才能迈进彼此信任、支持、合作共生、相互适应的状态。为此，北京四中璞瑅学校把带班育人的过程，总结为四个阶段：相玉、润玉、琢玉、化瑅。

· 第一阶段：相玉

当一块玉摆在我们面前时，我们最先要做的一件事肯定是"相玉"，仔细观察它的形状、色泽。同理，在接手一个新的班级，接触新的学生时，我们也要先完成"相玉"的过程。

每个孩子都是独特的，我们要认真去看、去辨识，不能武断地或是千人一面地给他们贴上标签。那么，"相玉"都要做什么呢？了解孩子的家庭情况，以及孩子有什么样的特长、愿望、梦想，这些工作都需要通过家访来完成。

家访不是简单地给学生父母打个电话，询问一下孩子的情况，这是最浅显的层面。我们要观察孩子与父母在一起时的状态，他的家庭关系，父母之间的关系，以及教育子女的方式。同时，我们也要设定沟通的模块，比如：了解孩子喜欢什么样的老师？不喜欢什么样的老师？喜欢哪个学科？为什么喜欢？孩子的喜好是一个指向，有对教师层面的期待，也有他们个人的发展方向。唯有充分掌握孩子个人及其家庭的情况，才能有针对性地进行挖掘和培养，这是教育的独特性。退一步说，一块玉最初的样子，也直接关联着它最终能够被雕塑成的样子。

- 第二阶段：润玉

玉件到手后，大师们通常都会做这样一件事：用常温清水浸泡2~3小时，目的是让表面的附着物软化，再用小刷刷洗干净。而后，再放入热水中浸泡，浸泡到热水与玉慢慢自然冷却，让玉的毛孔得到充分舒张，把内部的污垢吐干净。这个过程叫作润玉，大概要重复三个循环。

当如玉的孩子们真实地呈现在我们面前时，我们也需要完成一个润玉的过程。原因很简单，不管是班级还是学生个体，在过往的成长历程中，或多或少都会存留一些负面的东西，就像玉件表面上的附着物。我们不能硬生生地去抠这些"附着物"，带班育人之初正是需要构建关系的时期，硬抠的方式无疑会引发冲突。同时，也可能会把一块原本美好的玉破坏掉。

我们都知道，第一印象不好，后面再改观是很难的。一旦把关系的土壤破坏了，种植什么都难有收获。所以，我们要用温和的方式去处理那些"附着物"，慢慢地浸润，让它们自行剥落。浸润与硬抠的结果截然不同，内驱力带来的是主动的改变，是心甘情愿的；而外界强制性地施压，带来的只是短期的、表象上的服从。

作为教师，我们不仅仅要浸润学生，还要浸润家长。教育讲究的是合力，如果家长能够跟老师一起去经营孩子，给予孩子温和、包容的环境，构建良好的师生关系、家校关系、亲子关系，那么将来在"雕琢"这块玉的时候，就更容易、更顺畅。

- 第三阶段：琢玉

仔细端详了一块玉的形状，也把它浸润干净了，接下来要做的就是琢玉了。

那么，班级和学生该怎样雕琢呢？前面我们提到，说教的效用是极其有限的，所以北京四中璞琩学校一直以来都在践行"在活动中育人"的方略。通过不同的活动，去培养孩子不同的行为习惯，让他们认识到，什么是对的，什么是错的。如果没有活动，孩子就难以获得切身的感受。我们没有办法代替孩子成长，而体验是成长过程中不可或缺的东西，只有设计不同的活动，让孩子去亲身感受，他才能真正地受教。

活动的设计，需要根据学生和班级所处的阶段，有针对性地去开展。毕竟，每个班级和学生的情况都不一样，需要雕琢的部分也存在差异。为了便于参考，我在本章节的后面补充了一些附件，是北京四中璞琨学校亲自设计并实践过的活动方案，希望能给有需要的老师带来一些思路。

- **第四阶段：化琨**

当孩子们经历了浸润与雕琢的过程后，他们就从一块含玉之石，被精心雕琢成了一块光彩照人的美玉。然而，在雕琢成了美玉之后，是不是就完成了化璞为琨的使命了呢？

答案是否定的。俗话说："千里马常有，而伯乐不常有。"不管是千里马，还是一块精美的玉，都需要有人发现它、赏识它，给它展示价值的机会。作为教师，我们需要给每一块如玉的孩子，创造展示自我的平台，让他们有机会把自己最闪亮、最美好的一面呈现出来，获得认可与肯定。在这个过程中，教师的引导和协助至关重要。

举个简单的例子：某个孩子擅长主持，于是老师安排他来主持周一的升国旗仪式。这固然是给了他展示自己的机会，但是把任务交给他，告诉他回去好好准备，就够了吗？显然不够！就算他有主持的兴趣和特长，可如果是第一次登台，心理压力和不够熟练的流程，很有可能会把一次美好的展示搞砸，继而打击孩子的自信心。我们所希望的是，让孩子在每一次自我展示中获得成功的体验，把一块玉最光滑、最美好的一面展示出来。

就上述的情况而言，我们可以指导孩子：上台的时候，应该怎么走？这句话用什么样的语气表达更好？在一次次练习和更正的过程中，孩子能够感受到自己的进步，提升自信和勇气，为真正展示的那一刻做好充分的准备，即有备而来。

以上所讲，就是带班育人的四个阶段——相玉、润玉、琢玉、化琨，四个环节缺一不可，且要遵从前后顺序。我们要先做好"相玉"的工作，对学生和班级有了充分的了解，才能知道该去浸润哪些东西；只有浸润到一定的程度，负面的"附着物"才会自然剥落，为后续的雕琢工作奠定基础、创造条件。倘若混淆了先后顺序，一上来就雕琢，不但会受到各种阻碍，还可能会把玉的纹路破坏。雕琢完成后，还要创造展示美玉的平台，让它被越来越多的人知晓、认可，从微小的成功体验开始，积累更大的成功。如此，才是真正地化璞为瑅。

◆ 附：

线上家访记录表

基本信息	2020 年月日：00– ：00 腾讯会议 / 微信视频 / 语音
未来的 发展目标	理想： 六年级成长目标： 父母评价： 对自己的期待：
收获困惑	优势： 劣势： 学科特长： 待提升：
人际交往	好朋友： 有矛盾： 你希望同学怎样和你相处：
对未来的班级 有何期待	你希望明年咱们班什么样？你想生活在一个什么样的班级当中？
学生对老师的 期待	喜欢什么样的老师： 不喜欢老师怎么对你：
家长对老师的 期待	哪些需求：
家庭教育	学习与生活情况： 沟通： 父母期待： 孩子期待：
家校合作	线上家长会、班级问题讨论、文章分享： 学校、班级志愿服务或活动参与：
特别提示	学习： 身体健康： 生活习惯：

学生成长档案

照片	姓名		爱好	
	性别		特长	
	生日		理想	

六年级成长目标	

认识自己

我的优势：	我的劣势：
父母眼中的我：	我希望自己成为的样子：

六年级成就清单

技能类	成就类	体验类
1.参加一次辩论赛（　） 2.完成一次演讲（　） 3.设计一次小组活动（　） 4.主持一次圆桌班会（　） 5.学会倾听他人，准确表达自己的想法（　）	1.展示一次特长风采（　） 2.发言获得同学掌声（　） 3.一次学科测试成绩进步5分以上（　） 4.建议被班级采纳（　） 5.被所有任课教师表扬一次（　）	1.参与一次任务招募（　） 2.参与一次志愿服务（　） 3.和老师单独进行一次走心的交流（　） 4.体验一次失败和遗憾（　） 5.写一封家书（　）

我还想达成：

学习情况

优势学科及项目	待提升之处

学业成绩

	学科	一	二	三	四	五	六	七	八	期中	期末
六上	语文										
	数学										
	英语										

我想提醒自己:(反思与总结)										
语文:				数学:				英语:		

	学科	一	二	三	四	五	六	七	八	期中	期末
六下	语文										
	数学										
	英语										

我想提醒自己:(反思与总结)		
语文:	数学:	英语:

班主任评语

六年级上学期:
六年级下学期:

家庭教育版块

家长对孩子的期待:	
孩子,我想对你说:	
六上:	
六下:	

自由展示区

让班级成为学生自主成长的"练习场"

分离是教育的常态，我们终究要离开学生。在离开了师长的照顾与庇护后，学生是否还能够独立地、安全地、健康而温暖地生活，就取决于教育。我认为，教育的目的应该是让下一代学会独立地、健康而有尊严地生活。

班级是学生自主成长的重要阵地。因此，我以"自我教育"为理论依据，对六年一贯的班级建设进行设计，将班级建设成引导学生自我成长的"练习场"。在班级这一"练习场"中，学生可以在安全的环境和丰富的活动里，大胆练习、不断试错，成长为具有良好习惯，遵守规则，能够自主分析、解决问题的人。

第一阶段：低年级（1~2年级），养良好习惯，练角色认知

一二年级是小学的初始阶段，帮助学生适应新环境和新身份是首要任务。在班级这一"练习场"中，我以习惯培养为先导，让学生在习惯养成的过程中逐渐认识到自身角色的转变。

（一）场合意识的训练

1. "校园探秘"，认识校园

开学第一天，班级开展"校园探秘"活动。学生在家长的陪同下，找到学校景观示意图上的地点，在家长的帮助下认识这个地方是哪儿，在这里我可以怎么做等。初步了解学校的教室、操场、专业教室、办公室等地点所在的位置，对这些地点的用途有一个初步的认识。

2. "绘绘我的家"，了解用途

教师将学生分为四个小组，利用课间探索与自己相关的场所，引导学生们绘制校园地图，通过询问老师，同学交流的形式了解这些场所的用途，思考它们与自己生活的关系。随后教师召开班会，引导学生加深对学校不同场所的认识，讨论交流我们可以在这些地点做什么，不可以做什么，师生共同绘制"场合用途表"，具体内容见表一。

（表一）

	用　途	我要怎么做	做不能做什么
教室	学生学习知识，老师上课。	按时上课，不迟到。遵守课堂纪律，认真听讲，积极举手问题。	大声喧哗，扰乱课堂秩序。不认真听讲，玩文具。
楼道	通行、休息、看书。	轻声慢步行走，安静看书，轻声细语。	追跑打闹，大声喧哗。
教师办公室	老师办公，批改作业。	喊"报告"，经老师允许再进入。轻声与老师交流。礼貌用语，与老师问好、告别。	未经许可进入办公室，乱动老师物品，大声喧哗，影响办公。
操场	上体育课，进行体育锻炼，升旗，举行活动。	积极参与体育活动，强身健体。安全开展游戏、活动。	偷懒，不认真锻炼；追跑打闹，在危险器材上玩耍。
专业教室	上美术、音乐、科学课程，有专业器材。	按照老师要求学习使用器材，与小组同伴友好合作。	不听要求就操作器材，小组内争吵，不会分享、合作。
……	……	……	……

3. "绘本共读时光"，学习规则

随着学生逐渐熟悉校园环境，认识不同场所及其作用，教师进一步引导学生意识到身处这些场所应遵守的规则。对于一年级的学生可以通过诵读儿歌的形式帮助学生学习、了解。除了儿歌之外，读绘本一直是学生喜爱的活动。教师将每周三、周五的早读时间定为班级绘本共读时光，选取如《大卫，不可以》《不是你的，是我的》《排队啦，排队啦》等内容有趣、富有教育意义的绘本书，与学生共读，讨论故事中主人公的言行，感知规则的意义。

学生在班级中练习，增强场合意识，注意不同场合的不同要求，遵守规则，规范言行，不影响和妨碍他人。

（二）时间观念的培养

学生刚刚进入校园，作息时间与儿童时期发生了很大变化，为了帮助他们培养良好的时间观念，开展系列活动重建小学生的时间安排计划。

1. 我的"一日日程表"

学生刚刚进入校园，作息时间与儿童时期发生了很大变化，他们需要保证按时到校，在规定时间内认真上课，利用课间十分钟进行休息等，这些都需要在班级中加以训练。为了帮助他们培养良好的时间观念，班中开展"我的'一日日程表'"制作活动。学生在空白作息时间表上，用稚嫩、富有童趣的笔触，绘制了作为一名小学生一日的时间安排，对自己一天的活动做到心中有数，并主动按照"日程表"开展学习和生活。

2. 铃声作用我知道

学校的铃声多有着特殊的含义，学生刚刚入学，并不清楚自己在听到铃声后该做什么，有些同学听到铃声，却不采取行动。在教师的帮助下，学生听音乐，明用途。首先，认识到不同铃声的作用；其次，班中设立"时间管理员"，提示其他同学在铃声响起后开展相应的活动，如按时上下课、收拾学具用品、自主喝水、上洗手间等。

3. 课余时光创精彩

低年级的课余时间比较充裕，要引导学生与家长一起合理规划这段时间，开展丰富多彩的活动，乐于享受生活。为了丰富学生的课余生活，教师经常推荐经典书籍、电视、电影节目，并在班级微信群中创设机会，引导学生邀请小伙伴一起外出游玩或参加活动，建立更加亲密、和谐的同学关系。

（三）交往界限的学习

1. 自主管理，培养物权意识

学生进入新环境，结识新伙伴，常因物品的所有权、使用权发生纷争。因此，培养孩子的"物权"意识，让孩子拥有自尊自主的意识，帮助孩子懂得珍惜自己的物品，维护自己的权利，同时也尊重别人的物品，不乱动、乱拿，不破坏。"给宝贝起名字"，在自己的物品上标注名字，避免发生错拿现象；学习"轮流""借用"概念，发生公共物品争端时，遵循班级共同约定的"每人一分钟"原则，轮流使用；班级设置"失物招领箱"，鼓励学生把掉落在地上，不清楚主人的物品放置其中，表扬捡到物品及时上交的同学，树立正面榜样。

2. 小小便签，关注伙伴优点

学生出于天然的正义感，以及渴望教师关注的心理，在独立解决问题能力未形成的低年级段中，向教师告状的情况频繁发生。教师对这一现象予以疏导，开展"小小便签纸，浓浓同学情"活动，将学生的注意力转移到别人的优点上，记录好人好事在便签纸上，班会上宣读，初步学会欣赏他人。既保护了他们与老师交流的积极性，又使好人好事之风在班中盛行。

3. 尊重彼此，开展文明交往

学生不能分清肢体接触的轻重，常常采取拍、打、拉等方式与同伴建立情感链接，接受者也不能分辨他人的行为是否给自己造成伤害。根据低年级小学生喜欢表演的特点，每隔一段时间，我会联系学生实际，设计和组织一系列精彩的班会活动，例如"拉手、点赞、拥抱：用温暖的行动传递爱""你是不是在打我？"等。在情景回放、入境表演中对学生进行潜移默化的教育，让他们学会一些人际交往的技巧，减少因肢体接触发生的矛盾。

在家长群、家长会上沟通学生文明用语情况，和家长达成共识，引导家长做学生的好榜样。班级结合少先队"文明礼仪争章"活动，开展"我是文明星"主题班会。结合主题班会与孩子共同制定班级文明公约，做到"我的约定我来守"。定期评选班级微笑天使、文明小天使，颁发奖状鼓励学生继续使用文明用语，和同伴友好沟通。墙报整理班级文明语录，引导学生学习榜样，积累文明语言。

经过一二年级的训练，学生完成了从儿童向学生的角色转变，逐渐适应了学校的生活，养成了良好的学习和生活习惯。

第二阶段：中年级（3~4 年级），知处事规则，练是非明辨

经过两年的校园生活，班级已经初步构建了和谐的人际关系，有一定的情感基础。但他们的集体意识比较薄弱，辨别是非的能力有限，能在一定程度上遵守规则却对为何遵守不太了解。低年级阶段，教师事无巨细地监督、提醒在此时所起到的作用并不大，甚至会激发学生的反抗意识。这一时期，

学生的主要任务是学会独立自主地辨别是非、理解规则。

（一）商讨明规则

学校对学生行为规范提出了"四守"要求，即守时、守信、守礼、守纪。首先，班级依据学校目标说规则，对"规则"形成共同认知，即班级常规规则是为实现班级目标而制定的共同约定。其次，分组交流明目标，讨论"四守"要求学生达成什么样的目标，该怎样为之努力。最后，班级讨论定细则，确定班级常规规则的具体要求，张贴在教室里，见表二。

（表二）

班级常规规则表		
校级目标	班级目标	具体要求
守时	遵守时间	铃声响后，学生迟到要向全班道歉，向老师说明原因，得到老师允许可以回坐上课。
		集体外出活动，迟到超过 5 分钟，视为自愿放弃参与活动的权利。
	管理时间	专时专用，专注完成相关任务，提高效率。
		利用碎片时间改错、阅读，提高时间的利用率。
守信	勿自欺	学生需要认真完成老师布置的学习任务及要求，没有按时完成的记录在册并需要补齐。
		老师不在仍以校纪、班规要求自己，做言行一致的人。
	勿欺人	没有把握的事情不轻易许诺，答应别人的事努力去做到。
		不为满足自己的个人利益说谎、作假。
守礼	尊重同学	学生间需文明有礼，使用礼貌用语，举止文明。
		不干扰同学的私人空间，言行有度。
	尊重老师	见到老师主动问好，进老师办公室得到允许可进入。
		可以不喜欢，不可不尊重。不合理的顶撞老师需向老师道歉后方可恢复学习。
	尊重家长	主动向家长打招呼，对待父母长辈有礼貌。
		做到生活自理，至少承担一项家务劳动。

班级常规规则表		
校级目标	班级目标	具体要求
守纪	衣着穿戴	周一至周四，学生需佩戴小黄帽，穿校服进校，少先队员佩戴红领巾。
		学校集体活动或学生外出活动需穿校服。
		男生不得留长发，女生需梳妆整洁。
	课堂纪律	遵守课堂纪律，恶意打断教学，影响其他同学者，需到办公室思过反省，向全班同学及老师道歉方可恢复学习。
	同学交往	学习间发生口头争执，需停止一切活动自行解决。双方达成一致后可继续参与教育教学活动。
		学生间发生欺凌或伤害事件，先动手者为主要责任人，联系家长严肃处理。

（二）事件辨是非

每周班会上的"焦点论坛"时间是学生练习辨别是非、理解规则的重要阵地。学生对本周内班级、学校发生的重要事件，特别是矛盾冲突较为激烈的事件进行讨论。学生和老师一起分析事情发生的原因，明晰事件主人公言行的得失。到了四年级，学生的目光由班级、学校转向社会，开始引导他们关注并讨论社会现象，讨论话题见表三。

（表三）

主　题	内　容
时间观念	放学时，一些同学拖拉，收拾东西慢，家长在校门口久站等候。
	春游时，因几名同学未在规定时间集合，导致全校大巴车延迟出发。
	交回执不及时，耽误全班上交的时间，还需家长送到学校。
规则意识	个别同学玩游不遵守规则，大家不愿意和他一起玩。
	校外老师来校进行讲座，会场吵闹、秩序混乱。
	北京八达岭老虎伤人事件，游客私自下车，被老虎咬伤。
人际交往	因两人之间的私人矛盾，与其他同学约定不和某位同学玩。
	在自己建立的微信群中，背后议论一些同学、老师。
	某班两位同学要求另外一名同学下跪道歉。

主　题	内　容
生命教育	一些同学在异性洗手间门口张望、玩闹。
	观看车祸视频时，一些同学尖叫、笑出声。
	二胎开放，班中同学变成哥哥、姐姐，该如何适应新身份？
社会公德	被无视的红绿灯：许多同学放学回家路上和家长一起，闯红灯过马路。
	北京小学生给水务局长写信：家门口小河很臭，请帮填平。
	熊孩子往车内扔鞭炮，半小时烧毁一台轿车。

学生借助讨论自己或他人身上发生的事情和社会新闻，逐渐形成正确的是非观和价值判断，逐渐理解了规则的意义和价值。

（三）评价树榜样

榜样的力量是激发学生内驱力，进行自我教育的重要手段。学生共同制定"四守"之星评选规则，每周由学生各评选出一名"守时之星""守礼之星""守纪之星""守信之星"。每周大家最盼望的就是"颁星时刻"，班会主持人为当选的"四守"之星撰写颁奖词，表彰其表现。而当选的"四守"之星还在全班面前宣讲自己的事迹，与大家分享好的经验、方法。这既是对该名学生的激励，也同样引导着其他同学学习榜样，自发地改善自己的言行，争取"四守"之星的光荣称号。

第三阶段：高年级（5~6年级），解青春烦恼，练问题解决

随着生理的成长，五六年级的孩子其自我意识开始萌芽，独立意识、支配欲显著增强。他们想拥有自己的天地，自由表达自己的观点，开始与教师"争夺"独立自主的权利与空间。他们在与同伴交流时，容易以自我为中心，难以清晰地意识到自己的言行给别人带来的影响。多因小摩擦用负面语言向同学宣泄自己的情绪，影响同学之间的友善交往。

在前两阶段训练的基础上，他们解决问题的能力也有所提高，可以学习面对真实的问题，进行理性思考，关注解决方案。

（一）创设沟通环境，排解青春烦恼

随着学生逐渐进入青春期，不愿让父母、伙伴知道的小秘密、小心思变多了，为了创设沟通的环境，班级开设"悄悄话""心情信箱"。学生可以通过写留言条、写信的方式与老师沟通，倾诉成长的烦恼。教师也认真撰写回信，珍惜学生的信任和认可，帮助他们排解不良情绪，解决问题。班级内开设"谈心茶话会"，每周一、周三的大课间时间，学生可以向老师预约时间，一起到学校的生态温室，沟通自己的心事或烦恼。

引入"正面管教"的"致谢"环节，在班会中专门设置向身边人表示感谢的时间，用语言传递对他人的感恩，改善学生间的口角摩擦情况，创建和谐的班级氛围。

（二）召开圆桌班会，解决班级问题

1. 班会议题本——关注班级问题

学生根据自己平时观察到的班级现象提出议题，记录在班会议题本上，每周由负责人记录并汇总，教师每周查看班会议题本，个别学生出现的问题在议题下写出解决方法与建议，如"班级中经常有个别同学乱动我的东西，该怎么办？""有人向别人传我的坏话，我该怎么找对方沟通？"等，教师均在下方认真回复了解决方法或建议。大问题与共性问题在班会上加以讨论、解决，如"做完值日后，有很多同学不注意保持，教室很快变脏""班中有很多人给同学起外号""班主任外出培训期间，各项班级活动该怎样顺利开展"。议题由每位学生提出，培养他们的班级责任感与主人翁意识。

2. 圆桌班会——共议班级问题

圆桌会议是指围绕圆桌举行的会议，圆桌并没有主席位置，人人平等，人人都是中心。班会以这一模式开展，激发每个学生的参与感与主人公意识。每次班会的中心议题，都来源于每周班会议题本，都是学生自行提出的班级中现存的一些问题。学生在主持人的引导下展开讨论，形成解决方案。大到实践活动的设计安排，小到午饭打饭的排队顺序，都由学生自主商议，得到解决。

3.选择轮——选择解决之法

班级出现普遍性问题时，全班学生进行头脑风暴，列举各种解决方法，然后引导学生将可行的解决方法写下来，绘制成选择轮。当再次出现同样的问题时，学生可通过选择轮上的方法进行解决。如，学生讨论了"没写、忘带作业"问题，制作了相应的选择轮，学生在遇到这样的问题时，可选择"午休时间补齐作业""利用微信发给老师作业照片"等方法自行解决。学生有选择的权利，个人的意见得到尊重，问题的解决也更加顺利了。

（三）班级任务驱动，自主开展活动

1.班级常规事务——任务招募制

班级常规任务主要是为了维持班级的正常运行，相对比较固定。为了让更多的学生有承担班级事务，为班级服务的机会，充分锻炼他们解决问题的能力。在这一阶段对班干部制度进行改革，取消传统的班干部制度。改革的理念为转变身份，将班级管理者改为任务负责人，具体做法是将班干部的管理职责细化为一个个任务，明晰要求，制作成任务单（见表四），招募愿意承担的同学领取并完成任务。领取并完成任务的流程为：

（1）领取任务单，填写信息

（2）宣读任务，阐述计划

（3）投入实践，教师指导

（4）总结收获，接受评价

（5）述职报告，总结经验

（表四）

6月卫生检查任务单	
负责人：	任期：
任务要求： 1.12:10左右督促同学完成各自饭桌的卫生整理： 2.午饭后督促当天值日生提前回到班级打扫卫生，12:30回班检查，提醒不合格的改正。 3.与值周生沟通是否扣分，记录扣分原因。	

续表

6月卫生检查任务单			
自我评价			
同学评价			
综合评定			

2. 班级实践活动——申报审批制

班级实践活动的开展充分满足学生的不同需求，学生根据自己的兴趣或特长，自行提出主题，独立设计活动，召集相同兴趣的伙伴相互协商，共同合作完成。活动开展有一定的流程：

（1）提交活动申请

（2）班会讨论通过

（3）撰写活动方案

（4）申请活动经费

（5）全员开展活动

（6）负责人汇报总结

在这样的活动模式下，学生开展了多姿多彩的实践活动（见表五）。

（表五）

活动类型	活动内容
亲子活动	种植小能手、厨艺大比拼、纸箱大改造、为家里的年夜饭添一道菜
体育活动	班级趣味运动会、五子棋大赛、国际象棋赛、班级足球赛
社会实践活动	社会规范用字调查活动、社区服务活动、清理小广告
文娱活动	班服设计与"班服日""墨韵飘香"书法比赛、小小演说家、再生纸制作

经过近六年的建设，班级已经构建了共同的奋斗目标，拥有安全的实践与

交流的环境，独立自主的施展空间。在班级这个"练习场"中，学生通过自我教育，探索成长，明确了自己作为一名学生的身份认知，遵守学校和社会规则，树立起正确的价值观，提升了独立解决问题的能力。而教师的身份也在这一过程中随之改变：从一二年级初入学时的陪伴者，到三四年级的引导者，最终发展为五六年级的引领者。教师牢牢把握各阶段的特点，在不同的时期发挥不同的作用，助力学生的自我成长，帮助他们应对未来的分离，独立面对真实的生活。

不同年级的班干部制度思考与设计

班干部制度是班主任老师在班级管理中的一项重点工作，不同的班主任老师对于小学阶段的班干部，却有着不一样的认识。一部分老师认为，班干部是班级中学习成绩优秀，工作能力强的好学生，是班里面的骨干与核心；一部分老师把班干部看作教师开展教育教学工作的得力助手，设立班干部，主要是为了帮助老师分担一些班级管理工作；还有一些老师把学生视作班级的小主人，利用班干部制度培养学生的责任心，也在这个过程中，不断指导他们提升领导、组织、沟通等方面的能力，达到教育的目的。

以上对于班干部的几种认识，并无对错之分，都有一定的道理。但班主任对班干部不同的认识，将会影响班级中班干部制度的思考与设计，影响对班级小干部培养的方式、方法。

我是一名幸运的教师，陪伴自己人生中一批学生从一年级走到了六年级，也让我有机会站在六年一贯的视角整体设计我的班级建设。我以"自我教育"为理论依据，力求将班级建设成有安全环境、制度保障、广阔空间的"练习场"。并且，我依据学生的身心发展规律与成长需求，把班级建设分为三个阶段：

一二年级：养良好习惯，练角色认知

三四年级：知处事规则，练是非明辨

五六年级：解青春烦恼，练问题解决

我希望学生在练习场中大胆练习、不断试错，成长为自理明习、自律明理、自主明事的学子。既然班级是个"练习场",那么,班干部在我们班里,就是一个个练习的"场合",一个个成长的机会。我们班的班干部制度根据学生的年龄特点,班级发展的阶段,进行了不断地调整,具体安排如下:

· 一二年级:参与体验,明确职责

一二年级是小学的初始阶段,学生在此阶段的重点任务是养成良好习惯,完成由儿童向学生身份的转变。这一阶段,学生们刚刚入学,他们年龄小,能力尚弱,却对学校里的一切充满新鲜感与好奇心,特别愿意帮助老师,甚至要抢着参与班级事务。低年级的老师们可能都有过这样的经历:课间时被学生们团团围住,积极踊跃地向老师索要任务。家长们也对班干部的选拔、任用十分关注,希望老师能够给予自己的孩子多多参与的机会。大家都想做,又该如何平衡这些需求,合理安排班级事务呢?

于是,我决定,要在班级"练习场"中给每一个同学参与体验班级事务的机会。我将班级里方方面面的事务进行细化,学生以月为期,轮换进行。这样既保证了机会的公平,也让学生体验不同的岗位,了解其职责。

我们班据此制定了"小鬼当家"班级岗位职责表,它张贴在教室的墙面上,每一个岗位都有负责人,每一位同学的名字都列在上面,做到了"人人有事做,事事有人做"。除了大家常见的一些班干部岗位,班里还设置了"健康小卫士""班级小秘书""小小园艺工"等负责具体工作的职务。取名方式贴合低年级学生的年龄特点,学生十分喜欢这样的岗位名称。

岗 位	职 责	姓 名	星级评价
学习委员	协助老师组织早读、写字时间、登记分数。		
纪律委员	提醒同学不能在教室、楼道大声喧哗、跑闹。 预备铃响后提示同学安静做好上课准备。		
卫生委员	督促、检查班级卫生状况。 提醒值日同学课间擦黑板。		
宣传委员	协助老师完成板报、墙报制作,装饰教室环境。		
组织委员	协助老师完成板报、墙报制作,负责材料张贴。		
文体委员	协助老师完成板报、墙报制作,负责板报绘图。		

岗 位	职 责	姓 名	星级评价
体育委员	整队、喊口令。		
图书馆馆长	整理班级图书、整理楼道书架。		
班级秘书	整理讲台桌、失物筐、多媒体角匙，记录班级好人好事。		
健康小卫士	管理午餐时每一桌的卫生、纪律，分配组内分工，负责清洗、消毒抹布。		
小小园艺工	组织、管理各小组进行蔬菜种植、养护活动，记录蔬菜生长数据。		

至于家长们特别关注的重要岗位——班长一职，我们班实行的是"一日班长"制度，学生按学号轮流进行，每个人都有机会担任。

在小学低年级阶段，学生轮岗参与体验班级事务，班主任老师的身份是陪伴者，陪伴他们参与班级事务的全过程，随时进行细致、耐心地帮助与指导。

· **三四年级：成长课程，培养能力**

经过两年的参与体验，学生对班级事务已经很熟悉，工作能力也得到了进一步提升。我决定让学生体验一下其他班级比较常用的班干部竞选方式——"竞聘制"，竞选班干部。现行的班干部制度的选举规则多是由学生自荐或推荐产生候选人名单，经由全体学生投票，根据票数的多少决定职务的最终人选。这样的选举制度一定程度上保证了班干部产生的民主、公平、公正，给一部分学生锻炼自身能力的机会，同时，在这个过程中培养学生的责任感、领导能力和自信心。

但我并没有在开学之初就急于选举，而是先利用班会课的时间，面向全体学生开设了为期两个月的班干部成长课程。在我心目中，班级"练习场"应该是全体学生的"练习场"，那么，能力提升的课程也不应仅仅面向班干部的少数群体展开，全班同学都要一起学习和锻炼这些未来生活和学习都应掌握的能力。至于要不要参选班干部，就要由学生个人根据自己的兴趣和意愿进行选择。

主 题	内 容
服务意识	《我是班级里的服务者》
	《微笑是最好的交流方式——如何传递善意？》
沟通能力	《赞美的力量——学会夸奖别人》
	《如何说，同学才愿意听》
	《提醒同学改正错误的几种方式》
组织能力	《学会分解一项任务》
	《寻找最佳执行人》
管理能力	《给自己列一个 to do list》

班干部成长课程包括服务意识、沟通能力、组织能力、管理能力四个方面，我和学生一起搜集、整理了班干部在工作中可能遇到的实际问题，从小处入手，引导学生学习工作方法。如沟通能力的课程中，通过"赞美的力量""如何说，同学才愿意听""提醒同学改正错误的几种方式"等主题培训，让学生们掌握与别人友好沟通的方法，减少矛盾摩擦等。

后来，班干部团队经选举产生后，我们还实行了班干部例会制度，每两周一次工作总结，每月进行一次述职报告。班干部利用班会课时间向全体同学汇报一段时期班级工作的开展情况，其他同学也可以借此机会提出自己的建议或想法。

这一时期，我在班级事务的管理上已渐渐退居"二线"，更多的是一种指导者的身份对学生进行培训，把更多的实践机会交给小干部，让他们践行自己学习到的知识与方法，提高解决问题的能力。

• 五六年级：任务招募，自主管理

"竞聘制"持续了两个学年，学生很快升入了高年级。我们开始以圆桌班会的形式讨论班级问题。圆桌会议是指围绕圆桌举行的会议，圆桌并没有主席位置，人人平等，人人都是中心。班会以这一模式开展，激发每个学生的参与感与主人公意识。每次班会的中心议题，来源于每周班会议题本，都是学生自行提出的班级中存在的一些问题。学生在主持人的引导下展开讨论，形成解决方案。

有一次，学生把矛头指向了班干部制度，犀利地提出了班干部制度的种

种弊端。比如，学生提到现行班干部制度无法保证每一位学生都有为集体服务的机会，选来选去总是那几个人。而且，这些职务的划分不均衡，有些职务忙个不停，可有些班干部却少有工作可做，甚至一学期下来好似挂了个空职。还有学生关注到，班干部在学期初评选完毕后，要担任整个学期的职务，到了学期末，进行"优秀班干部"评选时，才会对他们进行总结性评价。这就导致这些同学在工作过程中不能得到实时的评价、监督，对能力的提升不利，且会导致后期学生出现敷衍、懈怠的工作态度。不得不承认，学生们说的很有道理。这也是班干部制度受一些社会人士诟病的问题所在。那么，又该怎么解决这些问题呢？

学生在班会上进行了一轮又一轮的头脑风暴，最后提出，我们班能不能不设班干部呢？这样大胆的想法得到了校领导的支持，我们班就真的取消了班干部制度。

为了保障班级工作的正常开展，我们将班级任务分解为常规任务和实践活动两个方面：

常规任务通过"任务招募制"完成，改革的理念为转变身份，将班级管理者改为任务负责人。具体做法是，将班干部的管理职责细化为一个个任务，招募愿意承担的同学领取并完成任务。实践活动则通过"申报审批制"进行，班级实践活动的开展充分满足学生的不同需求，学生根据自己的兴趣或特长，自行提出主题，独立设计活动，召集相同兴趣的伙伴相互协商，共同合作完成。

学生领取并完成任务的流程是这样的：

（1）领取任务单，填写信息

（2）宣读任务，阐述计划

（3）投入实践，教师指导

（4）总结收获，接受评价

（5）述职报告，总结经验

任务单上具体地写明了任务的要求和应达成的工作效果，任务结束以后，任务负责人需进行自评，并且面对全班同学进行述职，同学根据他们的表现进行评价。学生们的评价符号独特，充分彰显个性。我作为班主任老师也会给出相应的评语与改进建议。这份填写完成的任务单对上一任负责人做出了评价，还成为下一名想要认领此项工作同学的"风向标"，他可以在此基础上学习经验、方法，改进不足。

任务招募制在班级中实施以来，得到了班中同学的广泛支持。由于任务的项目多，且按月轮换，所有学生均可根据自己的兴趣和所长选择相应任务去完成，参与的积极性很高。许多性格内向，在班级中从不主动竞选班干部的同学也找到了自己喜欢的任务。并且，在三级评价制度的监督与激励下，学生更加认真地投入到任务中，敷衍、懈怠任务的情况大大减少，任务完成的质量高。"就职演说"和"述职报告"两项活动更是激发了学生的主人翁意识，树立了他们的自信心，同时也锻炼了学生的反思能力与口语表达能力。

从一年级至六年级，我一路见证了学生的成长。在班级这个"练习场"中，学生参与到班级事务管理中，大胆练习，不断试错，解决问题的能力不断提升，逐渐成长为独立承担班级事务，进行自主管理的小能手。而我也在班级发展、小干部成长的过程中，不断转变身份，从一点一滴教导，参与整个班级事务过程的陪伴者，转变为指导他们提升工作能力，提高服务意识的指导者，现在正努力成为他们的引领者。

不论身份如何变化，我始终依据"以学生为中心""为学生的发展服务"的宗旨，在实践中不断改进班干部制度，助推班干部"变形"，使每一位同学都能更好地实现为班级服务的愿望，在完成任务的过程中树立信心与责任心，培养解决问题的能力。

不同年级的规则制定与自主运转策略

记得有一次，我和徐校长在沙龙时聊天，聊到学生管理的问题。徐校长突然语重心长地说了一句："很多时候，我们的教育都是在培养一批'伪君子'！你们小学阶段教的那些规矩，根本就没有进入学生的内心，内化成他们的素养。所以，你们班主任在时一个样，离开你们又是一个样。他们根本没有学会自律，都是迫于权威的压制才短暂地服从。等到他们上了初中，长大了，不怕老师了，学到的这些规矩也做不到了。"

听徐校长这么说，我本能地想否认，因为自我感觉班里的同学还是很懂事的，此类情况并不多见。但我很快想到，我是以班主任的视角来看这件事，但实际上，学生的确存在老师不在教室时、管理较松的科任老师的课上，就变得有些松懈了。徐校长所点明的事实提醒了我，现在学生年龄不断增长，权威监督、强制管理的力量也在逐渐减弱。怎样管理学生，才能使他们真正发自内心地认可规则，并且自觉服从甚至自我管理呢？

我回忆了我带班六年来在规则方面所采取的一系列措施，我认为，在培养学生遵守规则，形成自律意识方面还是有一定经验教训的，在此也做一个整理。

一二年级阶段，学生刚刚入学，处事能力还有待培养，很多要求、规定的确是由教师来制定，并且采取奖惩方式要求并训练学生做到。比如，在"场合意识"的训练中，教师就教授了学生学校各个场合的用途，以及明确提出，在这一场合内，学生可以做什么，不能做什么。同时，为了让学生记住各项规则、要求，教师需要不断提醒，长期训练。我们常常戏言，低年级的班主任老师最费嗓子，有时可能少说一句话，学生就会出现问题。事实上，对于一二年级的学生来说，只要教师的指令明确，训练到位，大部分学生都会服从，对此毫无异议。但实际上，很多学生并不清楚这样做的意义。他们辨别是非的能力还极其有限，能在一定程度上遵守规则却对为何遵守不太了解。这显然并未达成训练学生自律的目标。

随着学生年龄的增长，教师事无巨细的监督、提醒在此时所起到的作用并不大，甚至会激发学生的反抗意识。因此在三四年级阶段，班级常规管理开始发挥学生的主体作用，主要通过师生共同制定班规来实现。

学校对学生行为规范提出了"四守"要求，即守时、守信、守礼、守纪。我们班就以此为基础，将"四守"要求细化，落实到具体的要求和行动上。首先，班级依据学校目标说规则，对"规则"形成共同认知，即班级常规规则是为实现班级目标而制定的共同约定。其次，分组交流明目标，我们利用班会时间，分组讨论"四守"要求学生达成什么样的目标，该怎样为之努力。最后，班级讨论定细则，确定班级常规规则的具体要求，全班同学举手表决通过。我们制定出一份班级常规规则表，张贴在教室里，随时提醒大家。

为了让学生对规则的理解更加深刻，并与自己的实际生活相关联，每周班会课上，我们还专门开设了"焦点论坛"板块。这个板块是学生练习辨别是非、理解规则的重要阵地。学生对本周内班级、学校发生的重要事件，特别是矛盾冲突较为激烈的事件进行讨论。学生和老师一起分析事情发生的原因，明晰事件主人公言行的得失。到了四年级，学生的目光由班级、学校转向社会，开始引导他们关注并讨论社会现象。

我印象最深刻的新闻事件是"八达岭野生动物园老虎伤人事件"。2016年7月23日15时许，北京八达岭野生动物园东北虎园内，发生一起老虎伤人事件，造成1死1伤。这引起了我们班学生的关注。网络上争论不休的观点也在班中出现。他们一方面同情死伤家庭遭遇的悲剧，一方面又为女游客不遵守动物园的规定，私自下车酿成惨剧的结果感到痛心。班中迅速展开了一场激烈的讨论。讨论中，孩子们深刻体会到了规则的意义和价值。学生借助讨论自己或他人身上发生的事情和社会新闻，逐渐形成正确的是非观和价值判断，逐渐理解了规则的意义和价值。

同样，榜样的力量是激发学生内驱力，进行自我教育的重要手段。学生共同制定"四守"之星评选规则，每周由学生各评选出一名"守时之星""守礼之星""守纪之星""守信之星"。每周大家最盼望的就是"颁星时刻"，班中善于发现他人优点、优秀事迹的"星探"们提名"四守"之星候选人，教师则为当选的"四守"之星撰写颁奖词，表彰其表现。而当选的"四守"之星还在全班面前宣讲自己的事迹，与大家分享好的经验、方法。这既是对该名学生的激励，也同样引导着其他同学学习榜样，自发地改善自己的言行，争取"四守"之星的光荣称号。

"班级常规规则表"开始实施以来，的确起到了一定的作用。大部分学生能够按照表格上提出的各项要求进行自我管理。但随着学生升入高年级后，自主意识显著增强，渴望拥有自主的天地，进行自我管理。但是"班级常规规则表"上的要求太过细碎，而且很多要求全班学生均已做到，其实已经没有设置的必要。而且，虽然当时制定规则时，是经由全班同学举手通过，但实际上，有一部分同学并未在内心中真正认同这些规则，估计也有不少同学是迫于集体的压力，即便自己不能认同，或是没有能力做到，却也和其他同学一起举起了手。

到了五年级，学生初步出现了青春早期的一些现象，尤其是一些男生，不再对教师"唯命是从"，在违反规则之后，常常与老师辩论，试图甩掉自己身上的责任。我们常在还原事实本身，界定责任的环节浪费很多时间。我意识到，师生共同制定的"班级常规规则表"已经失去效力，要想让学生真正遵守规则，还是需要学生自己参与制定，尊重每一位学生的特性与个性。

因此，"凝晶班"成立以来，班级中便取消了常规规则的执行与监督。我将一张空白的日常作息表格发给学生，并且命名为"凝晶班行为规范自检表"，表格中包括一天的作息安排，常规的活动。学生填写表格时，需要写出此项常规活动给自己提出的目标是什么，违反后将采取什么样的管理方式，相当于对常规规则进行"私人订制"。由学生个人根据每日常规内容，对自己提出要求与违反后的管理措施。学生在填写完成后，需要利用课间时间拿着表格来找我，我们一起讨论要求与管理措施是否合理、可行。如果合格了，我就会在"班主任签字"处签上我的名字，再由学生带回家交由家长签字，此项针对学生个人的"凝晶班行为规范自检表"就此生效。

除了要将行为规范自检表一式三份，由学生、家长、班主任教师共同签字通过之外，正式执行还需经过严肃的宣誓仪式，"自检表"正式生效。仪式感能够增加"自检表"的管理效应，因此，我精心思考了宣誓词，并将整个过程进行录制保存。宣誓誓词如下：

2019 年 4 月 22 日起，"凝晶班行为规范自检表"开始实施，具有"法律"效力。本人保证，按照个人所提要求严格自我管理，接受同伴监督，一经违反，甘愿接受处置，并且保证"自检表"的开放性，根据个人行为随时调整。

宣誓人：×××

宣誓仪式结束后，我将"自检表"复印，学生、家长和班主任老师人手一份。全班同学共 28 份"自检表"装订成册，放在教室留档。每当学生违反规则、纪律，我们就会一起拿出他本人的"自检表"，根据学生自己所写的管理方式进行处理。"凝晶班行为规范自检表"的使用给予学生自主管理的空间，增强学生自律的能力，也减少了师生之间因常规管理引发的种种矛盾。

回首一至六年级的管理方式与相关活动，我发现培养学生的自律能力是一个动态变化的过程。没有强制要求的部分，不利用权威的力量显然是不现实的，但如果一直采取同样的管理方式，最终随着学生年龄的增长，也会逐渐失效。因此，我们在培养学生尊重规则，实现自律的过程中，应该随着学生的身心发展规律和所处的道德发展阶段不断调整、改进，才能收到更好的教育效果。

◆ 附件 1: 汪祎旻——整理我的小书包

【背景分析】

一、主题解析

《中小学生守则》（2015 年修订）中提到，"勤劳笃行乐奉献。自己的事自己做，参与劳动实践""明礼守法讲美德。保持公共卫生"。一年级的学生刚刚进入校园，一切都在初始阶段，我们看起来简单、容易的"整理书包"，对于一年级新生来说，可能是"丈二和尚摸不着头脑"。需要教师将整理书包的步骤细化，引导学生有调理地、按步骤完成整理书包。且"工欲善其事，必先利其器"。"课本"是学习生活中最重要的朋友，学会整理书包，不仅可以提升学生的自理能力，更是让他们明白，自己应该爱护书本。

二、班情、学情分析

一年级的学生刚刚入学，学生往往会有以下经历：学校不像家里，不像幼儿园，事事有人照顾。来到学校，一个班有很多同学，老师顾不上和每位同学说话，课程丰富多彩，课表上的课，一节接着一节，老师走马灯一样轮换，还没有记清语文老师的姓名，数学课又要开始了，桌上的书本也跟着换了又换。课间只顾着去卫生间，忘记了收拾课桌，只好任由语文、数学、英语、铅笔、橡皮堆满一桌子。一整天下来，书本放得到处都是，桌面上没有地方了，就放在桌洞里，桌洞里满了，就堆在地上，各个学科掺杂在一起，总是找不到自己想要的那本书。终于要放学了，早上明明背来整齐的书包，现在却收不进去了。这就是一年级学生的一天。

【班会目标】

一、认知目标：

1. 知道书包里主要应该放书本、铅笔盒、个人必需品。

2. 知道上学时，书包里不应放危险品（如：刀具），也不应该放玩具等会影响学习的物品。

3. 知道书包里的书本应该放整齐。

二、情感目标：

1. 养成整理自己的小书包和爱整理的生活习惯。

2. 能在整理过程中体验到自己的事情自己做的喜悦感、满足感和成就感。

三、行为目标：

1. 初步掌握整理书包、桌洞的基本方法。

2. 培养学生勤于思考、解决生活实际问题的能力；同时增强学生的动手操作能力，培养自理能力。

3. 小组讨论中，培养学生与人交往和分享的能力。

【班会准备】

一、教师准备：

1. PPT

2. 六个人一组，将全班提前分好组。

3. 照片：乱书包的照片、整齐书包的照片。

二、学生准备：

1. 语文、数学、英语、综合这四种学具袋。
2. 各个学科的书本。

【班会过程】

一、对比引发共鸣，问题激发思考

1. 情景引入

PPT：杂乱无章的书包＋不开心的小孩（图片）。

同学们，最近这位同学的情绪特别低落，交作业时找不到作业本，被老师批评，被妈妈批评，水杯放在书包里把书本弄湿了，社会实践的回执也不知道放在哪里了。他很苦恼，整天闷闷不乐的，但他实在想不出来这是为什么？同学们，你们谁知道啊？

2. 激发兴趣

PPT：班里同学的整洁书包。

你们看，这样的书包整洁吗？（图片展示）想不想在最短的时间内将自己的小书包整理得很整齐呢？今天我们就来一起学习"整理我的小书包"。

【设计意图】以同龄人的苦恼作为开场白，贴近学生生活，引发共鸣，引导学生发现身边的问题，思考问题出现的原因。

二、问题逐个击破，有序动手整理

1. 小组讨论：将小组内拿到的物品图片分类。

同学们，想要书包干净整洁，首先要给书包减减负。

四个人一组讨论，上学时哪些物品可以带，哪些不可以带？

3. 小组间交流、分享。

哪个小组愿意和大家一起分享你们讨论的结果？

请你们派一名同学到前面来分一分，贴在黑板上。

（根据情况问：其他小组有补充的吗？）

4. 总结整理书包的步骤及方法。

（1）按课表挑选学习用品。

（2）整齐地装入书包。

按课表准备好要用的书后，我们可以将书本分类，并按由小到大顺序排列，再将书本分科放入文件袋，最后将 4 个文件袋放进书包里。

PPT（3 个整齐的书包）。

（3）餐具、餐布、汤碗放进饭包里。

5. 亲手实践——整理书包。

每人亲手整理自己的书包。

PPT：出示一份课表。练习整理自己现在的书包。

下面老师将组织一场整理书包的比赛，评选出前 5 名，看看谁能又好又快地将自己的小书包整理好，整理完的同学就请你按 1 号坐姿坐好等待老师检查。

【设计意图】学生觉得整理书包困难，往往是由于生活经验不足，做事没有条理，缺乏动手实践，在课堂上，教师将复杂的实践细化，分步骤讲解清楚，有助于学生动手实践，也可以弥补生活中的经验空白。

三、总结及拓展延伸

1. 回顾步骤

刚才大家都亲手整理了一下自己的小书包，大部分同学都掌握了老师教给你们的方法，谁还记得？

2. 今天我们整理书本的家——书包，书本还有一个家——书架。请你今天下课后，或者回家以后，再试着自己整理书架吧！

【设计意图】回顾今天课堂的知识，加以巩固，并让学生进行迁移，养成自己收拾卫生和爱护公共卫生的习惯。

【班会反思】

本次班会有以下几个亮点：

一、情景引入，贴近学生生活

本次班会针对一年级学生特点，以"整理书包"这件每天都要做的日常事务入手，贴近学生生活，符合学生心理发展特点，解决困扰家长、老师、学生的自理问题、卫生问题、书本破损问题，同时引导学生践行《中小学生守则》中"勤劳""讲美德"的目标。

二、步骤细致，学生易于理解

学生觉得整理书包困难，往往是由于生活经验不足，做事没有条理，缺乏动手实践造成，在课堂上，教师将复杂的实践细化，分步骤讲解清楚，有助于学生动手实践，也可以弥补生活中的经验空白。

三、动手操作，训练有实效

学生在动手实践的过程中加深了印象，将学到的知识付诸行动，亲自动手整理书包，收获成功体验，了解了"自己的事情自己做"，并且在今后的生活中敢于自己动手做，增强了自理的意识。

◆ 附件 2：孙秀林——小小便笺纸，浓浓同学情

"孙老师，今天 XX 同学带玩具来学校了！"

"孙老师，刚刚数学课上 XX 玩铅笔盒，不认真听讲，都被数学老师批评了。"

"孙老师，您快看看他，他把桌子弄得乱七八糟的！"

……

每次来到班里，我总会被这样的声音包围起来，打"小报告"的孩子一个接一个，争先恐后地向我汇报别人的错误。你说我不认真听讲，我就要回敬一句你不遵守纪律，然后矛盾升级，几个孩子吵起来了。

作为一名新手班主任，我很享受被孩子们信任、亲近的现状，也乐于听到他们毫无隐瞒的想法。但同时我也在担心，孩子们如果一直着眼在别人的缺点上，他们又该如何进步呢？现在刚入学没多久，孩子们就流行相互告状。长此以往，班里友好的同学关系也会逐渐被破坏，必然会影响班级团结。必须得想个解决的办法了，既不能打击学生与我沟通的积极性，又得把他们的目光转移到别人的优点上来。对了，就这么办！

第二天的班会课上，我拿出几本花花绿绿、形态各异的便笺纸，对同学们说："同学们，你们知道这是什么吗？""便笺纸！"急性子的同学立刻叫了出来。"真漂亮！干什么用呢？"一双双大眼睛闪烁着好奇的光芒看着我，不明白我要做什么。"孙老师要请大家帮我一个忙——"我顿了顿，吊了吊他们的胃口，"请你们做班里的小小观察员，帮我把班里的好人好事记在你喜欢的便笺纸上，写好的好人好事我要展示在班级光荣榜上。"

孩子们都很感兴趣，一下课就拿着便笺纸查看，但却没有一个人动笔写。为了打破这个局面，我撕下一张便笺纸写了起来："2013 年 9 月 18 日，小 C 和小 Y 为班里拿来纸巾、洗手液，谢谢他们支持班级建设。"孩子读了我的便笺纸之后，顿时领悟了怎样做好人好事的观察员，纷纷把目光放到别人的优点上。一张张写满了好人好事的便笺纸如雪花般纷至沓来，贴满了光荣榜。

"今天 B 同学安慰了哭泣的 L 同学，让她不要害怕打针。"

"M 同学帮我捡起了掉落的铅笔盒。"

"X 同学帮咱们班摆齐了饭盒。"

……

孩子们虽然笔触稚嫩，甚至掺杂了许多错别字、拼音，但却真实地表达出对好人好事的赞美之情。记录了好人好事的观察员很高兴自己写的便笺纸被张贴出来，受到表扬的同学更是很自豪，继续做更多的好事。渐渐地，班里打"小报告"的声音越来越少，相对的，好人好事的宣传在班里盛行起来。

一个月后，我在统计班里好人好事人数时发现，班里的几位潜能生一次都没有上榜。还有不少同学委屈地向我抱怨，明明自己做了很多好人好事，却没有一个人写他。这的确是个问题，怎样给潜能生更多的机会，怎样让每一个人都有平等的舞台，我调整了便笺纸活动的形式。

"同学们，咱们已经记录了很久别人身上的优点，你们想不想让别人了解一下自己做的好人好事？"孩子们整齐而又大声地回答我："想！"我紧接着说道："那我们改变一下活动的形式，以后我们在便笺纸上写下自己做的好人好事，让自己也成为别人学习的榜样。"

活动开展之后，顿时掀起了一股写便笺纸的热潮，同学们热衷于做完好人好事的时候记录下来，让别人学习。潜能生参与活动的积极性也被充分调动起来，他们的行为被周围的同学认可，逐渐自信起来。

后期，两种记录并存，学生可以记录别人身上的优点，也可以写自己做的好事，展示墙上的便笺纸越来越多，而一年（4）班同学间的交往也越来越和谐，因为挑毛病、告状产生的矛盾也大大减少了。

教育学生就像疏通河道，遇到问题的时候，宜疏而不宜堵，教师要善于引导。在这次"寻找身边的榜样"活动后，学生给别人挑毛病、告状的行为大大减少，学生们的注意力转移到别人的优点上，初步学会了欣赏他人。这样既保护了他们与老师交流的积极性，又使好人好事之风在班中盛行，可以说是一举多得。

当然，在活动的过程中，也遇到了一些问题。有些学生并不理解什么叫作好人好事，常常是别人做了什么事情被记录下来，自己就照着去学。虽然行为是好的，但是缺乏自己的主动性，需要教师加以指导。同时，我发现，部分学生更愿意做好事让别人去写，自己却不喜欢动笔记录别人做的好事。对于这些同学，教师要做好动员，让他们积极参与到活动中来。在体会被人欣赏、肯定的快乐的同时，学会把这份快乐传递给别人。低年段的学生心理特点如此，利己、自我意识较强，但在教师的引导下，学生学会了欣赏别人，融入集体，有所成长。

◆ 附件 3: 孙秀林——友善语言 HOLD 住友谊船

【背景分析】

一、主题解析

"友善"是社会主义核心价值观中公民层面的基本道德规范，强调公民之间应互相尊重、互相关心、互相帮助、和睦友好，努力形成社会主义的新型人际关系。"友善"在日常生活中的践行可以体现在与人相处时的待人和气。待人和气是社会主义社会公民道德素养的外在表现，主要通过日常交往过程中的言谈得以体现。韩愈所说的"仁义之人，其言蔼如也"，正是从言谈方面道出了友善之人的特征。对于小学阶段的学生，践行"友善"并不困难，一句温暖的话语，便可传递友善的态度。教师可引导学生从语言表达开始，积极践行，养成习惯，培养"友善"这一美好的品质。

二、班情、学情分析

五年级的孩子随着生理的成长，其自我意识开始萌芽，独立意识、支配欲显著增强，想拥有自己的天地，自由表达自己的观点。他们在与同伴交流时，常以自我为中心，不能清晰意识到自己的言行给别人带来的影响。与人交流过程中缺乏方法，易受情绪支配，多因小摩擦而用负面语言向同学宣泄自己的情绪，影响同学之间的友善环境。班级中经常发生因语言表达不当引发争执的事件，甚至将小小摩擦演化成打架，平时关系很好的小伙伴也会因为一句口角不欢而散，严重影响学生间正常的人际交往。

为了缓和这一情况，我在班级中开展了一系列活动，如"小小便笺纸，浓浓同学情"活动，引导学生关注并记录他人优点或好事。还引入"正面管教"的"致谢"环节，在班会中专门设置向同伴表示感谢的环节，用语言传递对他人的感恩。通过这些活动，学生的口角摩擦情况有了一些改善。

【班会目标】

一、认知目标

引导学生认识到因表达不当引发争端的严重情况，认识到攻击性语言带来的危害；了解语言是有力量的，感受友善语言、攻击性语言在表达上的不同之处。

二、情感目标

引导学生有意识地关注自己的语言给听者带来的影响和感受，愿意用友善语言传递温暖，影响周围的人。

三、行为目标

引导学生总结、归纳表达友善语言的方法，练习用友善语言与人沟通。

【班会准备】

一、教师准备

1.整理学生人际交往过程中曾说过的攻击性语言，制作成沟通游戏小纸条；
2.选择真实案例情境，制作"我的推测"表格；
3.搜集口角引发矛盾的相关新闻，下载新闻视频。

二、学生准备

1.统计开学两个月期间班级发生口角引发矛盾的事件数量，涉及学生人数、圆满解决的事件数量等相关数据。
2.采访涉及摩擦事件双方的情绪、感受，进行记录。
3.分析调查数据，制作统计表。

【班会过程】

一、友谊小船遇风浪，认识恶语危害

主持人：同学们，在我们的生活中，有一艘小船，它不航行于江河之中，却航行在同伴之间，前一段时间这艘小船火遍网络，大家知道这艘船是什么吗？

对，就是这艘友谊的小船（出示"友谊船"图片），友谊的小船存在于我们每个人之间，它也来到了我们班，下面我们就一同进入班会课——让友善的语言 HOLD 住友谊船

【设计意图】以网络流行语"友谊的小船说翻就翻"作为开场白，配上幽默诙谐的漫画图片，贴近学生生活，营造一种轻松、愉悦的课堂氛围，巧妙地引出班会的主题。

（一）呈现数据，引发学生关注

主持人：同学们，这艘友谊的小船时刻经受着风浪的考验，稍有不慎，友谊的小船说翻就翻。之前我们在班级中开展了调查活动，下面请调查小组的同学为我们呈现他们整理出的调查数据。

第一小组呈现开学两个月以来同学之间发生矛盾的统计情况，第一是矛盾事件的数据分析，第二是事件双方情绪、感受的调查结果。

学生汇报：开学两个月全班一共发生 17 起因为语言表达不当，将小问题、小摩擦变为严重争执的事件，其中演化成打架的事件共 6 起，涉及班里 19 位同学，占班级学生总数的 47.4%；在这些事件中，发生争执和矛盾后，得到圆满解决的有 11 起，占事件总数的 64.7%，其余事件以不欢而散，选择无视对方收场。对事件双方的同学进行了采访，一些同学表示对于对方的言行感到委屈、愤怒、伤心，还有一些同学冷静后对自己的言行感到后悔、自责。

主持人：听了调查小组汇报的数据，同学们有什么想法呢？

学生们意识到身边发生了这么多因为口角引发的矛盾，这个问题很严重，需要我们大家多关注；还有同学提到因为小摩擦引发好朋友之间的矛盾很不值得，应该反思。曾发生过口角引起矛盾的同学分享自己当时的感受很不好，

但是又不知道该如何解决这件事。

主持人：调查小组的汇报与大家的分享都提到了，口角引发的矛盾冲突给我们带来的情绪体验是难过、悲伤、愤怒、懊悔、自责等，看来这样的事件的确给我们带来了不好的情绪体验，也成为我们的一个苦恼。（出示表情图片）

【设计意图】学生在平时生活中虽注意到班中发生的口角摩擦事件，却没有过多关注，对班级整体的情况并不清楚。在班会前针对开学两个月出现的因语言表达不当造成争吵、打架的事件进行统计，向全班同学做分享，用具体、翔实的数据让学生直观感受到这一现象在班中的普遍存在与严重程度，引发学生的关注与自我反思。

（二）社会现象，引起学生重视

主持人：语言不和，不仅会造成不好的情绪体验，还会产生更严重的后果。请同学们和我一起看这样一则新闻。（播放因口角引发悲剧的新闻——口舌之争引发血案，故意伤人将受刑）

主持人：同学们，一句恶语所带来的危害就是如此可怕，它不仅影响了咱们班的团结，还可能在社会上造成了更为严重的后果。

【设计意图】了解完班级存在的问题后，将学生的视野拓展至社会事件，从新闻中了解攻击性语言带来的危害，意识到问题的严重性，产生想要改变自己的内驱力。

二、友善言语平风浪，感受善言力量

（一）实例研讨，友善语言带来美好结局

主持人：那么我们该如何HOLD住友谊的小船呢，我们从翻船事件中选取一个案例，共同来研讨。

1.情景呈现翻船事件

主持人：同学们，这是发生在咱们班的一个真实"翻船案例"，发生矛盾后，大家都会怎么说呢？我们一起来完成事件推演的过程。

（出示情境案例）某个课间，小闵同学在教室走动时不小心碰到了正在写作业的小葛同学的胳膊，小葛同学在作业本上画了一道黑印，作业被毁掉了。此时，小闵会如何反应？小葛会如何应对？结局会如何？（请大家根据自己的想法，把"我的推测"写下来。）

2.同学思考发展过程

事件进程	小葛如何说？	小闵如何回应？	双方表现	事件结局
我的推测				
我的想法				

学生独立填写表格，并汇报自己对于事件进程的推测及想法。

3.全班推演，关注语言

教师根据同学的汇报，板书出示小结：

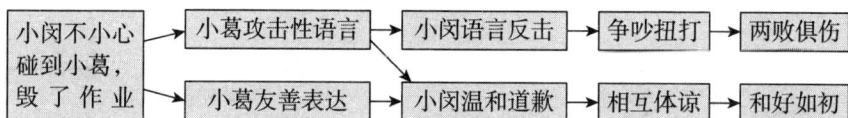

小闵不小心碰到小葛，毁了作业 → 小葛攻击性语言 → 小闵语言反击 → 争吵扭打 → 两败俱伤

小闵不小心碰到小葛，毁了作业 → 小葛友善表达 → 小闵温和道歉 → 相互体谅 → 和好如初

主持人：同学们，你们从这张事件发展流程图中发现了什么？

学生谈到在事件发展过程中，根据当事人所说的语言不同，事情会有不一样的结局。攻击性语言导致一件小事升级，引发同学间的矛盾。友善的表达能顺利解决小摩擦。还有同学谈到，当对方用攻击性语言时，小闵能认识到自己的问题，主动道歉，也可以解决问题。

【设计意图】寻找学生日常生活中的真实事件，通过让学生推演事情发展的过程，解决问题，挖掘学生的真实想法。利用情境模拟，让学生跳出"当局者迷"的视角，以旁观者的身份看清事件发展的整个过程，看到友善表达带来的美好结局，从而真切感受到友善语言的表达对于维持友谊的重要作用，从而唤醒学生表达友善语言的愿望。

（二）游戏体验，友善语言传递积极情绪

主持人：看来，语言是HOLD"友谊船"的关键因素，它身上究竟拥有什么样神奇的力量呢？我们通过一个小游戏直观感受一下。

小游戏："语言的力量"

游戏规则与流程：

两名同学担任游戏中的体验者，八名同学分成 A、B 组，四人一组排成一列，两组同学分别领取一张纸条，面对面站好，中间留大概 1 米的通道，体验者 "S" 形路线分别走到 8 名同学面前听他们说话，不需回答。其他同学担任游戏过程的观察员，感受整个过程。

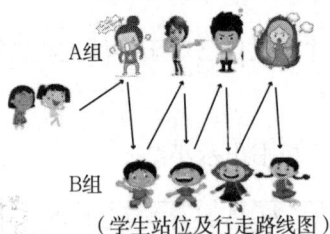

（学生站位及行走路线图）

A 组纸条内容	B 组纸条内容
A1：你没长眼啊！让开点！	B1：能麻烦你让一下吗？我想过去。
A2：你干嘛呀？滚远一点，我不想和你玩！	B2：我现在有事，请不要打扰我，好吗？
A3：喂！都怪你把我书碰掉了！给我道歉！	B3：你刚刚把我的书碰掉了，帮我捡起来吧！
A4：松手！我先拿到跳棋的，给我放开！	B4：刚刚是我先拿到跳棋的，你要不要和我一起下？还是等我玩完一局再给你？

1.游戏体验，感受情绪

两名学生分别走到 8 名同学面前听纸条上的话。其他学生作为观察员观看游戏过程。

2.多方探讨，交流体会

主持人：我们采访一下刚才听两组同学说话的志愿者，听完了两组发言，你有什么感受？

体验者：当他听到对方说出 A 组攻击性语句，感觉特别委屈、难过。另一同学表示自己本能地想反击那些不好好沟通的同学，而 B 组的语言听起来很舒服，是在好好沟通，解决问题。

主持人：有没有 A 组的同学想谈谈自己感受的？ B 组的同学在说自己纸条上的那句话时想到了什么？

A 组同学表达了自己在说的时候看到同学难过的表情，感觉很不忍心。也有同学反思自己以前也这么说话，常常引发和别人的争吵，并不能解决问题。

B 组同学基本上都表达了自己在与同学沟通时很舒适、顺畅，心情是愉悦的。

主持人：坐在下面的观察员看了游戏后有什么想法呢？

观察员：其实相对站着的两个同学所说的话想表达的是一个意思，但是却引发了不同的情绪体验。为了更好地和朋友相处，应注意说话的语气。

【设计意图】开展"语言的力量"小游戏让学生直观感受不同语言表达形式带来的情绪感受。A 类纸条是学生在前期调查过程中记录下来的同学真实交往过程中说出的语言，选取这些语言并设置对照组 B 类纸条，学生通过参与小游戏亲身体验感受不同语言表达形式背后包含的情绪，反思自己平时的言行。学生真切体会到友善语言传递的积极情绪能够帮助自己解决问题。经过情绪体验、自主讨论所得出的启示，会比老师重复多次的说教更有意义，易于被学生理解和接受。

三、友善言语共研讨，归纳表达方法

（一）分析语言，找规律

主持人：我们再来看看这两组语言，回想刚刚两组同学的表现，你能发现什么规律吗？

学生讨论，总结攻击性语言、友善语言的规律。

攻击性语言常常伴有个人情绪，语气中带有怒火，多是进行指责、抱怨。友善语言语气更温和，给出的是解决问题的方法，常用问句或商量的语气，用礼貌用语。

主持人：一个有智慧、有修养的人能够控制自己的情绪，用友善的语言积极主动地解决问题，处理矛盾，维护好伙伴之间的"友谊船"。

【设计意图】学生总结出攻击性语言和友善语言具有什么样的规律和特点，觉察平时自己语言上的优势与问题，有意识地向友善语言的方向靠拢，以期在今后的人际交往中说友善语言。

（二）小组合作，寻方法

主持人：同学们，我们刚才感受到了友善语言的力量，它能化干戈为玉帛，能够化解我们的矛盾，那我们如何才能在矛盾发生时说出友善的语言呢？请同学们分组讨论。

小组汇报讨论结果。

有的小组认为要说出友善语言，要学会控制自己的情绪，也要接纳对方的情绪。可以在发生矛盾时，先让自己冷静下来再与对方沟通。还有的小组认为要"换位思考"，想想对方为什么要这么跟我说话，试着理解他，不和他争一时之气。另一小组补充了在面对别人给自己带来的小麻烦时，可以不计较，大度一些；而作为给别人带来伤害的同学，要主动道歉，进行弥补。

（三）总结归纳，定流程

主持人：刚才大家提出的方法都很好，今后大家可以在矛盾发生时选择自己喜欢的方法调整好自己的状态，说出友善语言解决问题。当矛盾发生时，道歉可是一门大学问，我们一起根据刚才的汇报梳理道歉的整个流程。

根据小组汇报内容整理"道歉三步曲"。

第一步：换位思考，认识自己错误。

第二步：真诚道歉，关心对方感受。

第三步：勇敢承担，积极弥补错误。

主持人：今后，我们希望用友善的语言进行道歉，解决问题可以运用这样的范式。

出示语言表达形式：对不起→（承认自己的错误）→（关心对方的感受）→（及时弥补）

【设计意图】召开本次班会课，目的是让学生能够在今后遇到矛盾时学会说友善语言，由学生自主讨论，探索发生矛盾时该如何说出友善语言，并且有具体、可操作的流程与语言表达形式帮助学生扎实掌握，能在行为上给学生明确、清晰的指导。

四、友谊小船驶向前，实践内化行为

主持人：既然学习到了方法，我们就一起运用一下。现在这里有四个咱们班中常见的情景，请大家两人一组，选择其中一个情景，参考"道歉三步曲"的语言表达形式，以友善的语言进行处理，并表演出来。

> **情境一：**课间休息时，小轩从小周身边飞奔而过，不小心撞到了他。
>
> **情景二：**小陶和小余想借同一本书，小陶先拿到图书，但小余也不想放手。
>
> **情景三：**小钟在和小迪下象棋，但小明总在一边乱支招，小钟很不喜欢这个行为。
>
> **情境四：**小涵和小天排队打饭，中途上涵走出附件伍系鞋带，还想排到小天前面，于是硬挤了进去。

学生以两人一小组，选择一个情景进行表演练习。

主持人：哪个小组愿意为我们表演一下你们的事件解决流程呢？

四组学生分别对四个情景进行表演，均能使用友善语言或"道歉三步曲"的语言表达形式解决矛盾，和好如初。

主持人：友善的语言力量如此神奇，像一缕春风，轻轻拂过心田，将我们的"友谊船"稳稳地推向前方。希望大家在今后的人际交往中多多使用友善语言，给身边的人送去温暖，友谊之船永不翻。

【设计意图】情景表演的形式为学生提供了练习使用友善语言的机会，用学习到的新方法解决平时生活中给他们带来困扰的真实事件。学生在相互传递友善语言的过程中感受到暖意在彼此之间流淌，让友谊之船稳稳驶向前方。

五、班主任总结

班主任：今天我们召开了《友善语言 HOLD 住友谊船》班会，亲身感受了不同语言表达形式给人带来的情绪感受，学习了用友善的语言表达想法和情感的方法，并在真实的案例情境中加以练习、使用。希望同学们今后与伙伴相处时可以使用这些语言表达形式，让自己与伙伴的关系更加和谐，减少同学间的矛盾、摩擦。我们可以继续思考，生活中还有哪些传递善意的方式？当别人尴尬时，我们可以送去友善的眼神，当别人面对困难时，鼓励的手势何尝不是友善？这些也是人际交往过程中特别值得我们注意的。

如今，咱们国家的社会主义核心价值观提出了"友善"这一道德规范，希望人和人之间互相尊重、互相关心、互相帮助，和睦友好，形成社会主义的新型人际关系。其实，践行"友善"并不难，我们可以从小事做起，从与身边同伴的交往做起，做践行"友善"核心价值观的小小公民。老师还希望你们可以成为"友善推广大使"，向身边的人传递友善，影响更多的人。

【班会反思】

本次班会有以下几个亮点：

一、小切入口，贴近学生生活

本次班会针对班级现存的普遍现象，以"友谊船"这一小切入点入手，贴近学生生活，符合学生心理发展特点，解决困扰学生的人际交往问题，同时引导学生践行社会主义核心价值观中"友善"这一内容。

二、创新设计，真实体验语言力量

"语言的力量"小游戏，让学生在活动中真实体验到语言表达的力量，意识到友善表达对于人际交往的重要作用，远胜于教师平时反复叮嘱、说教的效果。

三、方法落实，班会开展有实效

与学生共同研讨说出友善语言的流程和具体语言表达形式帮助学生扎实掌握方法，并以情景表演的活动形式为学生提供练习使用友善语言的机会，知行合一，练习方法的使用。

经过本次班会，学生们认识到了友善语言在人际交往中的重要作用，反思了平常自己宣泄情绪的语言会给别人带来怎样的伤害，开始有意识地控制自己的情绪，等冷静下来后再用友善的积极语言解决问题。学生间相互提醒，"道歉三步曲"方法随时指导，学生们平时的言行发生了很大的变化，同学间的关系更加亲密，班级的氛围也更加和谐、稳定。更令人欣喜的是，他们还将这样的沟通方法渗透到家庭当中，改变以往指责、抱怨父母或不耐烦的沟通方法，愿意用语言表达自己的感受、想法，减少了与家长之间的矛盾。虽然还有一些容易冲动的学生忘记了正确的沟通方法，但在老师、同学的提醒下能够承认错误，及时改正。因此，从学生的表现来看，本次班会是比较成功的。

此外，在"友善言语共研讨"环节中，有个别同学提到，有时候对方的言行太过分，自己并不愿意原谅对方。我认同这些学生的真实感受，尊重他们选择"原谅"或"不原谅"的权利，不强制性要求学生完全包容他人的错误。但在今后的教育活动中，还应引导学生注意，可以选择不原谅对方，但在言行方面也要加以控制，用平和的语言表达自己的真实感受，解决矛盾，不说攻击性语言，不发生肢体冲突。

◆ 附:【后续教育计划】

一、强化认知维度

1. 温暖话语 TOP10

每周的班会课上设置新版块，学生通过自荐、同伴推荐及教师推荐等形式推荐本周自己所听到的友善语言，分享自己听到后的真实感受。由全体师生共同评选出最为感人的 10 句话，制作"温暖语言 TOP10"海报，张贴在教室中。

2."友谊小船正扬帆"系列班会

与学生继续讨论其他践行友善的方式，如友善的眼神、友善的手势等，根据学生在此次班会上的建议，讨论"友善有度"的问题，在学期末召开相关班会。

二、行为维度：亮眼寻"友善"

每天的早读十分钟时间，请一名同学谈一谈自己观察到的身边的友善行为或友善语言，或是与大家分享自己对于"友善"的理解与感受。

三、激励维度：你是我的友善天使

与班级评价机制"每周之星"评选相结合，开展"你是我的友善天使"评选活动。师生共同推选班级中用友善语言与他人交往、解决问题的同学，评为班级"友善天使"，请他们分享相关事迹与沟通方法，树立榜样。

◆ 附件 4：辛迪——有你，真好！

【背景分析】

一、主题解析

唐代诗人王勃在诗中写道："海内存知己，天涯若比邻。"好友的一句关心、一声问候都可以传递友善之情，而友善也是营造良好班风十分重要的方面。为此本节班会以社会主义核心价值观中的友善为主题，引导学生感悟到友善的重要性，并解决交友中的实际问题。

二、班情、学情分析

三年级的学生随着生理与心理的发展，自我意识开始萌芽，交友的意识和愿望也在逐渐加深，他们渴望结交朋友。从问卷反馈结果来看，班中 33 人有 32 人认为好朋友对自己来说很重要，因为好朋友间可以互相帮助、一起玩耍、共同学习，共同进步，有了朋友就不会觉得孤单、寂寞。但在朋友的交往中，难免会出现矛盾，吵架、摩擦甚至是大打出手，问卷中有 24 位同学写到自己曾和好朋友发生矛盾，出现矛盾后若不能及时、正确处理，极易影响同学间的交往，也不利于良好班风的形成。

基于以上认识和分析，我们决定召开本次班会。

【班会目标】

一、认知目标

引导学生认识到朋友的内涵，体会友情的重要性，进而感悟朋友的意义。由此增进学生对友情的感受和体验，形成互助互爱、团结友善的班集体。

二、情感目标

引导学生有意识地关注友谊的美好，通过活动懂得朋友的真正含义，认识友情的重要，学习处理朋友间出现的问题。

三、行为目标

引导学生通过正确的人际交往方式获得真正的友谊，促使同学间相互团结，促进学生身心发展。

【班会准备】

一、教师准备

1. 设计前期调查问卷，对学生交朋友现状的有关数据进行统计分析。

心里话大揭秘

关于友情，唐代诗人王勃曾写下著名诗句"海内存知己，天涯若比邻"。同学位，你们在一起学习、生活将近三年的时间了。你在班里结交到好朋友了吗？你在交友过程中遇到过困惑吗？请你真实填写这张问卷，让我们通过这张问卷听听你的心里话。

1.你在班里有好朋友吗？有（　　）　　没有（　　）。

2.你觉得好朋友对你来说重要吗？重要（　　）　　不重要（　　）

原因是：_____

3.你的好朋友是：_____。

4.简单写写你和好朋友间发生的一个温暖的故事。

_____

_____

5.你和好朋友之间吵过架吗？吵过（　　）　　没吵过（　　）

6.和好朋友吵架后，你是怎样解决的？（　　）

A.主动道歉　　　　B.微笑示好　　　　C.握手言和

你还有其他解决办法吗？试着写下来

_____

_____

2.制作 ppt 课件。

3.找关于友谊的视频故事。

4.制作八饼选择轮，从教师角度提出一条解决朋友间矛盾的方法并进行绘制。

二、学生准备

1.完成"心里话大揭秘"问卷。

2.准备一篇关于"我与好友之间温暖的故事"的作文。

【班会过程】

一、初识友谊——绘本故事引入主题

教师播放视频，请同学边看边思考，故事想要告诉我们什么？

师：孩子们，今天这节课的开始，老师给大家带来一个视频，视频的内容和咱们这节课有特别密切的关系，你们想看吗？那就请大家静下心来，边看边想想这个故事想要告诉我们什么？你们有什么感受？

预设：朋友很重要，朋友间要相互帮助……

师：是呀！小刺猬因为自己背上的尖刺总会伤到身边的同学，就这样慢慢地，没有人敢再靠近他了，后背的尖刺就像一堵无形的墙，将他隔绝在了同学们之外。直到圣诞节这天，同学们送给他一个别出心裁的礼物，这份礼物就像冬日的暖阳，瞬间温暖了小刺猬孤独的心，相信看到他和同学们幸福地拥抱在一起时，你的内心也被融化了。这就是友谊的力量。

【设计意图：通过故事导入新课，激发学生的学习兴趣，从故事中使学生感受到朋友的重要性，了解到友谊就在每个人的身边，需要我们去努力发现。】

二、分享友谊——讲述"我"与好朋友的故事

1. 分享故事讲友谊

师：通过之前的问卷，我发现了咱们班好几对好朋友和他们之间温暖、感人的故事，现在掌声有请这几位同学来和我们分享他与好朋友之间的那些事。

在学生讲故事时邀请被提到的好朋友一同上台。

2. 现场采访谈感受

教师现场采访被邀请上来的同学，请他们谈谈感受。

3. 师总结：你们看，我们每天就生活在这样温暖、幸福的班级中；我们每天都在朋友的关心、陪伴、帮助下学习、成长，相信这样温暖的故事在我们班上还有很多很多。看来，有朋友，真好！

【设计意图】这个环节把学生的视角拉回到身边，通过同学回忆与好朋友间发生的温暖、感人的故事，给同学亲切之感。同时邀请被提名的好友上台谈谈心情，感受朋友带给自己的幸福。

三、解决困惑——制作选择轮解决朋友间发生的矛盾

1. 介绍选择轮

师：孩子们，好朋友间能够互相帮助，给予支持和鼓励，但也有发生矛

盾，吵架的时候吧！这时候我们该怎么解决呢？今天我给大家带来一位新伙伴，它叫选择轮。当你和好朋友间出现问题不知道怎么解决时，可以用它来帮你做出选择。现在老师黑板上这个选择轮是空白的，接下来我们就一起制作我们班的选择轮。

2. 布置任务，确定方法

（1）以小组为单位，请小组中每位同学都说出一条解决朋友间矛盾的方法。

（2）小组投票选出一条大家认为最有效的方法，汇报并说清楚理由。

3. 分组绘制

（1）教师示范：老师这里也有一条建议，我还在上面做了装饰，接下来请每组像老师这样做一个设计，一会儿我们把每组制作好的内容贴在选择轮上，我先把我设计的这条贴上。

（2）分组设计。

（3）共同完成选择轮。

3. 运用选择轮解决问题

师：在大家的共同参与下，我们班的选择轮完成啦！这里面都是大家的智慧。黑板上是刚才同学们提到的你们平时出现的矛盾，那谁想来试一试用选择轮来解决一下问题呢？

教师总结：这个选择轮老师会放在咱们班里，今后你们之间再出现矛盾，就可以用选择轮来解决啦！

【设计意图】引入学校提倡的积极养育课程当中一种处理问题的方法——选择轮，让学生学会关注解决问题，并能够想出更多解决朋友间矛盾的方法，给他们更多的选择和权利。

四、吐露真心——好友间的赞美

师：孩子们，这节课我们不仅感受到了朋友间的温暖，还制作了解决问题的选择轮。朋友之间就是需要我们互相支持，互相鼓励，同时，你的好朋友也特别期待听到你对他的赞美呢！接下来就把时间留给大家，请你找到你的好朋友，并把想对他说的话大声告诉他吧！

【设计意图】留给学生一个充分交流的时间，把对好朋友的赞美、感谢甚至是道歉说给对方听，做到真诚沟通。通过彼此的交流感受到朋友间的幸福感，从而打心底里感受到有朋友，真好！

班主任总结：

捧出一颗真诚的心，用善于发现美的眼睛去欣赏别人的优点。朋友间出现了矛盾，用正确的方法去解决。在这节课上，你们认识到了朋友的重要性，感受到了朋友带给自己的幸福，还学会了处理吵架的方法。相信这节课大家都有满满的收获。最后让我们大声喊出本节课的主题——有你，真好！

相信大家会结交更多的朋友，收获更真挚的友情。

五、班会后续延伸教育活动设计

1.强化认知维度

将学生准备的关于"和朋友间的温暖故事"的文章布置在板报和墙报上，在班中延续这份友善与温暖。

2.行为维度

利用后续的班会课请学生分享利用选择轮解决矛盾的经历，引导学生正确处理和朋友之间的矛盾。

3.激励维度

结合班级常规评比，开展"闪亮朋友圈"活动，引导孩子们广泛交友，建立自己的好朋友圈子，并且相互影响、共同进步。在班中形成良好的班风，使班级氛围更加友好。

六、班会反思

1.班会主题贴近学生生活

本次班会针对班级现存的普遍现象，以"友谊"这一主题为切入点入手，贴近学生生活，符合学生心理发展特点，解决困扰学生的人际交往问题，同时引导学生践行社会主义核心价值观中"友善"的目标。

2. 通过访谈拉近关系

在访谈中学生回忆与朋友间发生的感人故事，拉近彼此的关系，在沟通中让同学们感受朋友带给自己的幸福感。

3. 运用方法增强课堂实效

同学在日常交往中时常会因为一些小事发生摩擦，轻则影响朋友间的关系，重则会影响整个班级的风气，为此在整节课中我安排大量时间引入积极养育课程中的"选择轮"工具，引导学生在面对矛盾时能够使用正确的方法去解决矛盾，给予他们更多的选择和权利。

附表：

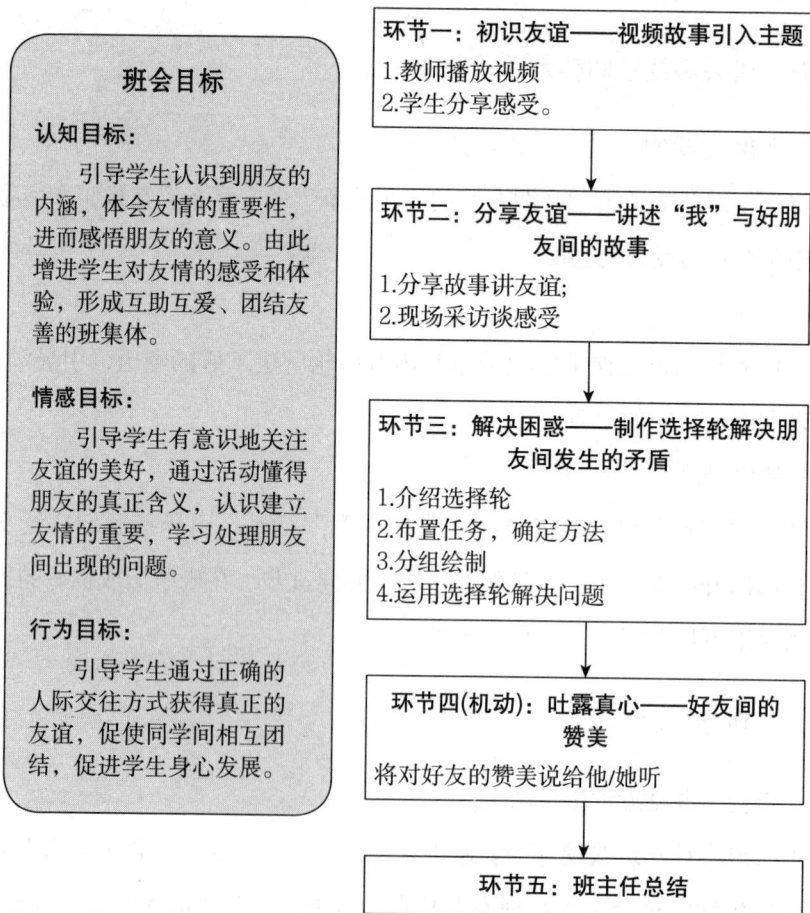

班会目标

认知目标：
引导学生认识到朋友的内涵，体会友情的重要性，进而感悟朋友的意义。由此增进学生对友情的感受和体验，形成互助互爱、团结友善的班集体。

情感目标：
引导学生有意识地关注友谊的美好，通过活动懂得朋友的真正含义，认识建立友情的重要，学习处理朋友间出现的问题。

行为目标：
引导学生通过正确的人际交往方式获得真正的友谊，促使同学间相互团结，促进学生身心发展。

环节一：初识友谊——视频故事引入主题
1. 教师播放视频
2. 学生分享感受。

环节二：分享友谊——讲述"我"与好朋友间的故事
1. 分享故事讲友谊;
2. 现场采访谈感受

环节三：解决困惑——制作选择轮解决朋友间发生的矛盾
1. 介绍选择轮
2. 布置任务，确定方法
3. 分组绘制
4. 运用选择轮解决问题

环节四(机动)：吐露真心——好友间的赞美
将对好友的赞美说给他/她听

环节五：班主任总结

◆ 附件 5: 李建波——球赛风波

【背景分析】

一、主题解析

上周长绳队队员在备赛练习，非参赛学生在一旁游戏打闹，导致队员们训练兴致不高。针对这个问题，几个长绳队队员主动提出要展开讨论，争得同学们的支持。学生通过换位思考，理解到彼此支持的重要性，更加懂得了要想共享集体荣誉，需要全体同学共同努力的道理。他们各自找到角色定位，分工细致，明确了每个人在长绳比赛备赛过程中的具体任务，班会取得圆满成功。

这一问题的顺利解决让我意识到学生才是最清楚班级矛盾点到底在哪的人，于是我决定通过他们的视角找出班级存在的问题，带领他们共同解决。我在班上做了一个小调查：你认为近期班级最需要解决的一个问题是什么？

30 个同学参与调查，没想到调查结果空前集中，有 22 个同学同时提到了体育课的班级内部足球赛过程中，学生之间矛盾频频。看到这儿，我便意识到关注并尽早解决这一问题，势在必行。近期，学校班主任团队正在学习推广《儿童技能教养法》这本书中倡导的理论，书中对于问题转化为学习技能的思维方式我非常认同。于是，我决定在解决班级球赛的矛盾中，尝试使用这一方法，并将其中推行的 15 步法中的一些具体措施，根据实际情况加以挑选、整合，运用在班会课中。

二、班情、学情分析

本班学生共 32 人，其中男生 15 人，普遍活泼好动，心智年龄偏小，个性鲜明，对自己要求不高；女生 17 人，学习能力、自理能力、自我约束意识和上进心等各方面明显优于男生。

升入四年级以来，一班学生在很多方面取得了进步，尤其是本学期运动会成绩突出，使得学生们的集体荣誉感和自信心大增。他们能够客观地看待班级现状，对于班级取得的成绩和存在的问题有较为准确清楚的判断。

【班会目标】

一、认知目标

1. 认识到班级足球赛后同学之间的矛盾并不是因为比赛结果，而是他们不当的情绪表达方式导致的。

2. 认识到在比赛中高兴或沮丧是正当的情绪，需要通过恰当的表达方式宣泄出来。

3. 尝试把问题转化为学习技能的思维方式。

二、情感目标

1. 肯定学生关心集体、参与班级事务的积极性，激发他们更加热爱集体的积极性。

2. 引导学生正确对待班级出现的不足，愿意通过改变自己和影响他人，带动班级成长。

3. 学会在表达情绪的时候考虑对方感受，尊重他人。

三、行为目标

1. 引导学生在足球比赛中，无论输赢都能恰当地表达情绪，并学会迁移，将这种情绪表达的方式扩展运用。

2. 通过活动将技能教养法的理念渗透给学生，改变看问题的视角，尝试将问题转变成学习技能的思维方式，进而逐渐将这种理念运用到自我管理中。

【班会准备】

一、教师准备

1. 学习《儿童技能教养法》的相关理论知识，掌握操作步骤；

2. 调查最困扰学生的班级问题，统计结果并加以分析；

3. 学习恰当表达情绪的方式方法和基本原则，以便正确引导学生；

4. 准备海报等材料，制作 PPT。

二、学生准备

1. 关注班级事务，正确对待班级优势和不足；
2. 参与问卷调查。

【班会过程】

一、反馈调查结果

上周咱班利用班会课，成功地解决了跳长绳时秩序混乱的问题。通过这件事，我感觉到你们特别善于发现问题，解决矛盾的能力也超乎我的想象。于是，我决定通过你们的视角发现班级问题。上周，我们做了一个班级小调查，找出你认为班级最需要解决的一个问题。全班有 30 人参与调查，让我惊讶的是，居然有 22 人同时提到了足球比赛的问题，只有 8 名学生描述的是其他方面的问题。所以，今天我们就来一起聊聊这场球赛风波。

【设计意图】从学生视角看待班级现状，找出他们最关心、最亟待解决的问题，从最实际的学生需求出发，激发学生参与的兴致。

二、找出问题所在

1. 接纳正常情绪

既然是比赛，就会有赢有输。

赢的时候高兴、输的时候沮丧，这些你们赞同吗？这都是大家能理解的正常情绪。

我给大家带来了一组词语：愤怒、偏心、生气、窝火、埋怨、哭闹、吵架、责怪、大发雷霆。你们知道这些词都是从哪儿来的吗？这些情绪是从何而来呢？

2. 列举不满原因

请你们说一说，足球比赛过程中出现了什么事，让你们这么不开心。

预设——进球：得意炫耀、嘲笑对方，拱火。

失球：埋怨老师偏心、分组不公、埋怨对方和同伴不懂规则。

我听出来了，无论是进球还是失球，双方都不开心。赢球的同学喜欢炫耀，输球的同学爱埋怨，所以惹得大家都很气愤。

原来不是比赛结果左右了我们的心情，而是不当的表达引起了我们的坏情绪。而且我发现，因为班级足球比赛中，是按照性别组队，这也升级成了男女生之间的矛盾。

【设计意图】了解足球比赛过程中的问题所在，引导学生意识到不是比赛结果左右了我们的心情，而是不当的表达引起了我们的坏情绪。

三、问题转化技能

1. 认定学习技能

看来这真不是一个好解决的问题啊！别着急孩子们，今天，李老师带领大家换一种思维方式：我们把问题转变成学习的技能，既然现在是不会恰当地表达情绪，那么我们就把它定为"学会在赢球或输球时恰当表达情绪"来试一试怎么样？

2. 探讨得当做法

什么样的庆祝方式既能表达自己的高兴，又不引起对手的反感呢？只有互相尊重，考虑到他人的想法，才能让大家都接受。下面，我们分成四组来讨论，男生两组，女生两组，你们可以把自己的想法简单地写在纸条上。

进球时，我和队友：欢呼庆祝、约定动作。

进球时，我向对手：表示鼓励、加油打气。

失球时，我和队友：互相鼓励、拥抱安慰等。

失球时，我向对手：表示祝贺、佩服。

3. 确定具体做法

四个小组分别汇报，大家举手表决，出海报。

总结：我们班的足球比赛中，相对于庆祝胜利，我觉得向失利一方表示支持，彼此鼓励更加重要，因为我们是一个集体。你们共同的目标是大家都积极锻炼，提高球技，共同赢得璞瑅杯，才是属于我们最大的胜利。

【设计意图】提出将问题转为学习技能的思维方式，提出情绪表达的基本原则：尊重他人，适时适度。并启发学生设计独特的庆祝或互相安慰的方式。在讨论中确定他们自己的做法。

四、探讨技能好处

你们想一想，如果我们学会这些技能，会带来什么好处呢？

预设：1. 增强凝聚力

2. 避免矛盾和受伤

3. 提高球技，争得荣誉

4. 心情愉悦

5. 面对其他比赛的时候也知道怎样做

【设计意图】集体讨论、列举学会技能的好处，有利于学生发现技能所带来的积极影响，激发他们掌握这项技能的积极性。

五、商定庆祝方式：

拥有这个技能，我们能收获这么多好处，想想就觉得美好。如果我们学会了，比如在期末考试前的足球课上你们都能愉快地回班，快想一想，咱们怎么庆祝一下？

预设：跟家长来一次足球赛，结束之后分享蛋糕。

【设计意图】集体讨论制定庆祝方式，对学习技能有了期待，更激发他们掌握这项技能的积极性，让他们感到老师和家长对他们充满信心。

六、尝试练习运用

好期待那个庆祝时刻的到来。学会一个技能，需要不断的练习，咱们现在来演练一下怎么样？

1. 分组练习

2. 上台展示

【设计意图】让学生在演练中将讨论出来的具体做法运用上，通过同伴和老师的积极回应，强化正确的行为方式，以便在实际应用中更加熟练、自如。

七、送出邀请卡片

1.确认邀请对象

在课上你们练习得特别好，如果到了体育课上，你们有信心表现得像现在一样吗？你们希望谁做咱们的学习技能支持者，邀请他来见证我们的进步？

3.制作邀请卡片

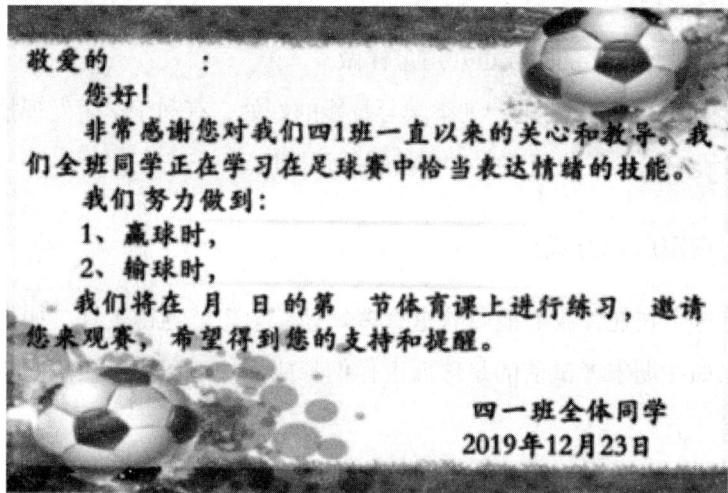

敬爱的　　　：
　　您好！
　　非常感谢您对我们四1班一直以来的关心和教导。我们全班同学正在学习在足球赛中恰当表达情绪的技能。
　　我们努力做到：
　　1、赢球时，
　　2、输球时，
　　我们将在　月　日的第　节体育课上进行练习，邀请您来观赛，希望得到您的支持和提醒。

四一班全体同学
2019年12月23日

你们推荐谁来制作邀请卡，代表全班同学送到老师手上。

【设计意图】让学生感受到来自外界对他们学习技能的关心，通过这个仪式，让他们意识到学习这项技能的重要性。同时，被邀请者的到场也会给学生们带去信心和关爱，这种积极的提醒方式更易于让学生接受。

八、班主任总结

孩子们，在这节班会课上，我们共同探讨了最困扰我们的足球比赛时大家如何表达情绪的问题，我们通过把问题转变成学习技能的方式确定了我们要一起学习在球赛中恰当表达情绪的技能。大家集思广益，想出了这么多的好办法，而且特别认真地学习演练，我热切盼望着看到你们在球赛中互相鼓励、彼此支持的样子。其实除了在运动场上，在小组评比中、在考试成绩公布后，表达情绪的时候都要考虑他人的感受，这里饱含着彼此的尊重，更是一种发自心底的善良。

希望曾经的足球风波就此平息，孩子们，带着今天的收获，在未来的赛场上，去展现你们最美的风采吧。

【设计意图】通过回顾整节班会的过程，让学生感受到收获满满，不仅学会了如何在球赛中恰当表达情绪，引导他们在其他场合也要考虑他人感受，更尝试了一种新的思维方式。班主任还提出了美好的畅想，表达出老师对于他们学习技能的信心，给他们的内心注入强大动力。

【班会反思】

本次班会召开得非常成功，从会前调查到圆满召开，以及会后发放邀请函，继而到球场上踢比赛，学生们的积极性都非常高。由此可见，从最实际的学生需求出发，解决他们的真问题，是激发学生参与兴致和取得良好效果的关键。

通过这次班会，学生学会了合理表达自己情绪的同时也要顾及队友和对手的情绪。学会移情，能够从他人角度去思考问题的人才是受欢迎的团队合作者，而这又是集体意识的表现。

另外，将"问题"转换为"技能"的方法深得学生的心，改变看待问题的视角，不仅能减轻压力，也更愿意去面对问题，积极学习。

在后续的工作中，我会将这种理念运用到班级管理和个别生的教育中，在我的引导示范下，期待学生将这种能力运用到自我管理中。同时，我也会更加关注学生的情绪和人际关系，通过示范、对话和班级活动等方式不断促进移情和集体意识的发展。

班会目标

认知目标：

1.认识到班级足球赛后同学之间的矛盾并不是因为比赛结果，而是他们不当的情绪表达方式导致。

2.认识到在比赛中高兴或沮丧是正当的情绪，需要通过恰当的表达方式宣泄出来。

3.尝试把问题转化为学习技能的思维方式。

情感目标：

1.肯定学生关心集体、参与班级事务的积极性，激发他们更加热爱集体。

2.引导学生正确对待班级出现的不足，愿意通过改变自己和影响他人，带动班级成长。

3.学会在表达情绪的时候考虑对方感受，尊重他人。

行为目标：

引导学生在足球比赛中，无论输赢都能恰当地表达情绪，并学会迁移，将这种情绪表达的方式扩展运用。

1.通过活动将技能教养

环节一：找出问题，接纳情绪

1.数据呈现大家最关心的班级问题；

2.出示心情词语，接纳正常情绪。

↓

环节二：正视问题，转化技能

1.认定学习技能；

2.探讨得当方法；

3.确定具体做法。

↓

环节三：探讨好处，畅想庆祝

1.探讨学会恰当表达情绪的好处；

2.学生商定学会技能后如何庆祝。

↓

环节四：练习运用，送出邀请

1.分组练习技能；

2.小组上台展示；

3.确认邀请对象；

4.送出邀请卡片。

↓

环节五：班主任总结

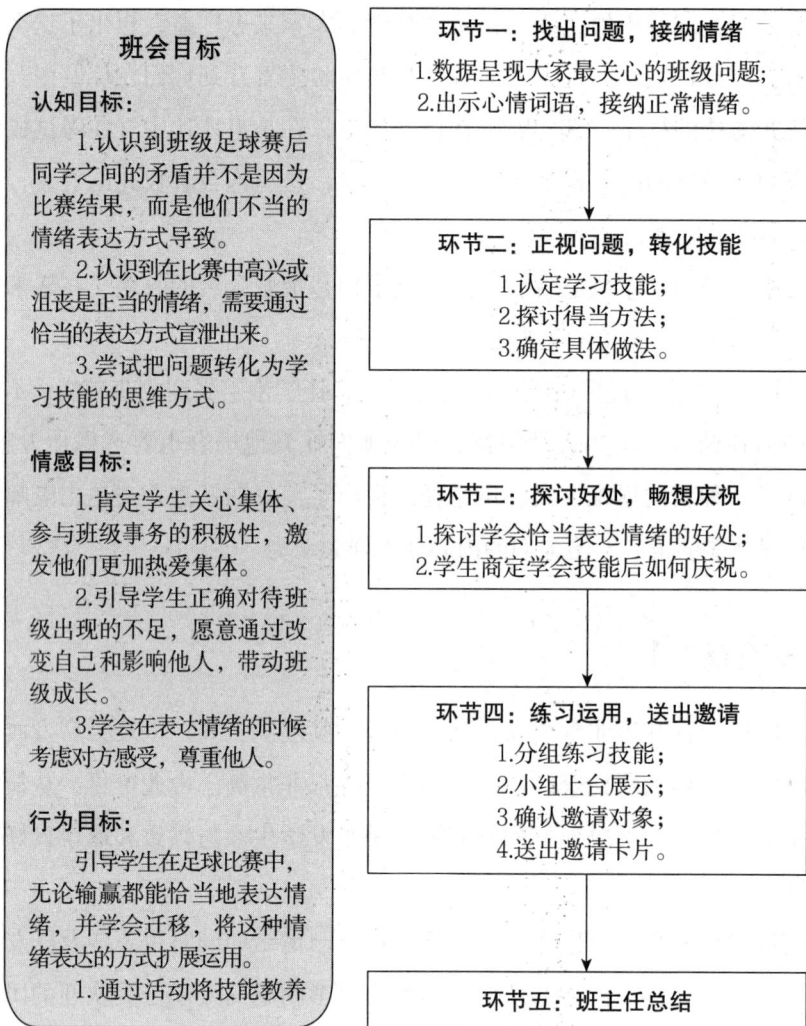

◆ 附件6：景晓为——青春，你好！

一、班级情况分析

本班级有 31 名学生，其中男生 15 名，女生 16 名。学生目前处在小学学习的最后一个阶段，大部分学生已经出现了青春期初期的一些现象。如：

1.自主意识逐渐增强，出现叛逆长辈、权威的心理，喜欢用批判的眼光看待其他事物，有时甚至还对师长的正当教育产生抗拒。

2.情绪强烈且不稳定。造成这种情况的最主要原因是青春期学生的生理发展迅速，而心理发展相对滞后，前额叶皮层对于情绪的控制相对薄弱，学生容易出现情绪波动或失控的现象。

3.对异性的关注；对异性的矛盾心理。青春期是性别意识发展的第二个关键时期，此时的学生对异性充满了好奇，喜欢接近异性，想了解异性，喜欢在异性面前表现自己。但同时，孩子由于都懂得早恋不好，所以会压抑自己内心的想法，羞于与异性交往。从而出现矛盾心理。我们常常会见到这样一些现象：有女孩子在场，男孩子变得格外兴奋，以"男子汉"的姿态博取女孩子的喜爱；与男孩子交往，女孩子更爱打扮，故作姿态，以引起男孩子的注目。在异性面前表现自己，互相吸引，是健康的心理表现。

4.个体心理的发展。青春期中，人的记忆力增强，注意力容易集中、敏锐，特别是由于抽象思维逻辑思维能力的大大加强了，不但兴趣、爱好变得更加广泛、稳定，而且渐渐形成了看待事物的标准，使自我意识、自我评价和自我教育的能力也得到了充分发展，初步形成了个人的性格以及对人生和世界的基本看法。但由于意志力还不够坚强，分析问题的能力尚在发展之中，所以一旦遇到困难和挫折又容易灰心、颓丧，或者出现理智不能驾驭感情的现象。

二、背景分析

青春期是人生中最重要、最宝贵的时期，是学生长知识、长身体、健全人格、学好本领的"金色年华"。为了引导小学 10~12 岁学生正确对待青春期身体、心理的变化，使他们快乐、平稳地度过青春期，有效地避免青春期所引起的种种生理、心理的困惑以及对学习和生活造成的影响。结合班级情况，制定本节班会课，以促使学生进入一个健康而又稳定的发展时期。

前测题目：

1.如果可以选择自己的性别，你想选择什么性别？（男性　女性）
你这样选择的理由是什么？

2.你认为一个优秀的男生应该具备哪些品质？（可多选）

A.勇敢　　　　　　　B.风趣　　　　　　　C.有担当

D.心胸宽广　　　　　E.知识面广　　　　　F.其他（请写出）

3. 你认为一个优秀的女生应该具备哪些品质？（可多选）

A. 文雅　　　　　　　B. 细心　　　　　　　C. 纯洁

D. 漂亮　　　　　　　E. 端庄大方　　　　　F. 其他（请写出）

4. 在以下图片中，你觉得哪位男性的形象更符合你的审美？

A. 男演员（图略）　　　B. 游泳运动员（图略）

C. 军人（图略）　　　　D. 企业家（图略）

E. 学校的一位男教师（图略）

5. 在以下图片中，你觉得哪位女性的形象更符合你的审美？

A. 女网红（图略）　　　B. 女警察（图略）

C. 女艺人（图略）　　　D. 古装剧主角（图略）

E. 学校的一位女教师

反馈如下：

第 1 题：全班所测男生没有改变自己性别的想法且有 2 名女生想将自己变为男性。

第 2-3 题：全班所测学生基本认同男性及女性应具备的一些品质。

第 4-5 题：在生活中的一些男性及女性，学生们比较认可教师、军人、女明星这些人物形象。

前测分析：

1. 绝大部分学生对于自己的性别表示认同。

2. 学生的心理较为健康，基本符合现阶段小学生身心发展规律。

3. 绝大部分学生具备良好的价值观，能够分清社会公众人物对自己的影响。

4. 部分学生出现了一定的理性思维。

5. 绝大部分学生已经有了青春期初期的一些特质及心理变化。

课前准备：

反馈卡、留言板、白板纸、记号笔、磁力扣

三、班会目标

1. 引导学生培养性别角色意识，了解性别的特质；

2. 认同并接纳自己的性别，引导学生树立正确的审美观；

3. 接纳并认可因性别不同或个体差异导致看待问题的角度不同，从而导致结论不同。

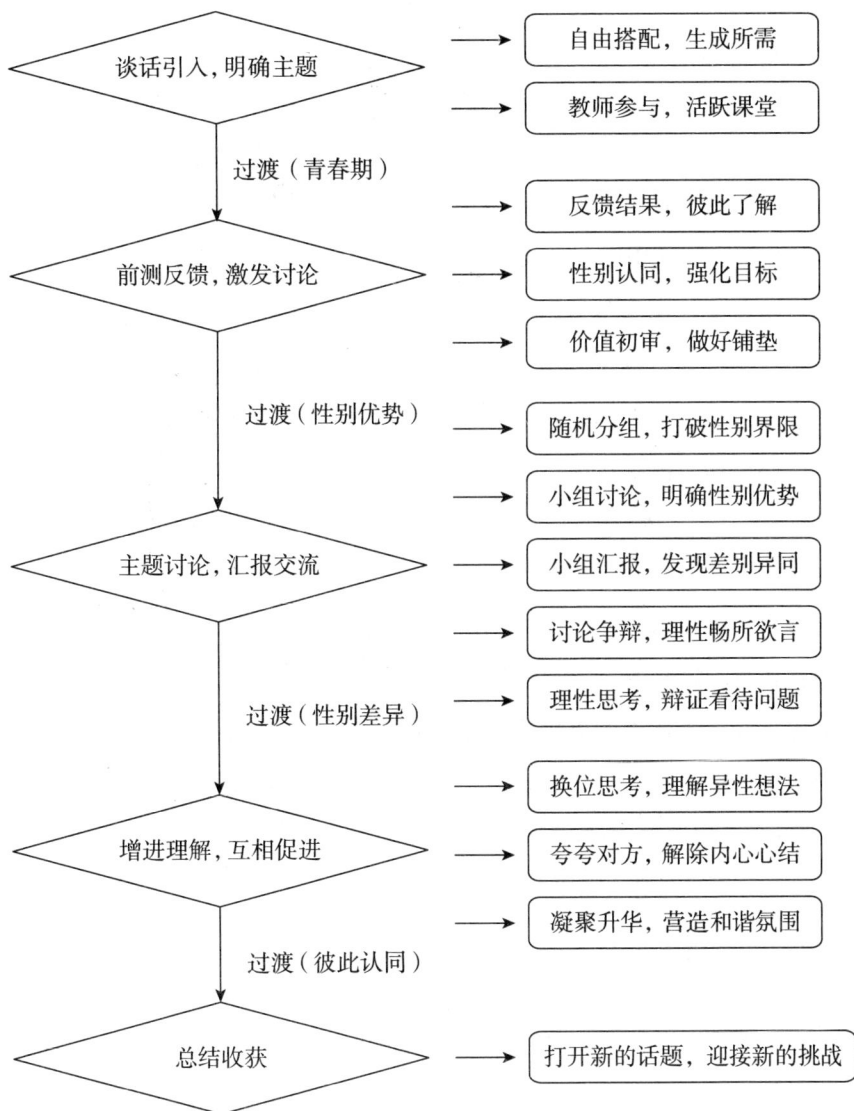

四、班会过程:

1. 谈话引入,明确主题

学生入场,根据个人意愿随机就座。

师:你们为什么会坐在一起? (寻找两组学生进行询问)

预设:①因为我们都是男生/女生

②与异性坐在一起别扭

③彼此熟悉

过渡:大家羞于与异性沟通,证明你们已经具备了性别意识。以上你们的一些状态都预示着你们已经慢慢长大,随之而来的是大家会渐渐地进入青春期,那么关于青春期,你们了解多少?

【设计意图】:利用无规则状态下,学生根据内心初步形成性别意识的随机就座,进行分组,激起学生们的好奇心,为后续交流讨论做好铺垫。

师:一方面大家会有身体上的变化,另一方面大家还会有心理上的变化。甚至我们看待问题的角度和方式也会出现转变。大家还记得我们之前做的题目吗?

2. 前测反馈,激发讨论欲望

师:反馈前测结果。

问题:

①如果你可以选择自己的性别,你想选择什么性别?

男女比例:女 15 人,男 16 人

②你认为一个优秀的男生应该具备哪些品质?

勇敢、风趣、有担当、心胸宽广、知识面广〖TPtp21.JPG,BP#〗

③在以下图片中,你觉得哪位男性的形象更符合你的审美?

• 男演员——3 票

• 游泳运动员——4 票

• 企业家——4 票

• 学校的一位男教师——8 票

• 军人——12 票

④你认为一个优秀的女生应该具备哪些品质?

文雅、细心、纯洁、漂亮、端庄大方

6.⑤在以下图片中,你觉得哪位女性的形象更符合你的审美?

• 女网红——0票

• 女艺人——0票

• 女警察——11票

• 古装剧主角——20票

• 学校的一位女教师——2票

监控:

①性别自我认同。

②③学生作为个体审视生活中男生该是什么样子的。

④⑤学生作为个体审视生活中女生该是什么样子的。

【设计意图】反馈调查结果,学生对于男性及女性审美有一定的初步认识,能够初步了解男性、女性应该具备的一些品质。

师:其实,大家也不难发现,这些问题主要反馈的内容是我们应该如何审视生活中男性、女性。那么我想问问大家,想成为一名优秀的男生或是女生,我们可以从哪些角度去考虑?

监控:外在形象、内在气质

师:除了这些?我看咱班同学对于自身性别的认可度还是很高的,说明大家对于自己性别的优势目前还是很认可的。(性别优势)

【设计意图】由班级出现的个体自我认识以及对异性的初步了解,引出后续讨论话题。

3.分组讨论,汇报交流

(1)分组形式:男生、女生分别以1、2报数

(2)分组目的:

①作为自身性别学生审视

②异性审视对方

③小组合作,便于沟通分享

（3）小组讨论：

分小组讨论，一名优秀的男生或女生，到底是什么样的？（列举关键词）

从外在形象、内在气质、性别优势角度考虑。

【设计意图】相对恰当的方式切入，相对均衡的人员分工有助于学生辩证思维的发展，进而为后续充分讨论交流做准备。

（4）小组活动要求：

①列关键词

②小组汇报

③寻找共性

目的：高频词汇或相同词语的出现完成"共识"的普及，从而由个体认识上升到小组，进而渗透班级。

③发现不同

目的：差别词汇的出现会刺激此性别同学的"神经"。

预设：①心平气和地表达我对于这个词语的理解，进而得到对方的认可。

②激烈的争论乃至辩论站住己方的观点。

【设计意图】"矛盾"无处不在，既然它是客观存在的，与其"逆其道而行之"，倒不如用辩证的思维看待，进而接纳、认可，从而达成价值观的渗透。

师小结：从刚才的交流讨论不难看出，简单的一个男生女生该是什么样子，就得出了这么多共性或这样那样的不同点。不管怎样，你们说的都有道理，也很充分，也证明了你们看待问题的不同角度。

【设计意图】此时的结论已经由个体的认识上升到了小组乃至班级整体的共识。共性的特征已得到了大家普遍的认可，同时，通过对比不同引出由于性别的差异，最终会导致我们看待问题的角度不同，从而得出的结论也会不尽相同，进而上升到能够理解对方的想法，达成共识。

4.延伸

看待问题由于性别不同、角度不同会出现这样或那样的差异，从而可能导致在生活中或是学习中会出现一些不必要的误会，当听到对方解释后，其实我们都能接受。

5.增进理解，互相促进

活动要求：

（1）你们曾因看待问题角度不同产生了矛盾，现在站在对方的角度想一想。

（2）夸夸对方。

①任选一张异性姓名卡片

目的：均衡性别差异，突出重点。

②夸夸对方或是解除心结

目的：青春期男女生之间的摩擦或矛盾是常见的问题。通过这个环节的设计，应用今天所学，试着接纳理解对方的角度。这样做一方面可以帮助同学之间解决问题，另一方面可以升华同学之间的友谊，增进彼此之间的友情。

【设计意图】学以致用，通过夸一夸异性或是表达内心的歉意，让学生之间的感情进一步升华，进而团结班集体。

五、总结收获

师：现在大家处在青春期成长的初期，有很多问题可供大家研究与讨论。当你们出现这样那样的困惑时，不要担心，更不用害怕，大胆说出来，我们聚集大家的智慧一起来"分担"。今天的班会到此结束。

六、教学反思

优势：

1.前期的调研为后期课堂展示做了良好的铺垫，使得班会课教学目标、定位更加准确。

2.切实着眼学生现阶段年龄特点、心理特征为出发点，建立沟通的框架。

3."圆桌会议"的方式使学生、老师之间的沟通更加顺畅，自然。

4.通过讨论交流，学生们更加明确了正确的价值观，知道了用理性的思维去"评判"周围的人或事。

5.通过小组活动展示成果，学生们更加明确了自身"性别优势"，能够接受异性"性别差异"；知道了因为性别不同可能造成的看待问题的角度也会"因人而异"。

6."心结卡"环节的设置为班级建立良好的人际关系做了强有力的支撑。

不足：

1."积极养育"模式下的组织教学能力还需提高，环节与环节之间的衔接仍需细化。

2.前期调研内容还可以更加全面。比如：你认为"有担当"应该是什么样的？你为什么选择"他"作为你的榜样？甚至有些学生选择"明星或是演员"作为自己的榜样，他们能给我们带来怎样的"价值导向"，诸如此类的话题都可以再进一步深入的研究讨论。

课后思考

课题 1：

老师发放的积分卡，小奖品总有同学偷拿。在班级内进行过讨论，同学们想出了很多解决办法。比如：积分卡随身携带，尽量在家里保存；课间每组留一个同学"值班"，保证不丢东西。现在情况虽有所好转，但治标不治本，且目前还不知道是哪个同学偷拿别人的东西。

如果你是班主任，对于这个问题，你会设计什么样的活动，让孩子真正理解"偷""拿""借"的真实含义？并纠正错误的行为习惯？

课题 2：

班里进行小组评价，其中一个孩子在很多方面做得不好，总是成为让小组扣分最多的同学，他所在的组和其他组比分数最低，因此小组内同学都很委屈，小组长更希望老师把这名同学调离该组。

其实，在分组之前，班主任就找到该组几名同学，表达了这个组都是善良宽容的同学，小组评价更多是咱们几个一起帮助那名同学，还提出这名同学以得分为主，扣分老师会酌情处理。无奈，这名同学不自觉，扣分太多，还是拖了后腿。

针对这名同学的问题，如果你是班主任，你认为该如何进行小组评价？当同学都不希望与扣分多的同学一组时，你会设计什么样的活动来扭转这样的局面？

◆ 附件 7: 李飞——一起玩

【背景分析】

一、主题解析

积极阳光的游戏，可以带给孩子快乐、愉悦的情绪，发展乐观进取的个性，对于学生的情绪发展有着良好的影响，另外游戏过程中需要有同伴配合才能进行，这样就很好地为孩子提供了与玩伴接触的机会，可以锻炼人际互动、与人相处的能力。孩子还可以在游戏中学习新的社交技巧和社会道德规范，利于培养他们互助、团结的精神。同时，游戏还可以拓展儿童的知识面，在玩中增长见识，提高孩子的想象力和创造力，使其心智得到良好的发展。

游戏要顺利进行，"规则"必不可少，可以引导学生在设计游戏规则的过程中感受规则的重要性；同时，游戏过程中，同伴之前可能会遇到一些"摩擦"，如何解决这些问题，让游戏进行的更顺畅、更开心，需要学生们去思考怎样与同伴交流，引导学生学会语言表达，与同伴和谐相处。

二、班情、学情分析

二年级的孩子已经能熟练地做自己想做的事情，心理趋向稳定，显示出一定的个性特征，个人能处理的问题越来越多，渐渐产生竞争意识。但是这个阶段的孩子情绪容易不稳定，且自控力不强，不能自觉地按照规则做事，容易因为一点小事争执的面红耳赤，不会正确表达自己的想法，容易与同伴产生摩擦。

【班会目标】

认知目标：

了解一个课间游戏的规则，意识到规则的重要性；学会一个课间游戏的玩法，在与同学共同游戏的过程中学会与他人和谐相处。

情感目标：

通过游戏加强同学之间的沟通交流，形成良好的班级交往氛围。

行为目标：

总结课间游戏的规则，以及游戏中与同学相处的方式方法，并在今后的游戏过程中遵守这些规则，使用正确的方法和同学交流相处。

【班会准备】

教师准备：

1. A4 彩纸若干

2. 班级学生游戏视频（如魔方游戏）

学生准备：

铅笔

【班会过程】

一、头脑风暴，介绍课间游戏

师：(板书：玩)你们喜欢玩游戏吗？你们平时课间都有些什么好玩的游戏呢？

（一）确定课间游戏大原则

师：我们的课间游戏有两个要求：

1. 多人共同参与游戏。

2. 时间短小，课间 10 分钟内能结束，或时间自由，可随时终止游戏，不影响正常学习。

（二）学生头脑风暴，自主介绍规则及玩法

预设：

1. 翻绳

两人共同游戏，只需要一根绳子。

2. 魔方

多人共同比赛，一人当裁判计时，谁先复原完成为胜。

3. 五子棋

（三）小结

师：你们真有智慧！能想出这么多种的游戏，想一想，如果按照你们设计的游戏课间和我们原来的课间相比，你们更喜欢哪个？为什么？

【设计意图】"游戏"是学生在学校喜闻乐见的事情，给出学生大的规则框架，让学生在这个框架内，向大家介绍游戏的玩法，共同学习游戏。在介绍游戏的过程中，学生能初步体会到先有规则，才能很好地开展游戏，同时，在讲解的过程中增强自信，提升自我价值感。最后的小结环节，可以让学生感受到课间游戏有很多种，是那么丰富多彩，能让我们的课间不再喧闹，变得秩序井然。

同时这些游戏也能锻炼学生的手指小肌群，提高灵活性，也能培养学生的想象力、逻辑分析能力等多种能力，使学生在玩中能增长见识，心智得到良好的发展。

二、教师介绍，共同学习新游戏

师：今天老师教给大家一个特别好玩的游戏（出示火柴人图片），你们见过它吗？它能做什么游戏呢？今天我们就来一起玩（板书主题：一起玩）

（一）师讲解游戏规则：

1. 多人接力，绘制漫画，漫画中的人物都是火柴人造型，漫画内容不必太过复杂。

2. 用一张 A4 纸平均分成 4 份，由一位同学开始，自己设计场景、设计人物年龄、性别等，画好之后写上自己的名字。

3. 画好之后要讲给其他同学听，听过之后，由下一位同学进行接力漫画，延续上一位同学的故事，以此类推，直到最后一名同学画完为止。

4. 将漫画做成一本小漫画故事书，并给自己创作的漫画起个名字。

（二）演示游戏过程，全班试玩

1. 教师邀请三位学生，共同合作完成一幅 4 格漫画。

2. 全班分成若干个小组，共同试玩。

（三）全班小结

1. 感受欢乐游戏，规则先行的道理。

这个游戏你会玩了吗？如果我们要在课间玩好这个游戏，需要先做些什么？

预设

生：我们得先制定出规则

2. 沟通交流，完善规则，积累与人交往的经验。

（1）在游戏过程中，你遇到了什么问题？你们是怎样解决的？

（2）出示不同情境，讨论完善规则。

情景 1：临时加入游戏

情景 2：小组成员不满意下一个人画的画或情节

情景 3：画到一半，上课铃响了，有人在课上偷偷画，被老师发现了。

教师趁机板书。

师小结：同学们，你们可真有智慧啊！不仅在短短时间内学会了玩这个游戏，还能从中了解到规则对于我们游戏来说非常重要，还学会了如何与同学和睦相处。

【设计意图】"火柴人漫画接力"游戏对学生来说是一个全新的游戏，漫画的形式受到男女同学的共同热爱，因此选择这个游戏作为接下来班级当中重点推广的游戏。课堂在丰富学生活动经历的基础上，要帮助学生积累活动经验，小结环节恰到好处，通过两个大问题，帮助学生感受欢乐游戏，规则先行的道理。同时，在解决游戏过程中出现的各种问题时，也是在帮助学生积累与人交往的经验，学会与同伴和睦相处。

三、介绍游戏达人，引入游戏转盘

（一）介绍班级游戏达人

视频播放：魔方达人——邱天玥

翻绳达人——居辰宇

（二）介绍游戏转盘

师：同学们，我们今天学习了一个新的游戏叫做——火柴人漫画接力，我们把它贴到我们的游戏大转盘中，这个游戏大转盘还有许多位置是空白的，期待同学们给大家介绍更多更好的课间游戏！

【设计意图】每个人对一个新鲜事物都有一个新鲜感期，过了这个期限，学生们可能就不愿意继续游戏了，游戏大转盘的设置可以让学生保持新鲜感，激发学生去创造发现更多更好玩、更益智的游戏，让我们的课间能永葆精彩。

四、全课总结

师：同学们，今天我们在一起玩的时候知道了要先有规则才能玩好，过程中遇到问题，可以用这些方法来解决与同学的矛盾。我们要在游戏中学会玩，玩得更有意义、更有艺术、更长见识！希望你们在今后的游戏过程中，都能玩得开心愉快！

【班会反思】

本次班会有以下几个亮点：

一、小切入口，贴近学生生活

本次班会针对班级现存的普遍现象，以"课间小游戏"这一小切入点入手，贴近学生生活，符合低年级学生心理发展特点，让学生在游戏过程中学会解决人际交往问题，积累与人交往的经验，学会与同伴和睦相处。

二、借"力"用力，游戏力代替说教

游戏是学生最喜爱的项目，游戏使学生心情愉悦，愉快的氛围下，让学生在活动中真实体验到规则的力量，意识到友善表达对于人际交往的重要作用，远胜于教师平时反复叮嘱、说教的效果。

三、方法落实，班会开展有实效

学生在玩新游戏的过程，需要与同学商量先后顺序，需要商量漫画内容，在游戏过程中体验到了规则先行对于顺利游戏是多么的重要，也在与同学的协商过程中练习使用友善的语言，最后解决问题，情景模拟，让学生在讨论中积累与人交往的经验。

经过本次班会，学生们认识到了规则在游戏中的重要性，认识到了友善语言在人际交往中的重要作用，开始有意识地用友善的积极语言解决问题。课间追跑打闹的少了，安全游戏的多了，同学间的关系更加亲密，班级的氛围也更加和谐、稳定，虽然还有一些容易冲动的学生忘记了正确的沟通方法，但在老师、同学的提醒下能够承认错误，及时改正。因此，从学生的表现来看，本次班会是比较成功的。

◆ 附件 8：冷天——煮酒论英雄

【背景分析】

偶像崇拜，是近年来出现的一种社会现象，这种现象在当代中学生身上有集中体现。由于社会的多元发展，各种电视电影明星、体育明星成为中学

生追捧的对象，而真正苟利国家生死以的国家英雄却往往被忽视。

【班会目标】

认知目标：通过讨论与辩论引导学生认识真正的国家英雄；通过演绎与阅读引导学生认识到国家英雄的价值与重要性；通过归纳与总结引导学生认识到国家英雄的英雄品格。

情感目标：通过网络乱象的分析引导学生关注、关爱国家英雄，并保护自己身上的英雄品质，让其发扬光大。

行为目标：通过写给英雄的一封信引导学生敬爱与守护国家英雄；通过每周学习英雄的故事，与英雄同悲欢、共命运，让英雄成为自己生命的一部分。

【班会准备】

学生分组演绎典型英雄人物——尹志尧、钟南山。

采集国家英雄人物的信息汇编成阅读材料。

班会前问卷调查，选出自己的偶像。

【班会过程】

一、煮酒论英雄之谁是国家英雄

（一）问卷调查，引发学生思考

主持人：同学们，在我们的生活中有这样一群人，也许你并未真正见过他，也许你们并不相识，但他却能深深地影响你的生活，甚至在你的生命中扮演重要的角色，这就是偶像。

同学们通过问卷调查，对偶像作出的选择如下：

• 50% 的同学选择歌手

• 25% 的同学选择运动明星

• 15% 的同学选择影视明星

- 5% 的同学选择动漫人物
- 5% 的同学选择伟人和英雄人物

【设计意图】通过问卷调查的形式让学生说出自己的偶像及评定标准，为后面谁是国家英雄的辩论做铺垫。

（二）情景演绎——认识国家英雄

主持人：如果你就职于硅谷 Intel 公司，且是最炙手可热的人才，奋斗到了 60 岁，这时你发现自己的国家在芯片领域还是全面落后的状态，你会做何选择？是享受天年，还是回到祖国"从头再来"？

第一组同学给我们带来了尹志尧的传奇故事演绎：他在 60 岁时因为祖国的召唤，毅然带着团队回到国内，最终在芯片领域印上了"中国造"。

主持人：如果你是个医术高超的医生，且已经到了 84 岁高龄，当国家暴发重大疫情的时候，你会选择前往最危险的前线吗？

第二组同学给我们带来了钟南山院士义无反顾逆行去武汉抗疫第一线的故事演绎：一张无座票、满身疲惫的钟南山院士，毅然决然奔赴了抗疫一线。

【设计意图】为了让小情景剧最大限度地还原两位国家英雄的传奇经历，学生们查阅了目标人物的大量经历（包括新闻采访），最具教育意义的是在编剧、彩排的日日夜夜，学生在领略英雄人物事迹中得到真正的感动。

（三）以议为梅，以论为酒——谁是国家英雄

主持人：东汉末年，曹操、刘备青梅煮酒，论当世之英雄。时过境迁，我们今日以议为梅，以论为酒，论一论当世的真英雄。

A 方同学认为影视明星、体育明星属于当代的英雄，原因在于这些大流量的明星拥有很强的影响力，而英雄应该是个有影响力的人；其次，明星是一方领域的领军人物，拥有超强的个人能力，也是英雄的重要属性；再次，明星在国家危难之际，也会纷纷伸出援手，服务社会。所以，他们值得崇拜。

B 方同学认为判断国家英雄的标准应该重在"国家"二字，只有为国家呕心沥血的伟人、科研工作者才是国家英雄。

C方同学认为国家英雄不仅仅限于伟人、科研工作者，为国家做出重大贡献的，哪怕他出身普通，也是平民英雄。

【设计意图】学生通过议论产生疑问，国家英雄的标准是什么，在议论中逐渐清晰国家英雄的标准。

二、煮酒论英雄之国家英雄的品格

（一）阅读归纳，细数国家英雄品质

学生通过阅读国家英雄人物事迹，归纳国家英雄的品质，并将英雄品质写在卡片上张贴在黑板上。

主持人：同学们给出了很多的英雄品质，我们大致可以将其分为三类：首先要有很强的个人能力，其次要有良好的个人修养、意志品质，最关键的还要有家国情怀，有大爱。

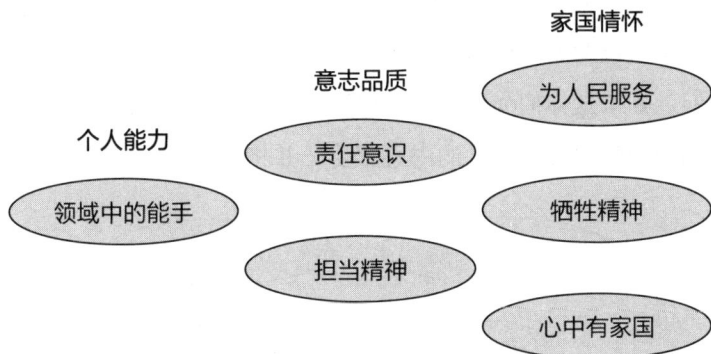

【设计意图】通过阅读大量国家英雄人物的故事，归纳国家英雄的特点，引导学生认识国家英雄的标准。

（二）发现身边的英雄品格，争做英雄接班人

主持人：在我们身边，有没有具有英雄品质的同学呢？

学生积极举荐身边同学具有的英雄品质，并给出了具体的实例来佐证自己的观点。

主持人：原来我们身边就有很多具有英雄品质的人，如果我们能不断将英雄品质发扬光大，并培养和健全自己的英雄品格，未来我们的国家将会拥有更多的英雄，也会有更多拥有英雄品格的普通人，我们的国家就会更加富强，国民也会更加幸福安康。今天，我们被英雄守护着，明天让我们去守护英雄、守护人民。

【设计意图】引导学生发现人人都有英雄品质，都有成为英雄的可能，为每一个学生铸造一个英雄梦，进而为实现强国梦想努力奋进。

三、煮酒论英雄之守护英雄

（一）思考社会乱象，不可让英雄寒心

主持人：前一段时间，在网上有这样一些帖子，说袁隆平住豪宅。事实是怎样的呢？袁隆平确实有一套豪宅，这是国家为了奖励勤勤恳恳一辈子的科研人员，为他们特别准备的。在袁隆平入住前，豪宅是真豪宅，但在袁隆平入住之后，豪宅就变成了科研办公区。

同学们，如果是你们受到这样的待遇，你们会做何感想？

同学们纷纷起立表达自己的内心感受，并将关键词一一贴在黑板上。

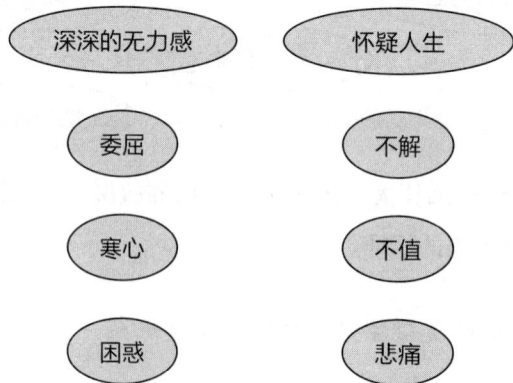

深深的无力感	怀疑人生
委屈	不解
寒心	不值
困惑	悲痛

主持人：可想而知，我们的国家英雄为了国家和人民付出自己的一切却换来了这样的评价与对待，英雄的心会冷，英雄就会像黑板上的构图，他会流泪的。

因此，对我们来说，我们要杜绝对英雄的恶语相向，并尽我们所能去阻止恶语的传播，而最好的杜绝恶语的办法就是更加深入地了解我们的国家英雄，为我们的国家英雄助威。

【设计意图】通过网络实例，引导学生认识到英雄是需要爱护和保护的，而最好的保护英雄的方式就是真正地了解英雄，尊重英雄。

（二）给英雄的一封信，关爱英雄，守护英雄

主持人：今天我们通过材料学习认识了好多国家英雄以及他们的英雄事迹，接下来，让我们给英雄们书写一封信《英雄，我来守护你》。

学生的信件在班会后被编辑成文，并在网络中传播。

四、班主任总结

班主任：郁达夫在纪念鲁迅的大会上说："一个没有英雄的民族是不幸的，一个有英雄却不知敬重爱惜的民族是不可救药的，有了伟大的人物，而不知拥护，爱戴，崇仰的国家，是没有希望的奴隶之邦。"

时代需要英雄，英雄也需要人民。只有这样，国家英雄才会生生不息，而国家才会更有希望。对我们而言，每一个人都是真实而复杂的，我们分析别人，终究是为了构建自己。我们要寻找人生方向，就要靠近这些历史人物，与他们同悲欢、共命运。

【后续教育计划】我们可以在学校里，在课堂上去挖掘、发现更多的国家英雄，让国家英雄成为我们真正耳熟能详的国民偶像。

每周一的中午，在班里设置英雄讲堂，每位同学都有机会去查阅并分享一个国家英雄人物，将英雄的故事带到我们身边，让英雄的品格始终引领我们前进。

通过各种渠道，邀请各行各业中的英雄人物，来学校给同学们做讲座，让英雄真正走到我们身边，发挥英雄的引领、模范作用。

【班会反思】"我和我的祖国"主题班会中我选择了国家英雄作为切入点，通过让学生寻找并演绎英雄的故事把真实的国家英雄形象呈现在每个同学眼

前，通过创设多感官的体验让学生与国家英雄产生共情，引导学生守护英雄的同时，也在每个学生心中埋下了英雄的梦想：今日英雄守护我们，明日我们守护大家。

班会目标

认知目标：
引导学生认识到国家英雄的价值与重要性；引导学生认识到国家英雄的英雄品格。

情感目标：
引导学生关注、关爱国家英雄，并保护自己身上的英雄品质，让其发扬光大。

行为目标：
引导学生归纳国家英雄品质，寻找并守护国家英雄。

环节一：煮酒论英雄之谁是国家英雄
1.呈现学生问卷调查数据统计，引发学生思考。
2.学生议论：谁才是真英雄？

↓

环节二：煮酒论英雄之国家英雄品格
1.阅读归纳国家英雄品格。
2.将优秀品格传扬，成为国家英雄接班人。

↓

环节三：煮酒论英雄之守护英雄
1.剖析生活乱象，守护英雄从我做起。
2.给英雄的一封信《英雄，我来守护你》。

↓

环节四：班主任总结

Part/09　成为高效能教师，创造与众不同的教学成果

成为高效能教师，带出高效能学习者

我相信，很多人的书架上都收藏了《高效能人士的七个习惯》这本书，我亦如是。该书的作者史蒂芬·柯维先生曾言："人生是一个螺旋桨式的上升过程，我们只有不断地学习、实践、坚持养成能让我们终身受益的习惯，我们才能稳步地向上而生，我们才能够在各种问题和困境中，破茧而出。"

养成良好的习惯，打破思维的桎梏，至关重要。所以，北京四中璞瑅学校一直都在强调这样一个理念：教师要传递给学生的是思维方式和生命态度。保持向上的力量，本身就是一种生命态度，我们难以想象，一个对未来没有规划、对自我没有要求的教师，可以用人格魅力感染学生，影响学生。然而，向上努力并不是蛮干，里面蕴含着如何做事的思维方式，这是高效能的前提。勤奋不是马不停蹄，而是用智慧解决问题；那些低质量的勤奋，不过是努力的幻觉。

当我们能够在教育教学以及各项活动中，让学生们感受到自己那份求知、向上的动力，定会起到积极的榜样作用。与此同时，如果我们能够将那些让自己受益的习惯与思维模式教授给学生，让他们在日常的学习和生活中去实践和体会，教学成果也会大不一样。

以北京四中璞瑅学校来说，过去教师们撰写的工作计划，交上来的通常都是好几页纸，洋洋洒洒，篇幅很长。不可否认，每位老师都是用心在做自己的工作，且这样的模式在各个学校都延续了多年。记得我在二十年前踏进

教师队列中时，这件事情就是这样做的，大家都习惯了以这样的方式来撰写计划，并不觉得有什么问题。

的确，以叙述的方式撰写工作计划，没什么不妥。但时代在进步，现代人的生活和工作节奏加快了很多，我们的工作思维和方式是否也该与时俱进地进行调整和升级？

在培养学生良好的学习习惯时，教师们经常会提到一个词：效率。以读书和背单词为例，每年要求读 10 本书，每天背 10 个单词，学生们很努力，真的把这些任务完成了。然而，读完之后呢？背下来之后呢？有什么真正的收获？会用的有多少？为什么要读这 10 本书，而不是其他的？这里就暴露出了一个问题：尽管保证了做事的效率，但没有体现出效能。

效率和效能，究竟有什么区别呢？作为教师，我们必须先弄清楚这一点，并真正践行，才有可能真正帮助学生在学习和生活中，养成高效能的思维方式和习惯。

从字面上来说，效率和效能只有一字之差，区别就在于"率"和"能"。所谓"率"，指的是速度，在单位时间内完成的工作量，也就是完成的速度快慢；而"能"，指的是效果，在单位时间内完成工作的效率。如果用公式表示，可以呈现为：效能＝效益＋效率。

看到这里，我们就能够理解了，为什么越来越多的管理学大师都在强调要提高效能，而不是单纯地提高效率。因为，效率是有极限的，就算 24 小时不睡觉，也只是比别人多出了 8 小时而已。但如果在效率之上，加上了做每件事的效益，结果就大不一样了。

管理学大师彼得·德鲁克说过："效能强调的是选择正确的方向向目标迈进，而效率强调的是使用正确的方法达成的速度。"简单理解就是，效能是做正确的事，效率是正确地做事。所以，当我们在劝学生"少壮要努力"的时候，我们得确保他们在"正确的轨道"上，如果偏离了正确的方向，效率再高，也换不来理想的结果。

兢兢业业，是值得敬畏的；但兢兢业业，不一定有效。我们要的不只是看上去多努力，多认真，而是做了要有结果。对于教育工作，更是如此。倘若付出了巨大的心力，最后"做与不做"一个样，那就要思考，做事的方式方法是不是出了问题？

回到"教师工作计划"的话题，我们能否以全新的模式来呈现自己的工作计划呢？

我可以给大家呈现一下，孙秀林老师笔记本中的几页摘选：

社会情态技能学习课题筹备

一. 基本信息
1. 社会情态学习(Social and emotional learning, SEL)，最早由美国CASEL机构提出(1994)，作为关注基础教育阶段学生两在质量提升的教育理念在国际上被推广。2012年引入中国，开始本土化创新与实践。（2002年联合国） "学术 社会和情绪学习协作组织

2. 社会情态学习指儿童学习理解和管理情绪，感受并共情他人，建立和维持积极的关系，以及做出负责任决定的过程。

3. 教育部—联合国儿童基金会"社会情态学习(SEL)"项目
教育部教师工作司项目负责人黄蕙珍，联合国儿童基金会项目专家郭晓平，国家级项目专家毛亚庆。

4. SEL的五种核心技能。（社会—情绪能力的定义与构成）。

社会—情绪能力	具体包含	定义
自我意识	识别情绪、准确的自我认识、认识优势、自信、自我效能	准确设别自己的情绪和思想及其对行为影响的能力。这包括准确评估自己的优势和局限，并且拥有良好的信心和乐观情绪。
自我管理	冲动控制、压力管理、自律、自我激励、目标设定、组织能力	在不同情况下有效调节一个人的情绪思想和行为的能力。这包括管理压力、控制冲动、激励自己，以及设定并努力实现个人和学术目标。
社会意识	观点采择、共情、欣赏多样性、尊重他人	能够从不同背景和文化中吸取其他人的观点，并同情他人，理解行为的社会和道德规范，以及承认家庭、学校和社区资源和支持。
社交技能	交流、社会参与、建立关系、团队合作	与不同个体和群体建立和维持健康而有益关系的能力。这包括清楚地沟通、积极倾听、合作、抵制不适当的社会压力、建设性地谈判，以及需要时寻求和提供帮助。
负责任地决策	识别问题、分析情况、解决问题、评估、反思、伦理责任	基于对道德标准、安全问题、社会规范的考虑，对各种行为后果的现实评估以及自身和他人的福祉对个人行为和社会互动做出建设性、尊重性的选择的能力。

5. 理论依据.
"全人教育"
(1) 戈尔曼"情绪智力"
(2) 加德纳"多元智力"
(3) 联合国教科文组织《走向终身学习——每一位儿童应该学什么》
(4) 学生发展核心素养（手册第一页）.
(5) 刘惊铎"生态体验观"（人置身于三重生态中）.

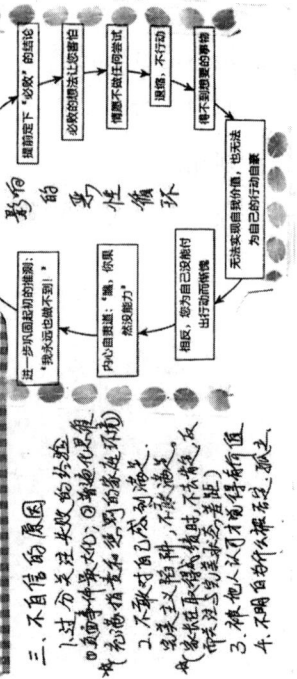

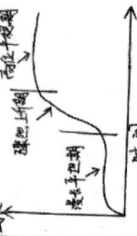

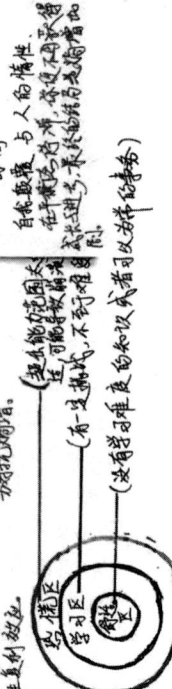

　　孙秀林老师的笔记本，每一页都是这样的，全是以思维导图的模式呈现的。她交上来的教师工作计划，也是简简单单的一页纸，但整个思路非常清晰。

孙秀林老师毕业于南开大学历史学院，读书时的成绩自不用说，这也让我不禁想到，好成绩的背后是学习思路和学习方法，是一套属于自己的知识体系。

教师是学生的镜子，学生是教师的影子。每个教师在教学计划中，都会完成书本知识的教授，而孙秀林老师在授课的同时，一直在把这样的思维方式教授给学生，让他们从小就培养出良好的逻辑思维，建立自己的知识体系。遇到这样的老师，于学生而言，也是一种幸运。正因为此，当秀林被调离所带班级时，好几位家长都找过我，想"留住"这位可亲可敬、做事认真又很优秀的班主任。

在领略了孙秀林老师的笔记后，我给学校的教师每人都发了一个速写本，并给它命名为"秀林本"。起初，教师们也诧异：什么叫"秀林本"？在欣赏过孙秀林老师的笔记后，他们和我的感受一样，都是赞不绝口，甚至有些教师当场直呼："秀林，你太优秀了！"

自此，我们的教师们开始了"头脑风暴"，认真思索今后的工作思路和方法。我们始终坚信：教师是学生的引路人，自己成为高效能的老师，才能带出高效能的学习者。

教育教学成果分享：思维导图

思维导图是一种有效的思维工具，可以帮助人们对某件事、某一问题进行发散思考，进行整合、梳理，是思维过程的具现化。它简单、有效，把各级主题的关系用相互隶属与相关的层级图表现出来。思维导图就像人们的思维"地图"，有利于人脑的扩散、思维的展开。

• 班级工作计划

每学期，学校会要求每名班主任老师写一篇班级工作计划，有了工作计划，班级工作就有了明确的目标和具体的步骤，班主任可以按照计划开展，对学生进行教育。同时，工作计划还可以督促教师按照计划进行班级工作，减少了教育的随意性。这么有用的工作计划，班主任老师们写起来却很头疼。只列一些工作条目的话不够具体，对实际工作的开展没有指导意义。长篇大论的撰写又会很占时间，很耗费精力。一些老师为了快速制定好计划，就把以往的计划改一改，上交给学校。但是实际上，计划是写给自己看的，对学生有益，对自己有用才重要。

以下是孙秀林老师制作的一份"班级工作计划",她选择用思维导图的形式呈现。

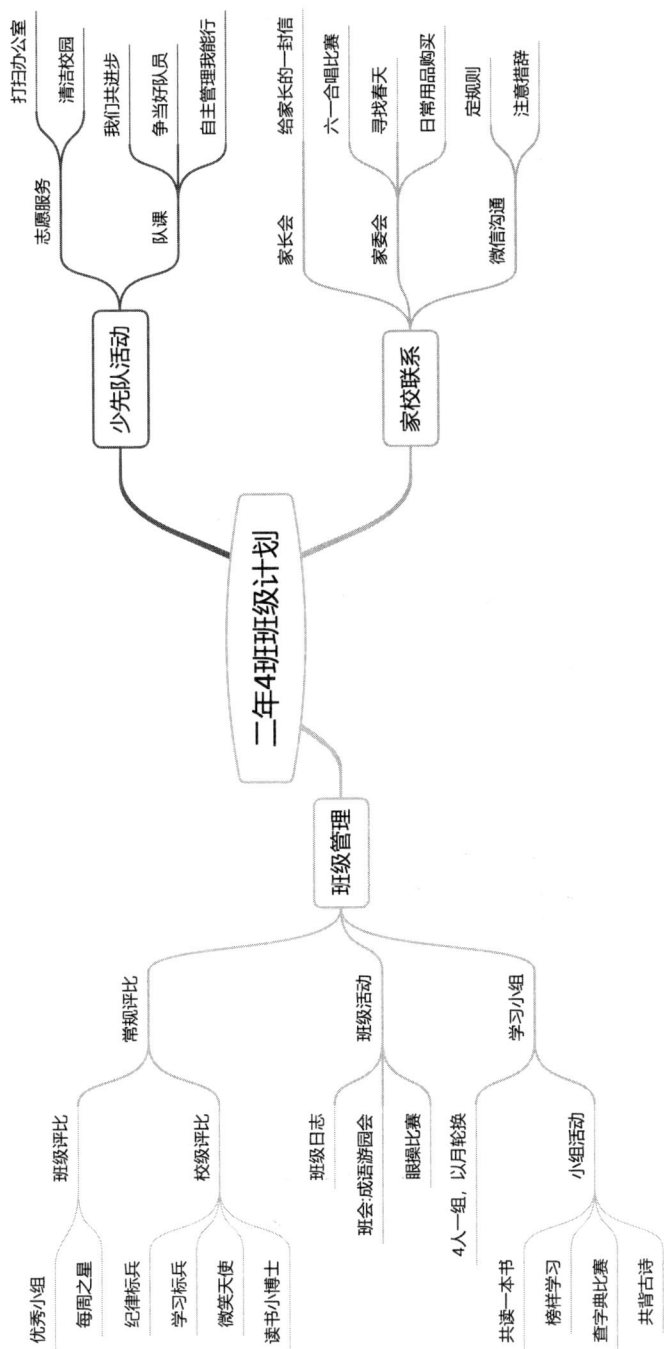

二年4班班级计划

少先队活动
- 志愿服务
  - 打扫办公室
  - 清洁校园
- 队课
  - 我们共进步
  - 争当好队员
  - 自主管理我能行

家校联系
- 家长会
  - 给家长的一封信
- 家委会
  - 六一合唱比赛
  - 寻找春天
- 微信沟通
  - 日常用品购买
  - 定规则
  - 注意措辞

班级管理
- 常规评比
  - 班级评比
    - 优秀小组
    - 每周之星
    - 纪律标兵
  - 校级评比
    - 学习标兵
    - 微笑天使
    - 读书小博士
- 班级活动
  - 班级日志
  - 班会成语游园会
  - 眼操比赛
- 学习小组
  - 4人一组,以月轮换
  - 小组活动
    - 共读一本书
    - 榜样学习
    - 查字典比赛
    - 共背古诗

整整一个学期的工作重点，全部以思维导图的一级层级的形式呈现，它涵盖四方面：班级管理、少先队活动、家校联系与榜样评比。根据这些活动，写出活动准备、活动过程的关键词，把活动大纲制定出来，不需要具体过程，也能清楚地知道该如何进行班级工作。

孙秀林老师指出，该学期的工作重点是营造互相尊重、丰富多彩的人文环境，因此班级资料的收集、留存也成了这份工作计划的一个重点。于是，她制定了下面的这份思维导图，以此开展活动、收集整理资料。

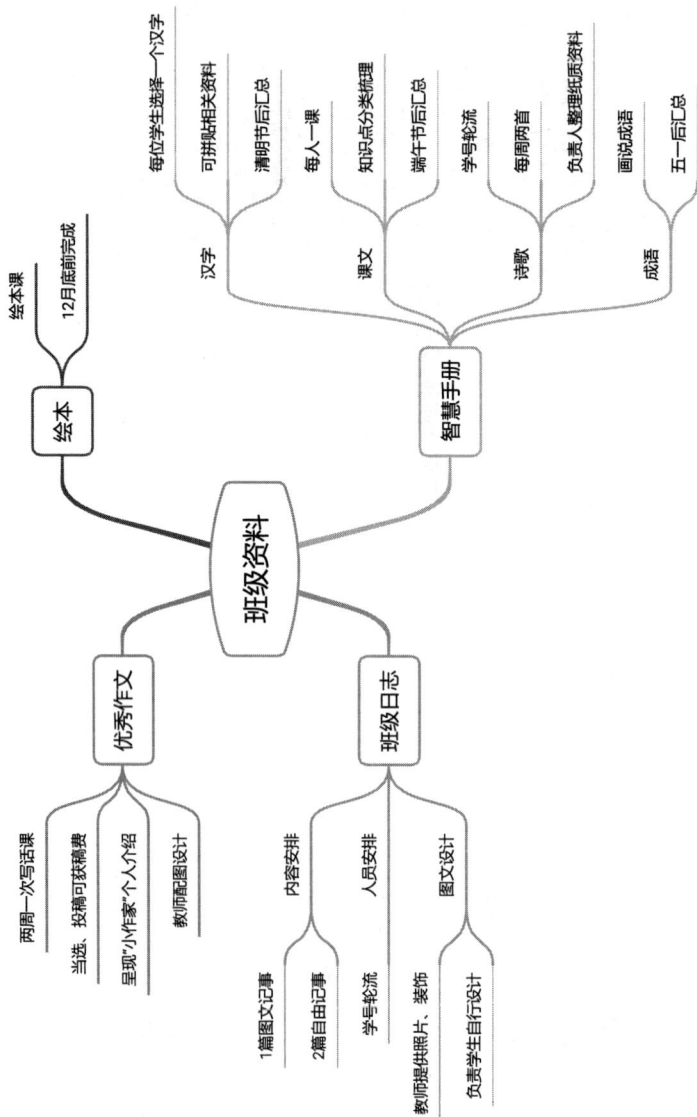

班级资料
- 绘本
  - 绘本课
  - 12月底前完成
- 智慧手册
  - 汉字
    - 每位学生选择一个汉字
    - 可拼贴相关资料
    - 清明节后汇总
  - 课文
    - 每人一课
    - 知识点分类整理
    - 端午节后汇总
  - 诗歌
    - 学号轮流
    - 每周两首
    - 负责人整理纸质资料
  - 成语
    - 画说成语
    - 五一后汇总
- 优秀作文
  - 两周一次写话课
  - 当选、投稿可获稿费
  - 呈现"小作家"个人介绍
  - 教师配图设计
- 班级日志
  - 内容安排
    - 1篇图文记事
    - 2篇自由记事
  - 人员安排
    - 学号轮流
    - 教师提供照片、装饰
  - 图文设计
    - 负责学生自行设计

在学期末，已经形成了几本班级资料成果册。

《拾错集》：收录孩子们平常学习过程中出现的错误，巩固易错知识，改正错误。

《班级日志》：师生合作记录班级日志，学生们按学号轮流，自己拍摄班级中发生的事，并记录下自己的感受。

《智慧手册》：收录学生优秀的写话作品、绘画作品、思维导图等。学生可投稿，根据字数多少、书写水平和配图装饰的情况发给作者5角到1元璞缇币的稿费，看到自己的作品被收录成书，还能像作家一样领到稿费，学生都特别兴奋，投稿的积极性很高。

这样的班级工作计划把一学期的所有活动一目了然地呈现出来，便于教师进行思考、拓展，并根据计划开展活动。同时，也可以让教师形成一种思维形式，提高工作效率，激发联想与创意，将各种零散的灵感、想法等融会贯通成为一个系统，据此对学生进行教育，成功达成自己在班级管理上制定的目标。

· 年级组与学科组工作计划

在2020~2021学年开学准备工作会议上，我亲眼见证了北京四中璞缇学校的教师们用心的态度和优秀的成果，他们用"一张图"和"五分钟"，展示了年级组和教研组的工作目标及计划，让我们的教育教学工作，没有烦冗拖沓，竭力实现高效能。

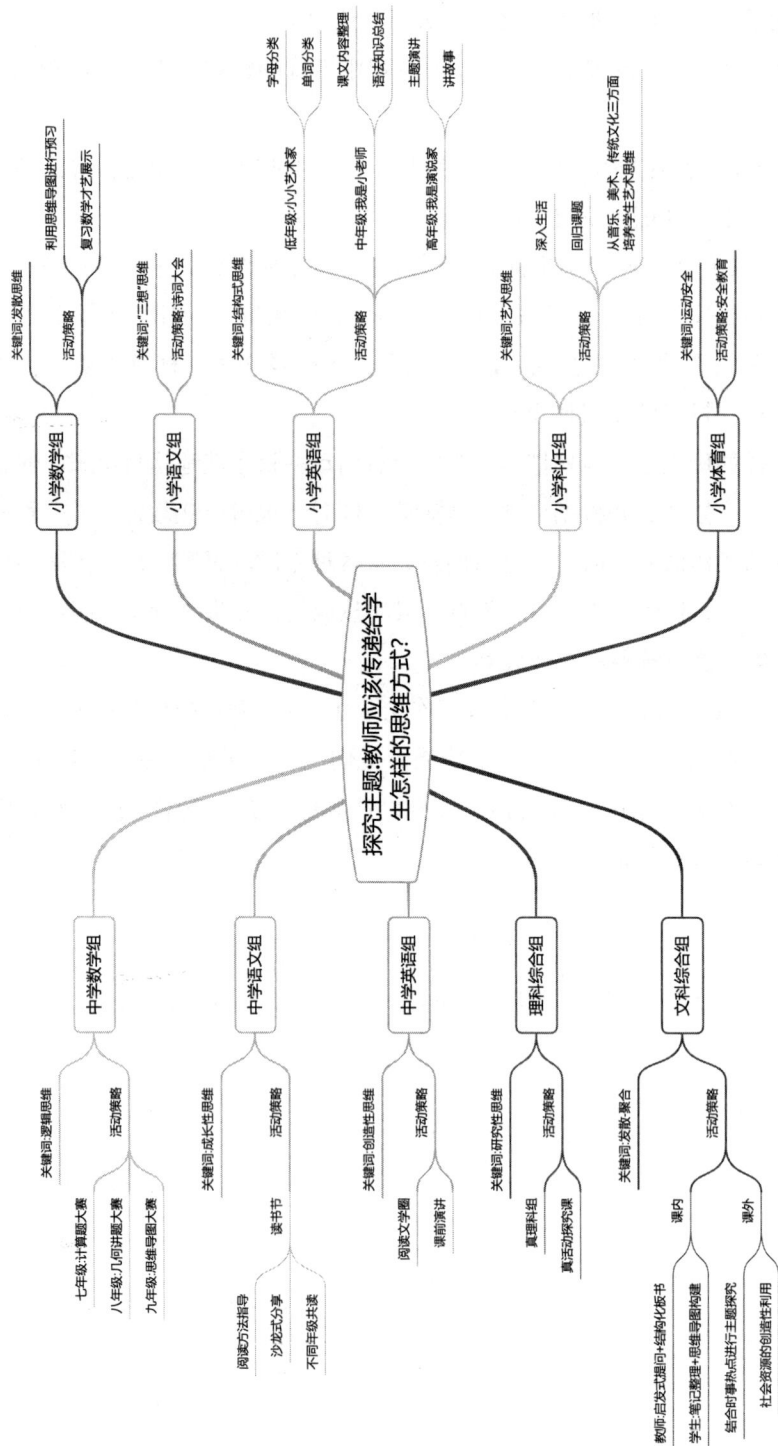

探究主题：教师应该以何种传递给学生怎样的思维方式？

小学数学组
- 关键词：发散思维
- 活动策略
  - 利用思维导图进行预习
  - 复习数学才艺展示

小学语文组
- 关键词："三想"思维
- 活动策略：诗词大会

小学英语组
- 关键词：结构化思维
- 活动策略
  - 字母分类
  - 单词分类
  - 课文内容整理
  - 语法知识总结
  - 主题演讲
  - 讲故事
  - 低年级：小小艺术家
  - 中年级：我是小老师
  - 高年级：我是最佳演说家

小学科任组
- 关键词：艺术思维
- 活动策略
  - 深入生活
  - 回归课题
  - 从音乐、美术、传统文化三方面培养学生艺术思维

小学体育组
- 关键词：运动安全
- 活动策略：安全教育

中学数学组
- 关键词：逻辑思维
- 活动策略
  - 七年级：计算题大赛
  - 八年级：几何讲题大赛
  - 九年级：思维导图大赛

中学语文组
- 关键词：成长性思维
- 活动策略
  - 读书节
  - 阅读方法指导
  - 沙龙式分享
  - 不同年级共读

中学英语组
- 关键词：创造性思维
- 活动策略
  - 阅读文学作品
  - 课前演讲

理科综合组
- 关键词：研究性思维
- 活动策略
  - 真理科组
  - 真活动探究课

文科综合组
- 关键词：发散聚合
- 活动策略
  - 课内
    - 教师：启发式主题导向+结构化板书
    - 学生：笔记整理+思维导图构建
  - 课外
    - 结合时事热点进行主题探究
    - 社会资源的创造性利用

- **小学教育教学管理工作（李妍）**

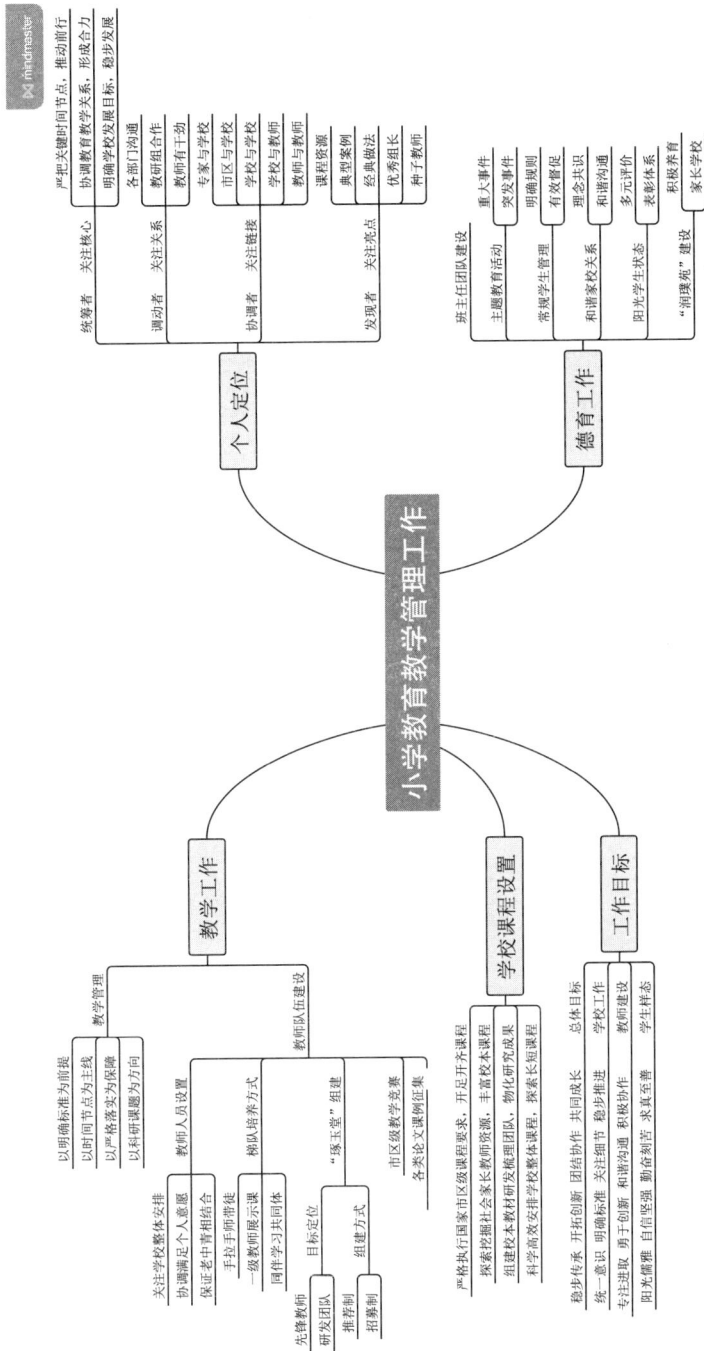

中心主题：**小学教育教学管理工作**

个人定位
- 统筹者　关注核心
  - 严把关键时间节点、推动前行
  - 协调教育教学关系、形成合力
- 调动者　关注关系
  - 明确学校发展目标、稳步发展
  - 各部门沟通
  - 教研组合作
  - 教师有干劲
- 协调者　关注衔接
  - 专家与学校
  - 市区与学校
  - 学校与教师
  - 教师与教师
- 发现者　关注亮点
  - 课程资源
  - 典型案例
  - 经典做法
  - 优秀组长
  - 种子教师

德育工作
- 班主任团队建设
  - 重大事件
  - 突发事件
  - 明确规则
  - 有效督促
- 主题教育活动
- 常规学生管理
- 和谐家校关系
  - 理念共识
  - 和谐沟通
  - 多元评价
  - 表彰体系
  - 积极育德
- 阳光学生状态
- "润课美"建设
  - 家长学校

教学工作
- 教学管理
  - 以明确标准为前提
  - 以时间节点为主线
  - 以严格落实为保障
  - 以科研课题为方向
- 教师队伍建设
  - 教师人员设置
    - 关注学校整体安排
    - 协调满足个人意愿
    - 保证老中青相结合
    - 手拉手师带徒
    - 一级教师展示课
    - 同伴学习共同体
  - 梯队培养方式
    - 目标定位
    - 组建方式
    - 先锋教师
    - 研发团队
    - 推荐制
    - 招募制
  - "珞玉堂"组建
  - 市区级教学竞赛
  - 各类论文课例征集

学校课程设置
- 校本课程
  - 严格执行国家市区级课程要求、开足开齐课程
  - 探索校本课程、丰富校本教师资源
  - 组建校本教材研发团队、物化研究成果
  - 科学高效安排学校整体课程、探索长短课程

工作目标
- 总体目标
- 学校工作
  - 稳步发展　开拓创新　团结协作　共同成长
- 教师建设
  - 统一意识　明确标准　关注细节　和谐沟通　稳步推进
- 学生样态
  - 专注进取　勇于创新　积极协作　求真至善
  - 阳光健雅　自信坚强　勤奋刻苦

· 家长会的方案与流程设计（姜凌波）

家校合一对教育的重要意义无须赘述，而组织家长会是家校沟通中的一项必不可少的活动。可要组织一场有效的家长会，对许多年轻教师来说，却是一项巨大的挑战。为了让教师们提前做好准备，黄城根小学教育集团德育主管、高级教师姜凌波，特意绘制了一份思维导图，将家长会的流程清晰地呈现出来。

姜凌波老师有多年班主任工作经验，曾获得"北京市紫禁杯班主任特等奖"，第一届"西城区首席班主任"，"北京市班主任基本功大赛一等奖"，多次获得"我心目中的好老师"等荣誉称号。有了她设计的这份思维导图为参照，即便是第一次组织家长会的班主任老师，也不会感到手忙脚乱、束手无策，可谓是一份精简、高效的流程清单。

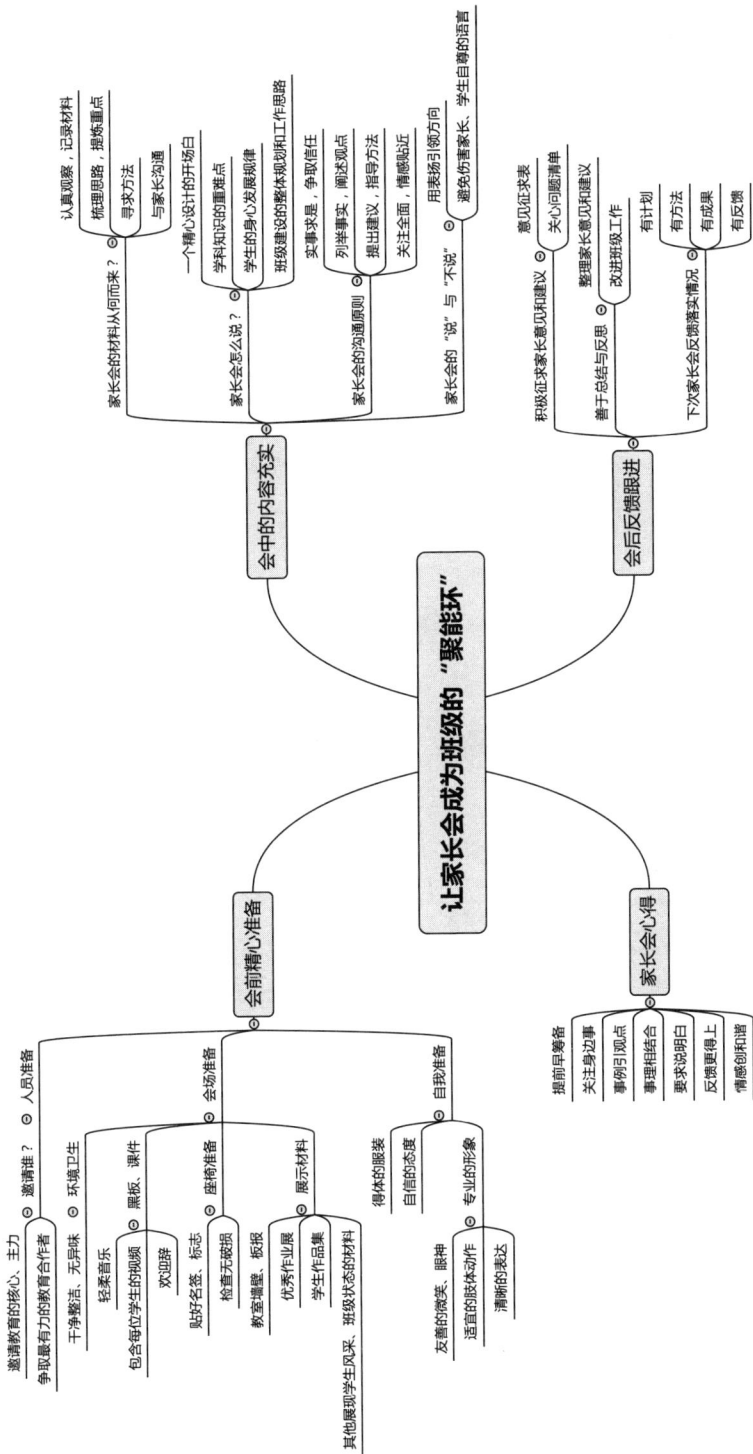

让家长会成为班级的"聚能环"

会中的内容充实

- 家长会的材料从何而来？
  - 认真观察，记录材料
  - 梳理思路，提炼重点
  - 寻求方法
  - 与家长沟通
- 家长会怎么说？
  - 一个精心设计的开场白
  - 学科知识的重难点
  - 学生的身心发展规律
  - 班级建设的整体规划和工作思路
  - 实事求是，争取信任
  - 列举事实，阐述观点
  - 提出建议，指导方法
  - 关注全面，情感贴近
- 家长会的沟通原则
- 家长会的"说"与"不说"
  - 用表扬引领方向
  - 避免伤害家长、学生自尊的语言

会后反馈跟进

- 意见征求表
  - 关心问题清单
  - 积极征求家长意见和建议
  - 整理家长意见和建议
  - 改进班级工作
- 善于总结与反思
  - 有计划
  - 有方法
  - 有成果
  - 有反馈
  - 下次家长会反馈落实情况

会前精心准备

- 人员准备
  - 邀请谁？
    - 邀请教育的核心、主力
    - 争取最有力的教育合作者
- 会场准备
  - 环境卫生
    - 干净整洁，无异味
    - 轻柔音乐
    - 包含每位学生的视频
    - 欢迎辞
  - 黑板、课件
  - 座椅准备
    - 贴好名签、标志
    - 检查无破损
  - 展示材料
    - 教室墙壁、板报
    - 优秀作业展
    - 学生作品集
    - 其他展现学生风采、班级状态的材料
- 自我准备
  - 得体的服装
    - 友善的微笑、眼神
    - 自信的态度
  - 专业的形象
    - 适宜的肢体动作
    - 清晰的表达

家长会心得

- 提前筹备
- 关注身边事
- 事例引观点
- 事理相结合
- 要求说明白
- 反馈更得上
- 情感创和谐

• 德育工作（俞雅静）

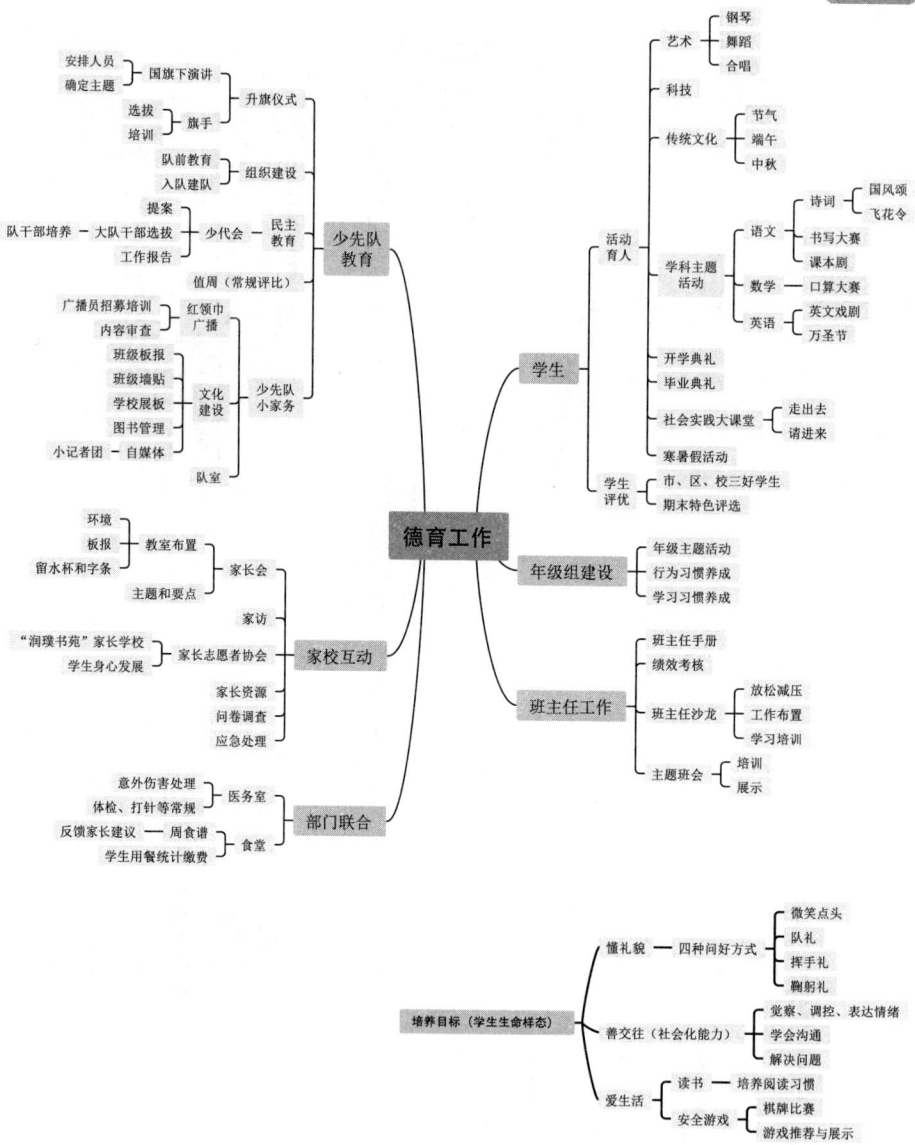

• **一年级学生的成长目标（方明月）**

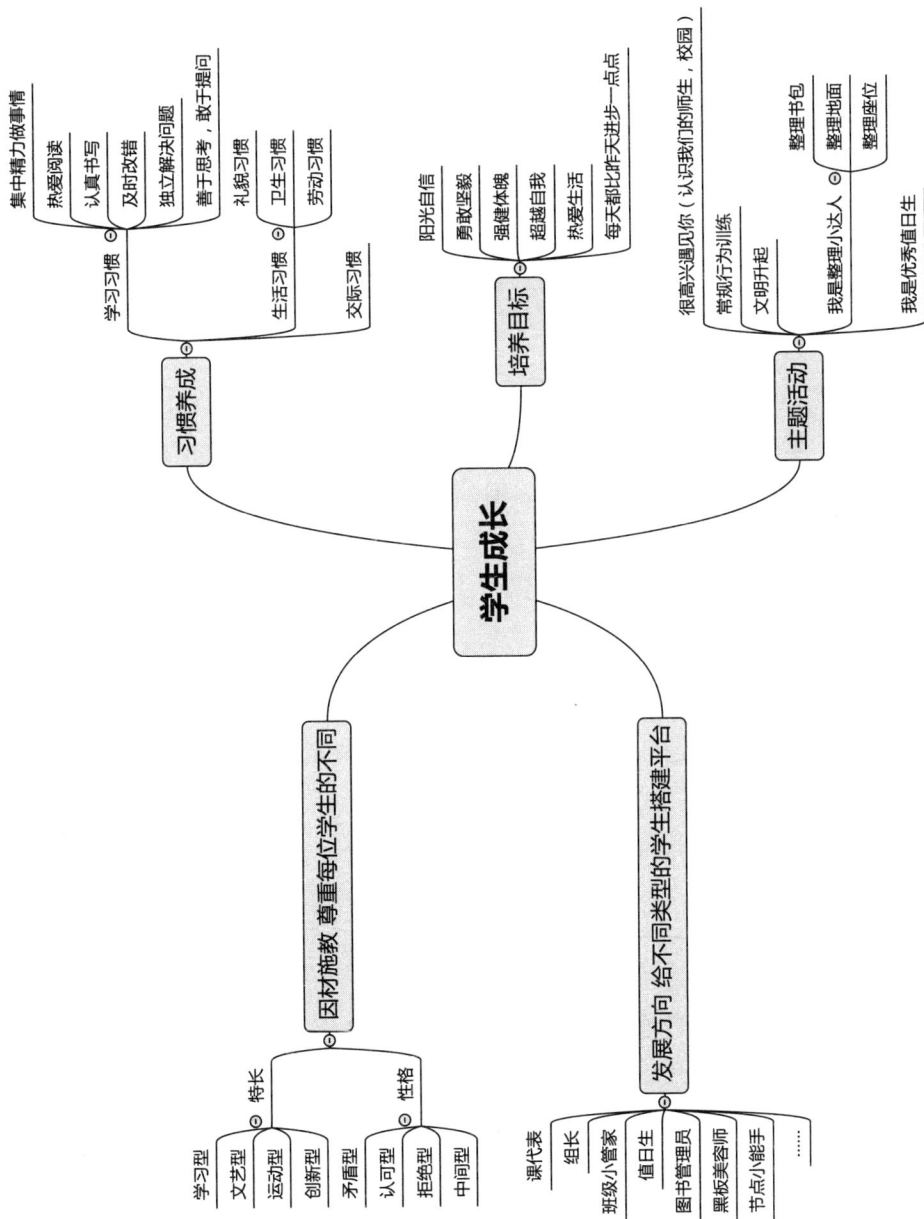

思维导图：学生成长

- **学生成长**
  - **习惯养成**
    - 学习习惯
      - 集中精力做事情
      - 热爱阅读
      - 认真书写
      - 及时改错
      - 独立解决问题
      - 善于思考，敢于提问
    - 生活习惯
      - 礼貌习惯
      - 卫生习惯
      - 劳动习惯
    - 交际习惯
  - **培养目标**
    - 阳光自信
    - 勇敢坚强
    - 强健体魄
    - 超越自我
    - 热爱生活
    - 每天都比昨天进步一点点
  - **主题活动**
    - 很高兴遇见你（认识我们的师生、校园）
    - 常规行为训练
    - 文明升起
    - 我是整理小达人
      - 整理书包
      - 整理地面
      - 整理座位
    - 我是优秀值日生
  - **因材施教 尊重每位学生的不同**
    - 特长
      - 学习型
      - 文艺型
      - 运动型
      - 创新型
    - 性格
      - 矛盾型
      - 认可型
      - 拒绝型
      - 中间型
  - **发展方向 给不同类型的学生搭建平台**
    - 课代表
    - 组长
    - 班级小管家
    - 值日生
    - 图书管理员
    - 黑板美容师
    - 节点小能手
    - ……

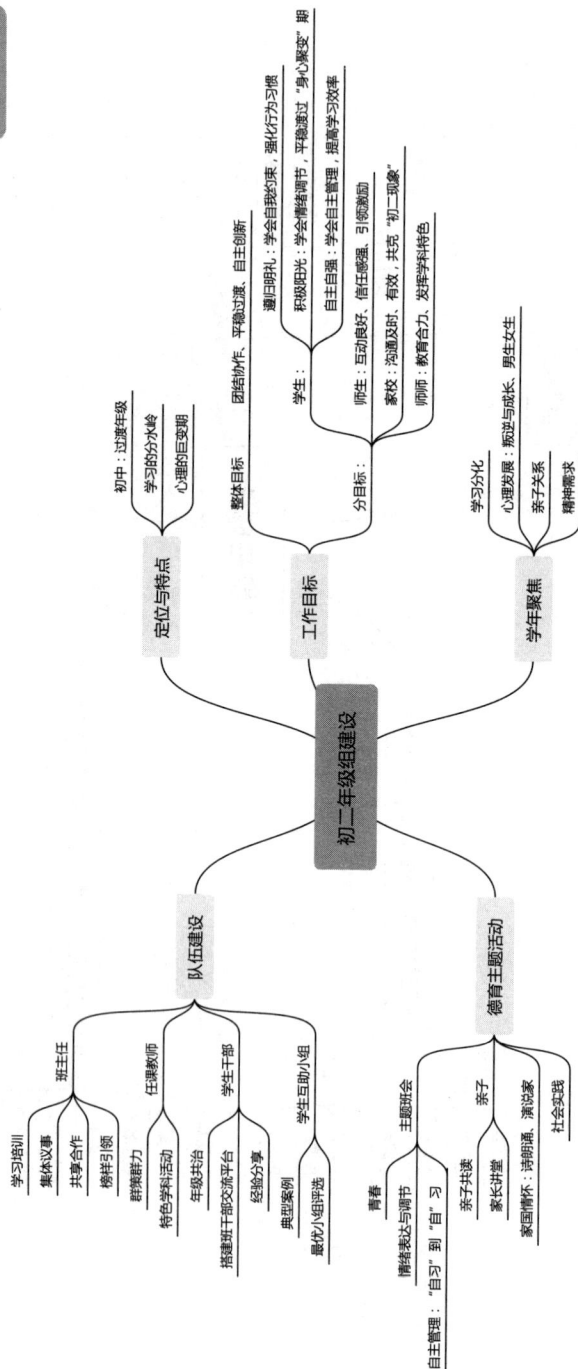

- 初二年级组建设（王菲）

初二年级组建设

定位与特点
- 初中：过渡年级
- 学习的分水岭
- 心理的巨变期

工作目标
- 整体目标：团结协作，平稳过渡，自主创新
- 分目标：
  - 学生：
    - 灿烂阳光：学会自我约束，强化行为习惯
    - 积极阳光：学会情绪调节，平稳渡过"身心聚变"期
    - 自主自强：学会自主管理，引领激励
    - 提高学习效率
  - 师生：互动良好，信任感强，有效，共克"初二现象"
  - 家校：沟通及时，发挥学科特色
  - 师师：教育合力

学年聚焦
- 学习分化
- 心理发展：叛逆与成长，男生女生
- 亲子关系
- 精神需求

队伍建设
- 班主任
  - 学习培训
  - 集体议事
  - 共享合作
  - 榜样引领
- 任课教师
  - 群策群力
  - 特色学科活动
  - 年级共治
- 学生干部
  - 搭建班干部交流平台
  - 经验分享
  - 典型案例
- 学生互助小组
  - 最优小组评选

德育主题活动
- 主题班会
  - 青春
  - 精神表达与调节
  - 自主管理："自习"到"习习"
- 亲子
  - 亲子共读
  - 家长讲堂
  - 家国情怀：诗朗诵，演说家
  - 社会实践

• 假期作业设计

• 一年级：买年货

• 二年级：植物

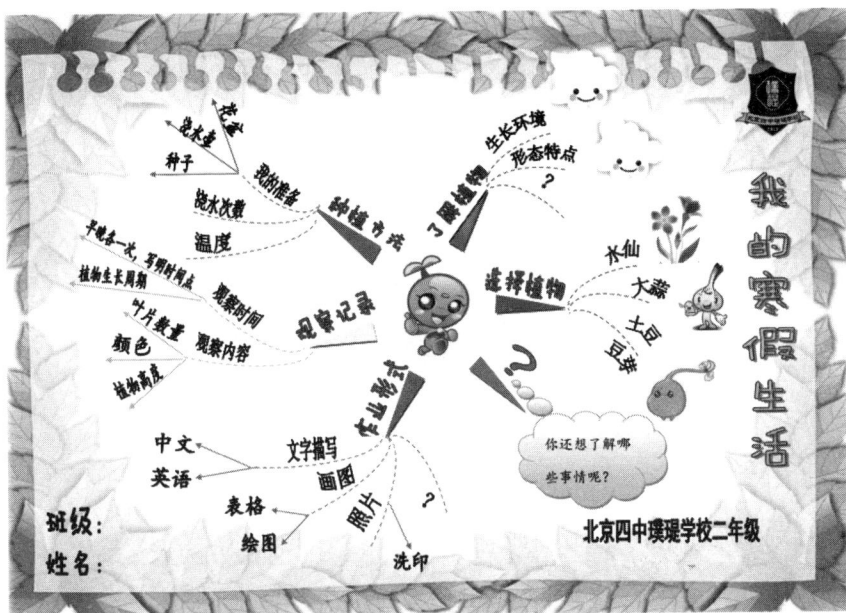

• 三年级：玩转假期

• 四年级：joy·假期

• 五年级：我的寒假计划

五年级

寒假短暂，一闪而逝，请你合理安排寒假时间，把你的寒假计划用图表的方式写下来！

PS:要求安排合理，字迹整齐，落实到位哦~

PART 1 游览圆明园遗址——拍照留念，理解课文

PART 2 观看《火烧圆明园》——写观后感，勿忘国耻

PART 3 参观中国园林——制作小报，了解园林文化

• 六年级：这周我当家

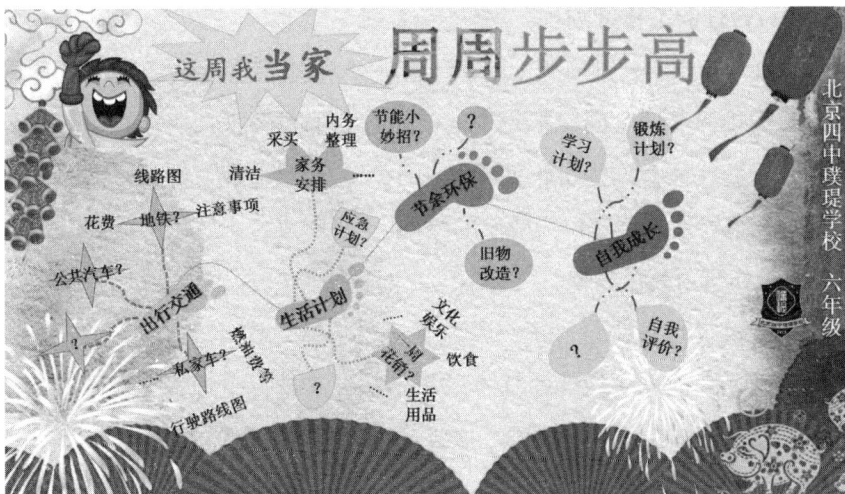

　　教育时间是有限的，如何在有限的时间里，最大限度地完成自己的工作目标，是每一位教师都需要认真思考的命题；如何在轻松、愉悦、高效中施展自己的教育抱负，也是每一位教师梦寐以求的教育理想。为了这一目标，璞堤人已踏上了探索之路，但这仅仅是一个开始，未来的日子，我们会坚持不懈地精进自己，精进技能，创造更好的教学成果。

做好精力管理，提升职业幸福感

教师的工作量大，事务繁杂，承受着多方的压力，平时都是早起晚睡，周末还要加班备课、批改作业……日复一日，年复一年，在这样的状态下，很多教师感受到的就是一个字"累"，根本体会不到职业幸福感。

这也是我一再想谈"高效能"的原因。教师想要有条不紊地处理好所有事务，让自己拥有更多自由的时间，提升职业幸福感，做好精力管理是必须的。所谓精力管理，其实质就是自我管理和生活管理、生命管理。透过精力管理，让生命告别混沌和迷茫，处于自知的状态，能够认知自我、了解自我，明确目标，把精力和心智专注在最有价值的事情上。在专注高效地完成既定目标后，留给自己一些空白时间，给身体和精力一个缓冲。

结合多年的工作经历，我个人对精力管理，有以下几方面的心得体会。

- **制订合理的工作计划**

歌德有一句忠告："匆忙出门，慌忙上马，只能一事无成。"精悍短小的话语里，隐藏着深奥的学问，他想说的就是计划的重要性。对于繁杂而毫无头绪的事，我们往往会因为害怕而无从下手，并因此拖延。走一步算一步的无计划行动，会导致无秩序、无效率的结局。

- **为工作事项列出清单**

清单不仅仅是一张纸，那只是它呈现的方式，实际上清单是一种思维。这种思维就是，把需要做的每件事以清单的形式进行整理，把原则和关键点写下来，并严格按照清单来推进，把成功的可能性提升到最大。

- **同一时间只处理一件事**

我们必须承认一件事：现实中有许多的意外状况，它们都可能让工作计划陷入被动。面对这些零零碎碎的问题，我的处理办法很简单：保证在同一时间内，集中全部的精力，处理最重要的一件事。同时做多件事，注意力的整体消耗非常大，效果却不理想。所以，最好的策略是，集中全部精力于其中的一件任务，不去管其他的事，先把眼前的任务处理好。

- **沟通，沟通，再沟通！**

无论是建造通天塔，还是经营企业、管理学校，都离不开各层级的协作，而协作的基础就是沟通，统一意见，在达成共识的条件下展开行动。没有沟通，就谈不上管理。在同一个集体中，每个人的工作岗位、思维方式、知识经验和兴趣爱好都有差异，不同的人对同一件事、同一个问题都有不同的看法。作为学校的管理者，如果不能借助沟通交流把不同观念和个性的人组织起来，让大家形成共同的看法和意志，就很难保证高效地完成任务。

- **成为"教练型"管理者**

对班级来说，班主任处在管理者的位置上，务必要提高自己的效能，发挥出管理的效用。其中最重要的一项职能就是，承担起伯乐的角色，成为班干部的助推器，不能只想着自身有多大的能力，有多高的水平，而是要培养学生的管理能力，到最后让班级实现"自运转"。这样的话，既可以培养学生的管理能力、自律能力，还可以让自己有精力做更重要的教育教学工作。

这里列举的只是很少的一部分，也不太成系统。我推荐大家读一读美国"智能课堂管理"的创始人迈克尔·林辛撰写的《教师精力管理》，它里面提到了"二八定律""正确激励学生""正确对待自己""构建良好的师生关系"等多方面的技巧和方法，相信能给教师们带去一些有价值的思考和帮助。

其实，追求高效能地工作，高质量地生活，本身也是教育的一部分。当我们成为一个高效能教师，并从生活中汲取心理营养和精神食粮后，我们在教书的时候会更有活力、更有耐心，并且知道如何从海量的信息中筛选有用的东西，将其传递给学生。

每个老师都应致力于成为"灯泡"

对于如何做好教师的工作，让自己保持良好的状态，有一些既定的规律和方法，也有仁者见仁的部分。孙秀林老师曾在一次授课中，讨论过这样一个话题：每个老师都应致力于成为"灯泡"。在此，我将原文进行了简单的整理，分享给大家。

老师们，如果你身边有这样一位老师，他有热情、有能力、天天熬夜加班，要求严，管得全，不怕累，肯付出，你会给他一个什么样的评价？他是一个好老师吗？

答案似乎是显而易见的，绝对敬业的好老师。同样是这位老师，她平时常犯困，身体差，不会打扮，不能时常陪伴家人，没有私人时间，性格沉郁，您又会给他一个什么样的评价呢？

现在所呈现的是这位老师的不同侧面，反映的就是我们在评价一名教师是否敬业时常常存在的偏见——做一名好老师等于消耗自己。

刚刚成为教师时，你会发现自己的作息时间常常被工作搅乱，加班到深夜是常态，你可能没有时间娱乐、放松，也没有阅读或锻炼的精力，每天都过得很疲惫。但你需要知道的是，这只是我们适应工作必经的一个阶段，但不能将它变成我们教师工作的常态。

我们要做的不是成为燃尽自己、照亮他人的蜡烛，而是要成为一盏照亮学生的明灯。

这也是我想跟大家分享的第一个心得。

我们学校作为北京四中、黄城根小学的分校，我曾经有幸跟随校长参加了北京四中第十六届青年教师教育教学研讨会，我对科建宇副校长的发言印象最为深刻。她提到了这样两个类型的老师：一种是事必躬亲的“总理型”教师，一种是领导学生的“总统型”教师。

事必躬亲的“总理型”教师无疑是好老师，他们在教育学生的时候，什么事情都想到前面，做在前面，万事为学生考虑，甚至投入自己私人的时间和空间来教育孩子。相较而言，“总统型”的老师，从表面上来看，工作量则要比前一种类型的老师少很多，这些老师只是把任务和方法教给孩子，自己就在一旁观察，必要的时候才进行引导或反馈学生完成的效果。

平常来讲，哪一种老师更容易被判断为好老师呢？无疑是前一种。因为这种老师的付出更容易被周围的人看到，并且他的奉献精神实在让人佩服和感动。但我们不能否定“总统型”教师，甚至要让自己成为这样的老师，因为他们也是好老师，并且还是巧老师，我们要学习"巧方法"，让自己成为高效的老师，创造高效的工作成果，也要享受高质量的生活。

第二条要与大家分享的心得是不断"充电"，才能继续发光。

作为一盏照亮学生的明灯，没有持续的充电，就没有足够的光亮去照亮学生的成长道路了。因此，教师个人的成长也很重要。

在之前的课程中已经和大家分享过了，我是一个计划控，我对个人成长的规划与落实进行得也很彻底。在教学上更换了部编版新教材后，我开始利用暑假期间翻阅教科书，整理一至六年级语文各单元的语文要素和重点知识、技能，整体把握教材。我还参加了各类班主任培训课程，利用素描本整理自己的个人资料册，至今已经记录四本啦！

还有之前和大家分享的观看完整的《中国古代文学史》的宏大计划，已经坚持的每天百页书计划，不断在弥补我这个非师范生，非文学专业所欠缺的专业素养。其实这些公开课的学习资源并不难获得，年轻人应该都知道哔哩哔哩吧？我们常常戏言，我在 B 站上学习，而这上面的学习资源也的确值得我们开发。

除了对教育教学工作有直接帮助的专业知识外，杂七杂八的东西我也学习了不少。我希望构建自己的多元知识体系，每个领域的知识都想了解一些，所以在得到 App、樊登读书会等知识付费的应用上，购买了不少课程。对外探索世界，学习经济学、社会学和法律学等知识，对内探索内心，学习心理学、认知方法论等。虽然这些课程的知识对专业层面没有直接的帮助，却可以让我们看待世界、看待问题的视角更加多元、理性。而且这些课程通常每天只有十几分钟，洗漱时间就能够顺便听完。坚持下来，才发现每天碎片化的学习也已经有了不少的成果。

最后一条心得是我们也要给自己一些"关灯"时间，调整身心状态。

每天给自己一定时间的关灯时间，这段时间可以做自己喜欢的事情，看书、聚会、旅行或运动，甚至可以提前告知家长自己的关灯时间，约定在这一时段之外的时间进行沟通。高质量地、健康而科学地享受自己的关灯时间，给自己的身心放个假。积蓄了能量，才能更好地出发。

我的关灯时间是每天一小时的健身活动，我发现，在规律健身后，自己的精力在不断增强，对身体的掌控力也变得更强，拖延症状不见，整个人也变得自信，工作效率随之提高。推荐大家也找到自己喜欢的运动项目，坚持下去，保持身体的良好状态。

以上就是我在平衡生活与工作方面的三点心得，希望对大家有所启发。既要成为一个认真负责的好老师，也要懂得享受自己的美好生活。

教师的成长离不开"成功的体验"

"学生成功和失败的经历可以塑造成功和失败的经验，其中反复失败的经验会导致习得性无助，以及各方面能力的下降；而成功的经验，加上不断的反思，则可以塑造良好的品行，并养成积极看待事物的思维方式。教师们在设计教育教学计划时，要关注学生是否可以获得成功的经历，形成成功的经验……因此，教师需要让进取成为一种成长习惯，让卓越成为一种成长常态，这样的教育才会更好地为学生的人生奠基，让学生拥有更加美好的未来。"

上述这段话，是我在2020~2021年度开学准备会议的尾声所作的分享与总结。我们一直强调，要努力给学生创造成功的体验，因为对孩子来说，成功才是成功之母。实际上，作为教师队伍的带领者，我认为这些话不仅仅适用于孩子，对成年人特别是我们的教师，也同样适用。

在2020~2021年度开学准备会议上，L老师作为代表上台发言，他的成长和进步是有目共睹的，略带幽默的风格，也颇受学生和同事的喜爱。刚开始参加工作的那两年，L老师就只担任某一科目的教学任务，但凡想给他安排一点有挑战性的工作，他都会摆手说自己不行，退得远远的。可在我看来，L是一个非常有潜力的教师，只是缺少成功的体验。

一次偶然的机会，某班级的班主任老师生病了，不得不休假。期间，班级需要召开班会，还有一次重要的听课调研活动，我想到了让L老师来组织这些活动。不出我所料，听到这个消息时，L老师还是打算拒绝，似乎怎么劝都没用。最后，我只说了一句："X 老师是因为身体情况不能到岗，但这些事是必须做的，今天你接手了这些任务，最感激你的人不是我，是 X 老师。说这是雪中送炭，也不为过。"L 老师原本都要离开我的办公室了，可临了还是转回身，略带羞怯地说了一句："丁校，要不我试试吧！"

我很高兴 L 老师可以迈出这一步，但我也知道，这对他来说是一个不小的挑战。单凭他个人的经验和力量去完成这件事，肯定会有遇到不少的阻碍。于是，我告诉 L 老师，我和另外两个老师，会帮他一起策划和磨课。其实，这个过程与带领学生"化堤"的过程如出一辙，年轻的教师要成长和精进，也需要在一次次地尝试和调整中，积累成功的体验与自信。我们要做的是，为教师搭建相应的平台、提供有力的支持，让他们在面对全新的挑战时，有备而来。

经过一系列的准备和打磨，L 老师最终出色地完成了这几项重要的任务。随后，我也向 L 老师传递活动的反馈，告知领导对他赞赏有加。从他脸上的笑，我能感受到他的喜悦，那次的成功体验，真的给年轻的 L 老师带来了莫大的鼓舞。他似乎意识到了，很多事情只要敢去尝试，就可能成为自身能力的一个突破口。同时，我也深刻地感受到了，教师也会因为体验到一次次成功的喜悦，把对成功的渴求化为进取的动力。

孙秀林老师也是一个典型的代表，她撰写的多篇论文都获了奖，而这也进一步推动她更加注重教学实践中的积累和对教育问题的探索。在教育孩子时，我们经常会提到成长型思维，希望孩子们明白，一个人的能力不是固定不变的，可以在实践活动中不断得到提高。正所谓："言传不如身教"，如果老师本身具备了这样的思维方式，并努力践行，那么教师本人就是一个很好的例证，会成为离学生最近的效仿榜样。

教育，应当尊重生命的价值。我们不仅要让每一位学生都尽量获得成功的体验，也要让我们的教师在学校里感受到自身的价值，并积累成功的感受。不可否认，教师在学校的教育活动中，有时会因为主客观方面的原因，碰到一些不如意的困难，如果无法自行解决，又得不到同行和领导的有力支持，就会产生挫败感。当挫败感不断增加时，教师也会怀疑自己的水平和能力，从而降低自我评价。

正因如此，北京四中璞瑅学校自建校以来，一直在努力创设合作的工作氛围，让教师不断从同伴中获取经验的分享和工作支持，鼓励教师学会自我反思和总结，提高教学水平。同时，我们也鼓励教师创新，并树立一些身边成功教师的榜样，让教师感受到，通过努力都可以靠近成功。

更重要的是，教师在不断获得成功体验的同时，会提升自我价值感和职业幸福感。就学校而言，能培养出有幸福感的教师，是教育的最高目标。王宗（Anita）老师经常说："幸福，是先倒满自己的杯子，自然而然地溢出来。如果内在不够充盈，很难带给别人真正的幸福。"

我们要成为的，不仅仅是教学能力突出的教师，还应是带有幸福感的教师：一颗对工作、对学生充满爱的心，一双愿意发现美好、发现闪光点的眼睛。说到底，教师多体会到成功的喜悦，才愿意为学生创造成功的体验，创造更好的教学成果；教师内心洋溢着幸福，才能引领出幸福的孩子，让他们获得一个健全的人格。

📖 课后思考

课题 1：

三年级（1）班的班主任在实际教育教学工作中，时常会对班内存在的一位特殊学生的教育引导问题感到困惑。这位学生主要存在的问题有：家长对学生问题不够重视，过分溺爱，老师反映问题后表面上很认同并承诺教育孩子，但回家后仍然放纵孩子。学生在课堂上经常出现下座位，接话茬，不服老师管教的现象。班主任很难找到行之有效的教育教学方法，来转变学生原有的习惯。如果你是班主任，对于这个问题，你能想到哪些行之有效的解决办法？

课题 2：

进入小学高年级后，孩子们课业负担随之增加，各项任务随之而来。能力强的学生跟得上节奏，甚至会领先一步，但总会有那么一两个点可能会被大家忽略。小李就是班级的一员，从开学第一天起班主任老师就发现，周围的人们带着"有色眼镜"看待她，对她的行为习惯，学习成绩冷眼相待。渐渐地，老师发现，小李变得越来越孤独，甚至于她就默认自己是一个"差学生"。面对这样的情况，作为班主任老师，你会设计什么样的方案，帮助像小李这样的学生，消除错误的、片面的评价，建立客观、正确的自我认知？

后记

一路感恩，一路成长

起笔之时，心存各种忧虑，因为教育是一个严肃的话题；落笔之际，却感意犹未尽，因为对教育事业有着深深的热爱。踏入教育行业二十余年，从一线教师起步，陪伴了上千名学生成长，后又受组织信任与栽培，担任北京四中璞瑅学校校长一职，继续在学生教育和教师培养方面进行探索和实践。我相信，每一位扎根于教育工作的老师，都有很多的心得体会，我亦如是。然而，把心得体会、经历经验与学校的教育理念和教育成果进行系统、细致的整理，最终出版成一本书稿，却也是一个不小的挑战。

今天，这本书稿能够问世，我内心非常激动，同时也充满了感恩。

感恩组织的信任和推荐，让我与"璞瑅相遇"。我带着麦峰校长及母校黄城根小学的嘱托，带着自己的教育梦想走进了璞瑅校区。回顾七年的经历，真的是一段雕琢的时光，也是一次成长的旅行。我有机会从"九年"的时间跨度来关注学生的成长，站在更广阔的平台去思考中小学阶段的教育。

感恩在北京四中璞瑅学校遇到的同仁，经验丰富、气质高贵的夏洁校长，博学多才、思考深刻的徐加胜副校长，宽厚善良、肯于担当的刘洪涛书记。书中呈现出的那些让学生受益的教育理念和办学策略，都是我们经过头脑风暴、激情碰撞之后，共同研究制定出来的。教育，从来不是一个人的力量，而是融合着一群人的智慧。

感恩北京四中璞瑅学校的每一位教师，他们在日常的工作中给了我很多的支持，也让我获得了成功的体验，从而更加坚定地去实现具有"独特独行"气质特色的璞瑅未来。我特别要感恩徐加胜校长和孙秀林老师，他们慷慨地分享了自己的教育成果，徐校长的"青春三论"，把青春期的问题解释得深刻而详尽；孙秀林老师提供的大量教育教学案例，更是饱含了她从事教师职业七年全部的心血，我读到的是敬业、是精心、是善意、是感动。

感恩北京心晨曦科技教育集团的创始人王宗（Anita）老师，我与她相识于积极养育的课程中。或许，是因为同样对教育事业充满热爱，并深切关注孩子的身心健康与人格发展，所以我们一见如故，相谈甚欢。当我提到北京四中璞瑅学校正在践行的一些教育理念时，王宗（Anita）老师提议说："这么好的理念，只在一个学校里践行，未免太可惜了！为什么不尝试一下，把这些想法和理念集合成一本书，分享给更多热爱教育、关注教育的人呢？"

今天这本书稿得以问世，是王宗（Anita）老师第一个提出建议，并给了我巨大的支持与肯定。同时，她也跟我分享了大量的专业心理学知识，尤其是在青少年心理健康和社会情感学习方面，让我从一个更高的层次去理解学生的身心发展规律，并将其融入书稿中。

感恩中华工商联合出版社的于建廷老师，在整本书稿策划、撰写的过程中，他给了我许多宝贵的、切实可行的专业建议，让原本零散的素材被整理得井然有序，成为一本真正的书籍。同时，也感恩对本书稿进行校正加工、编排的各位老师，感谢你们的用心付出。

　　感恩学生，感恩家人，感恩岁月，感恩生命中相遇的所有，是你们带给了我丰富的生命体验。未来的日子，我也愿用自己的生命之光，照亮教育之路，照亮孩子们的人生旅途。

　　书稿至此落笔，但教育是一条漫长的路，一切才刚刚开始。